KB099713

영어 수업, 어떤 상황에서도 막히지 않는다!

교실영어 핵심패턴 233

DAY 1

영어와 한글을 나누어 구성하였습니다. 반으로 접어서 활용하세요.
한글 해석만 보면서 영어로 말하는 연습을 반복하세요.

교실영어핵심패턴233 D1.mp3

★Pattern 001 수업은 ~에 시작될 거예요 Class will begin...

1 여러분이 자리에 앉으면 수업을 시작하겠어요.	Class will begin as soon as you sit down.
2 15분 안에 수업이 시작될 거예요.	Class will begin in 15 minutes.
3 철자 시험으로 수업을 시작하겠어요.	Class will begin with a spelling test.
4 오늘은 수업이 조금 늦게 시작될 거예요.	Class will begin later today.
5 지금 수업을 시작할 거예요.	Class will begin now.

★Pattern 002 자리에 앉아서 ~ Take your seats...

1 모두 자리에 앉으면 시험을 시작하겠어요.	Take your seats and we will start the test.
2 수업 시작하게 모두 자리에 앉으세요.	Take your seats so we can begin.
3 쉬는 시간이 끝났으니 다들 자리에 앉으세요.	Break time is finished, so take your seats.
4 다들 자리에 앉아서 공부를 시작합시다.	Take your seats and let's start working.
5 모두 자리에 앉아서 공부할 준비를 하세요.	Take your seats and get ready to study.

★Pattern 003 ~에 집중하세요 Turn your attention to...

1 칠판을 주목하세요.	Turn your attention to the blackboard.
2 발표자에게 집중하세요.	Turn your attention to our speaker.
3 화면에 집중하세요.	Turn your attention to the screen.
4 숙제에 집중하세요.	Turn your attention to your homework.
5 그 문제에 집중하세요.	Turn your attention to the question.

★Pattern 004 ~에 집중하세요 Please give your attention to...

1 수업에 집중하세요.	Please give your attention to the lesson.
2 Carl의 발표에 집중하세요.	Please give your attention to Carl's presentation.
3 섹션 3에 집중하세요.	Please give your attention to section 3.
4 이 그림에 집중하세요.	Please give your attention to this picture.
5 시험에 집중하세요.	Please give your attention to the test.

★Pattern 005 ~을 복습해 봅시다 Let's review...

1 어제 배운 걸 복습해 봅시다.	Let's review yesterday's lesson.
2 5과부터 8과까지를 복습해 봅시다.	Let's review chapters 5 through 8.
3 수동태를 복습해 봅시다.	Let's review the passive voice.
4 2과를 복습해 봅시다.	Let's review chapter 2.
5 어제 새로 배운 단어들을 복습해 봅시다.	Let's review the new vocabularies we learned yesterday.

DAY 2

영어와 한글을 나누어 구성하였습니다. 반으로 접어서 활용하세요.
한글 해석만 보면서 영어로 말하는 연습을 반복하세요.

교실영어핵심패턴233 D2.mp3

★Pattern 006 ~을 살펴봅시다 Let's go over...

1 새로운 단어를 살펴봅시다. Let's go over the new vocabulary.
2 3과를 살펴보도록 합시다. Let's go over chapter 3.
3 네가 쓴 에세이를 우리 함께 살펴보자. Let's go over your essay together.
4 숙제를 점검해 봅시다. Let's go over your homework.
5 네가 모르는 단어들을 훑어보자. Let's go over the words you don't know.

★Pattern 007 오늘 영어 수업 시간에는 ~을 공부할 거예요 Our English lesson today will cover...

1 오늘은 과거시제를 공부할 겁니다. Our English lesson today will cover the past tense.
2 오늘은 행위동사를 공부할 겁니다. Our English lesson today will cover action verbs.
3 오늘은 동물 이름을 공부할 겁니다. Our English lesson today will cover animal names.
4 오늘은 알파벳을 공부할 겁니다. Our English lesson today will cover the alphabet.

★Pattern 008 오늘 아침에는 ~을 할 거예요 This morning, we will...

1 오늘 아침에는 새로운 단어들을 많이 배울거예요. This morning, we will learn many new words.
2 오늘 아침에는 14과를 공부할 거예요. This morning, we will study chapter 14.
3 오늘 아침에는 스위스에 대해 배워볼 거예요. This morning, we will learn about Switzerland.
4 오늘 아침에 우리는 몇 가지 새로운 기술들을 연습해 볼 거예요. This morning, we will practice some new skills.
5 오늘 아침에는 이야기를 써 보겠어요. This morning, we will write a story.

★Pattern 009 ~하면서 시작하도록 합시다 Let's begin by...

1 발음을 연습하면서 시작하도록 합시다. Let's begin by practicing pronunciation.
2 어제 배운 문법을 복습하면서 시작하자. Let's begin by reviewing yesterday's grammar.
3 주말에 대해 짝꿍과 얘기하면서 시작하자. Let's begin by telling our partners about our weekends.
4 아주 짧은 쪽지시험으로 시작합시다. Let's begin by taking a short quiz.
5 새로운 단어를 몇 개 배우면서 시작하자. Let's begin by learning some new words.

★Pattern 010 점심 식사 후에 우린 ~할 거예요 After lunch, we will...

1 점심 식사 후에 간단한 퀴즈를 풀 거예요. After lunch, we will take a short quiz.
2 점심 식사 후에 고래에 관한 영화를 볼거야. After lunch, we will watch a movie about whales.
3 점심 식사 후에 새로운 정보를 외울 거예요. After lunch, we will memorize the new information.
4 점심 식사 후에 발표 준비를 할 거야. After lunch, we will prepare our presentations.
5 점심 식사 후에 현장학습을 갈 거야. After lunch, we will take a field trip.

영어와 한글을 나누어 구성하였습니다. 반으로 접어서 활용하세요.
한글 해석만 보면서 영어로 말하는 연습을 반복하세요.

교실영어핵심패턴233 D3.mp3

★Pattern 011 오늘 초대 손님은 ~입니다 Our guest today is...

1 오늘 초대 손님은 아주 흥미로운 분입니다. Our guest today is very interesting.
2 오늘 초대 손님은 아주 유명한 정치인입니다. Our guest today is a famous politician.
3 오늘 초대 손님은 아주 성공한 사업가입니다. Our guest today is a very successful businessperson.
4 오늘 초대 손님께서는 미국에 대해 말씀하실 겁니다. Our guest today is going to speak about America.

★Pattern 012 모두 ~을 꺼내세요 Everyone take out...

1 모두 노트를 꺼내세요. Everyone take out your notebooks.
2 모두 백지 한 장을 꺼내세요. Everyone take out a blank sheet of paper.
3 모두 교과서를 꺼내세요. Everyone take out your textbooks.
4 모두 사전을 꺼내세요. Everyone take out your dictionaries.
5 모두 펜을 꺼내기 바랍니다. Everyone take out a pen.

★Pattern 013 ~하세요 Please have your...

1 오늘까지 에세이를 끝내세요. Please have your essay finished by the end of the day.
2 연필과 종이를 준비하세요. Please have your pencil and paper ready.
3 숙제를 걷을 테니 꺼내 놓으세요. Please have your homework out for collection.
4 제가 호명하면 답변을 준비하세요. Please have your answer ready when I call on you.
5 종이 울리면 책들을 꺼내세요. Please have your books out when the bell rings.

★Pattern 014 책을 펴서 ~ Open your books...

1 책을 펴서 지문을 읽도록 하세요. Open your books and read the passage.
2 책을 펴서 22쪽을 보세요. Open your books to page 22.
3 책을 펴서 답을 찾아보도록 하세요. Open your books and try to find the answer.
4 98쪽을 펴서 도표를 보세요. Open your books to page 98 and look at the chart.
5 다 끝나면 책을 펴서 답을 확인해 보세요. Open your books and check your answers when you are finished.

★Pattern 015 ~쪽을 펴세요 Turn to page...

1 17쪽을 펴세요. Turn to page 17.
2 5쪽을 펴서 용어 해설을 보세요. Turn to page 5 for the glossary.
3 20쪽을 펴서 답을 보세요. Turn to page 20 for the answers.
4 80쪽을 펴서 정의를 보세요. Turn to page 80 for a definition.
5 32쪽을 펴서 좀 더 자세한 내용을 보세요. Turn to page 32 for more information.

DAY 4

영어와 한글을 나누어 구성하였습니다. 반으로 접어서 활용하세요.
한글 해석만 보면서 영어로 말하는 연습을 반복하세요.

교실영어핵심패턴233 D4.mp3

★Pattern 016 이 책은 ~예요 This book is...

1 이 책은 정말 재미있어. This book is very interesting.
2 이 책은 상당히 어려워. This book is quite difficult.
3 이 책에는 유용한 단어들로 가득해. This book is full of useful words.
4 이 책은 학생들이 사용하는 거야. This book is for students to use.
5 이 책은 너무 길고 지루해. This book is too long and boring.

★Pattern 017 다들 ~하기 바랍니다 I want you guys to...

1 다들 조용히 하세요. I want you guys to be quiet.
2 다들 집중하세요. I want you guys to pay attention.
3 다들 6쪽을 펴세요. I want you guys to turn to page 6.
4 모두들 잘 들으세요. I want you guys to listen.
5 너희들, 공부 좀 해. I want you guys to study.

★Pattern 018 이제 ~할 시간이에요 It's time to...

1 쪽지 시험 볼 시간이에요. It's time to take a quiz.
2 우리 공부를 복습해 볼 시간이에요. It's time to review our work.
3 여러분의 숙제를 검사할 시간이에요. It's time to check your homework.
4 학기말 시험 결과를 발표할 시간이에요. It's time to announce your final test scores.
5 에세이를 검토해 볼 시간이에요. It's time to go over the essay.

★Pattern 019 모두 ~하세요 Everyone, please...

1 모두 들어보세요. Everyone, please listen.
2 모두 목록을 만드세요. Everyone, please make a list.
3 모두 책을 덮으세요. Everyone, please close your books.
4 모두 빨간 펜을 사용하세요. Everyone, please use your red pens.
5 모두 여기서 기다리세요. Everyone, please wait right here.

★Pattern 020 다들 ~을 잘 들으세요 Listen up, everyone, ...

1 다들 오늘 발표자의 말을 잘 들으세요. Listen up, everyone, to today's speaker.
2 다들 공지를 잘 들으세요. Listen up, everyone, for announcements.
3 다들 제 보고서를 잘 들으세요 Listen up, everyone, to my report.
4 다들 교장 선생님 말씀을 잘 들어보세요. Listen up, everyone, to the principal.
5 다들 지시 사항을 잘 들으세요. Listen up, everyone, for instructions.

DAY 5

영어와 한글을 나누어 구성하였습니다. 반으로 접어서 활용하세요.
한글 해석만 보면서 영어로 말하는 연습을 반복하세요.

교실영어핵심패턴233 D5.mp3

★Pattern 021 여러분은 ~가 필요할 거예요 — You will need...

1 여러분은 시험 시간이 45분 필요할 거예요. — You will need 45 minutes for the test.
2 여러분은 가위가 필요할 거예요. — You will need a pair of scissors.
3 여러분은 짝이 필요할 거예요. — You will need a partner.
4 여러분은 시간이 좀 더 필요할 거예요. — You will need more time.
5 여러분은 필기한 것을 복습해야 할 거예요. — You will need to review your notes.

★Pattern 022 확실하지 않으면 ~ — When in doubt, ...

1 확실하지 않으면 필기한 것을 확인하세요. — When in doubt, check your notes.
2 의심스러우면 물어 보세요. — When in doubt, ask.
3 확실하지 않으면 아주 잘 아는 단어를 사용하세요. — When in doubt, use words you know very well.
4 의심스러우면 그 문장의 문법을 생각해보세요. — When in doubt, think about the grammar of the sentence.
5 확실하지 않으면 어제 배운 수업을 기억해 보세요. — When in doubt, try to remember yesterday's lesson.

★Pattern 023 ~하지 않도록 하세요 — Please avoid...

1 실수하지 마세요. — Please avoid making mistakes.
2 사전을 사용하지 마세요. — Please avoid using your dictionary.
3 같은 단어를 반복해서 사용하지 마세요. — Please avoid repeating the same words.
4 영어 이외에 다른 언어로 말하지 마세요. — Please avoid speaking in languages other than English.
5 말하고 싶은 것을 적지 마세요. — Please avoid writing down what you want to say.

★Pattern 024 ~하지 않도록 하세요 — Try not to...

1 숙제를 잊어 버리지 않도록 하세요. — Try not to forget your homework.
2 사전을 사용하지 않도록 하세요. — Try not to use your dictionary.
3 지각하지 않도록 하세요. — Try not to be late.
4 필기한 것에 의존하지 않도록 하세요. — Try not to rely on your notes.
5 이 두 단어들을 헷갈리지 않도록 하세요. — Try not to confuse these two words.

★Pattern 025 다들 진정하고 ~ — Everyone, calm down...

1 이제 다들 진정하세요. — Everyone, calm down now.
2 다들 진정하고 흥분을 가라앉히세요. — Everyone, calm down. The excitement is over.
3 다들 진정하고 하던 걸 계속하세요. — Everyone, calm down and continue working.
4 다들 진정해야지 시작할 수 있습니다. — Everyone, calm down, so we can start.
5 다들 진정하고 집중하세요. — Everyone, calm down and focus.

DAY 6

그동안 학습했던 문장들을 복습합니다. 우리말을 보면서 영어문장을 만들어 보세요.
정답은 본문에서 찾아보세요.

01 | 여러분이 자리에 앉으면 수업을 시작하겠어요.

02 | 모두 자리에 앉아서 공부할 준비를 하세요.

03 | 칠판을 주목하세요.

04 | 수업에 집중하세요.

05 | 어제 새로 배운 단어들을 복습해 봅시다.

06 | 네가 모르는 단어들을 훑어보자.

07 | 오늘은 과거시제를 공부할 겁니다.

08 | 오늘 아침에는 이야기를 써 보겠어요.

09 | 어제 배운 문법을 복습하면서 시작하자.

10 | 점심 식사 후에 현장학습을 갈 거야.

11 | 오늘 초대 손님은 아주 유명한 정치인입니다.

12 | 모두 교과서를 꺼내세요.

13 | 오늘까지 에세이를 끝내세요.

14 | 책을 펴서 22쪽을 보세요.

15 | 5쪽을 펴서 용어 해설을 보세요.

16 | 이 책은 상당히 어려워.

17 | 다들 집중하세요.

18 | 쪽지 시험 볼 시간이에요.

19 | 모두 여기서 기다리세요.

20 | 다들 공지를 잘 들으세요.

21 | 여러분은 짝이 필요할 거예요.

22 | 확실하지 않으면 아주 잘 아는 단어를 사용하세요.

23 | 영어 이외에 다른 언어로 말하지 마세요.

24 | 이 두 단어들을 헷갈리지 않도록 하세요.

25 | 다들 진정하고 집중하세요.

DAY 7

영어와 한글을 나누어 구성하였습니다. 반으로 접어서 활용하세요.
한글 해석만 보면서 영어로 말하는 연습을 반복하세요.

교실영어핵심패턴233 D7.mp3

★Pattern 026 조용히 하고 ~ Please quiet down...

1 시험 볼 시간이니 다들 조용히 하세요.	Please quiet down because it's time to take the test.
2 조용히 하지 않으면 정답을 들을 수가 없어요.	Please quiet down or you won't hear the correct answer.
3 너무 시끄러워지네, 좀 조용히 하세요.	It's getting too loud in here, so please quiet down.
4 쉬는 시간이 끝났으니 조용히 하세요.	Break time is over, so please quiet down.
5 다들 좀 조용히 하세요.	Please quiet down, everyone.

★Pattern 027 모두들, ~을 받으세요 Everyone, take a...

1 모두들, 번호표를 받으세요.	Everyone, take a number.
2 모두들, 유인물을 받으세요.	Everyone, take a handout.
3 모두들, 시험지를 받아서 뒤로 넘기세요.	Everyone, take a test and pass them back.
4 모두들, 설문지를 받으세요.	Everyone, take a questionnaire.
5 모두들, 이름표를 받으세요.	Everyone, take a name tag.

★Pattern 028 ~을 앞으로 넘기세요 Pass forward your...

1 시험지를 앞으로 넘기세요.	Pass forward your exams.
2 과제물을 앞으로 넘기세요.	Pass forward your assignments.
3 부모님 동의서를 앞으로 넘기세요.	Pass forward your permission slips.
4 보고서를 앞으로 넘기세요.	Pass forward your papers.
5 리스트를 앞으로 넘기세요.	Pass forward your lists.

★Pattern 029 ~을 나눠 줄게요 I'm handing out...

1 여러분에게 과제물을 나눠주겠습니다.	I'm handing out your assignments.
2 성적표는 수업 끝날 때 나눠줄게요.	I'm handing out the report cards at the end of class.
3 기말 과제를 나눠줄게요.	I'm handing out the final projects.
4 부모님 동의서를 나눠줄게요.	I'm handing out permission slips.
5 새 교과서들을 나눠주겠어요.	I'm handing out the new textbooks.

★Pattern 030 하나씩 받고~ Take one and...

1 하나씩 받아서 작성하도록 하세요.	Take one and fill it out.
2 하나씩 받고 나머지는 뒤로 넘기세요.	Take one and pass the rest back.
3 하나씩 받아서 이름을 적어두세요.	Take one and write your name on it.
4 하나씩 받아서 폴더에 넣어 두세요.	Take one and put it in your folder.
5 하나씩 받아서 부모님 서명을 받아 오세요.	Take one and have your parents sign it.

DAY 8

영어와 한글을 나누어 구성하였습니다. 반으로 접어서 활용하세요.
한글 해석만 보면서 영어로 말하는 연습을 반복하세요.

교실영어핵심패턴233 D8.mp3

★Pattern 031 여분의 ~이 있는 사람? Who has an extra...?

1 여분의 펜이 있는 사람? Who has an extra **pen?**
2 여분의 종이가 있는 사람? Who has an extra **piece of paper?**
3 여분의 노트가 있는 사람? Who has an extra **notebook?**
4 여분의 시험지가 있는 사람? Who has an extra **test paper?**
5 여분의 페이퍼 클립이 있는 사람? Who has an extra **paper clip?**

★Pattern 032 ~이 필요한 사람? Does anyone need...?

1 시간이 더 필요한 사람? Does anyone need **more time?**
2 테이프가 더 필요한 사람? Does anyone need **more tape?**
3 설명이 좀 더 필요한 사람? Does anyone need **further explanation?**
4 도움이 필요한 사람? Does anyone need **a hand?**
5 화장실에 갔다 와야 되는 사람? Does anyone need **to use the bathroom?**

★Pattern 033 ~ 다 했니? Are you done with...?

1 그 연필 다 썼어? Are you done with **that pencil?**
2 에세이 다 썼어? Are you done with **your essay?**
3 숙제 다 했니? Are you done with **your homework?**
4 프로젝트 다 끝냈어? Are you done with **your project?**
5 그 책 다 읽었니? Are you done with **that book?**

★Pattern 034 …할 시간이 ~분 남았습니다 You have ~ minutes...

1 시험 시간이 5분 남았습니다. You have **5** minutes **to finish your quiz.**
2 에세이 끝마칠 시간이 몇 분 안 남았습니다. You have **several** minutes **to complete the essay.**
3 휴식 시간까지 몇 분 안 남았습니다. You have **a few** minutes **until recess.**
4 질문 시간이 10분 주어질 거예요. You have **10** minutes **to take questions.**
5 이 단락 외울 시간을 5분 줄게요. You have **5** minutes **to memorize this paragraph.**

★Pattern 035 모두 ~하세요 Could you all please...?

1 모두 책을 꺼내세요. Could you all please **take out your books?**
2 모두 앉으세요. Could you all please **sit down?**
3 모두 시험 볼 준비를 하세요. Could you all please **get ready to take the test?**
4 모두 5쪽을 펴세요. Could you all please **turn to page 5?**
5 모두 숙제를 제출하세요. Could you all please **turn in your homework?**

영어와 한글을 나누어 구성하였습니다. 반으로 접어서 활용하세요.
한글 해석만 보면서 영어로 말하는 연습을 반복하세요.

교실영어핵심패턴233 D9.mp3

★Pattern 036 모두 ~하도록 해요 Everyone needs to...

1 모두 종이를 한 장씩 꺼내도록 하세요. Everyone needs to take out a piece of paper.
2 모두 이 문장을 외우도록 해요. Everyone needs to memorize this sentence.
3 모두 연필 한 자루씩 가져오도록 해요. Everyone needs to bring a pencil.
4 모두 숙제를 제출하도록 해요. Everyone needs to turn in the homework.
5 모두 내일 쪽지시험을 준비하도록 하세요. Everyone needs to be prepared for a quiz tomorrow.

★Pattern 037 ~에 대해 말해 줄게요 Let me tell you about...

1 미국의 역사에 대해 말할게요. Let me tell you about the history of the United States.
2 여러분의 과제에 대해 말할게요. Let me tell you about your homework.
3 영어에서 동사가 어떤 역할을 하는지에 대해 말할게요. Let me tell you about how English verbs work.
4 다음 주에 있을 시험에 대해서 설명해 줄게요. Let me tell you about next week's test.
5 프로젝트에 대해서 설명해 줄게요. Let me tell you about the project.

★Pattern 038 ~로 돌아가 볼까요? Could we go back to...?

1 5번 질문으로 돌아가 볼까? Could we go back to question number 5?
2 17과로 돌아가 볼까? Could we go back to chapter 17?
3 마지막 문제로 돌아가 볼까? Could we go back to the last exercise?
4 우리 어제 공부했던 것으로 돌아가 볼까? Could we go back to what we studied yesterday?
5 7번으로 돌아가 볼까? Could we go back to number 7?

★Pattern 039 앞에 나와서 ~하세요 Come up to the front and...

1 앞으로 나와서 방금 쓴 것을 읽어 보세요. Come up to the front and read what you have just written.
2 앞으로 나와서 발표를 하세요. Come up to the front and give your presentation.
3 앞에 나와서 칠판에 답을 써 보세요. Come up to the front and write your answer on the board.
4 앞에 나와서 이 대화문을 읽어 보세요. Come up to the front and perform this dialogue.
5 앞에 나와서 연설해 주세요. Come up to the front and give your speech.

★Pattern 040 ~을 제출하세요 Turn in your...

1 나가기 전에 과제를 제출하세요. Turn in your assignment before you leave.
2 시험지를 제출하세요. Turn in your test.
3 에세이를 제출하세요. Turn in your essay.
4 숙제를 제출하세요. Turn in your homework.
5 연습문제를 제출하면 내가 고쳐줄게. Turn in your exercises and I'll correct them.

영어와 한글을 나누어 구성하였습니다. 반으로 접어서 활용하세요.
한글 해석만 보면서 영어로 말하는 연습을 반복하세요.

교실영어핵심패턴233 D10.mp3

★Pattern 041 ~에 이름을 적으세요 Please put your name...

1 보고서에 이름을 적으세요. Please put your name on your paper.

2 시험지에 이름을 적으세요. Please put your name on your test.

3 에세이에 이름을 적으세요. Please put your name on your essay.

4 보고서 윗부분에 이름을 적도록 하세요. Please put your name at the top of the paper.

5 명단에 이름을 적도록 하세요. Please put your name on the list.

★Pattern 042 ~을 설명해 줄게요 Let me explain...

1 숙제를 설명해줄게. Let me explain the homework.

2 이 문제를 어떻게 푸는지 설명해줄게. Let me explain how to do this exercise.

3 네가 뭘 하면 좋은지 설명할게. Let me explain what I want you to do.

4 오늘 수업에 대해서 설명할게. Let me explain today's lesson.

5 이 숙제를 어떻게 해야 하는지 설명해줄게. Let me explain how this assignment should be done.

★Pattern 043 내 말은 ~라는 거야 What I'm trying to say is that...

1 내 말은 네가 좀 더 열심히 공부해야 한다는 거야. What I'm trying to say is that you need to study harder.

2 내 말은 네 지난 시험 성적이 좀 낮았다는 거야. What I'm trying to say is that your last test score was a little low.

3 내 말은 이게 시험에 나올 거라는 거야. What I'm trying to say is that this is going to be on the test.

4 내 말은 절대로 지각하지 말라는 거야. What I'm trying to say is that you have to be in class on time.

★Pattern 044 모두들 ~는 알고 있어야 해요 Everyone should know...

1 모두들 지금쯤은 제 이름을 알고 있어야죠. Everyone should know my name by now.

2 모두들 제 연락처는 알고 있어야 해요. Everyone should know how to reach me.

3 모두들 지금쯤은 이것을 어떻게 하는지 알고 있어야죠. Everyone should know how to do this by now.

4 모두들 숙제가 뭔지 알고 있어야죠. Everyone should know what the homework is.

5 모두들 이 동사들의 과거형을 알고 있어야죠. Everyone should know the past tense of these verbs.

★Pattern 045 과제는 ~까지 제출하세요 The assignment is due...

1 과제는 이번주 말까지 제출하세요. The assignment is due by the end of the week.

2 과제는 다음 주 월요일까지입니다. The assignment is due next Monday.

3 3주 내로 과제를 제출하세요. The assignment is due in 3 weeks.

4 숙제 마감이 3시거든. The assignment is due at 3:00.

5 기말 시험 전까지 과제를 제출하세요. The assignment is due right before the final test.

DAY 11

영어와 한글을 나누어 구성하였습니다. 반으로 접어서 활용하세요.
한글 해석만 보면서 영어로 말하는 연습을 반복하세요.

교실영어핵심패턴233 D11.mp3

★Pattern 046 …한 지가 ~가 되었어요 It's been ~ since ...

1 과제를 내준 지가 일주일이나 됐어. It's been a week since I gave you the assignment.
2 우리가 그것을 공부한 지가 오래 되었어요. It's been a long time since we studied that.
3 그가 일을 시작한 지가 한 시간이나 되었어요. It's been an hour since he started working.
4 내가 여러분에게 질문을 한 지가 5분이 지났습니다. It's been 5 minutes since I asked you the question.
5 사전을 잃어버리고 나서부터 공부하기가 너무 힘들어요. It's been hard to study since I lost my dictionary.

★Pattern 047 ~하는 유일한 방법은 …다 The only thing that ~ is ...

1 네가 회화를 잘 할 수 있는 유일한 방법은 연습이야. The only thing that will help you speak well is practice.
2 이 시험에서 너는 과거시제만 써야 해. The only thing that you must use on this test is the past tense.
3 네가 활용할 수 있는 건 오직 사전뿐이야. The only thing that might be useful is your dictionary.
4 시간상 우리가 복습할 수 있는 건 6과 뿐이야. The only thing that we have time to review is chapter 6.

★Pattern 048 ~에 추가 점수가 있을 거예요 There will be extra points...

1 과제를 빨리 내면 가산점을 줄 거예요. There will be extra points for early assignments.
2 참여하는 사람에게 추가 점수가 있을 거예요. There will be extra points given to attendees.
3 철자가 맞으면 가산점을 줄 거예요. There will be extra points if your spelling is correct.
4 결석을 한 번도 하지 않은 학생에게는 추가 점수가 있을 거예요. There will be extra points for anyone who never misses class.
5 발표를 잘한 학생에게는 추가 점수가 있을 거예요. There will be extra points given to the best presenter.

★Pattern 049 ~을 꼭 공부하세요 Be sure to study...

1 쪽지 시험 공부 꼭 하세요. Be sure to study for the quiz.
2 11과 꼭 공부하세요. Be sure to study chapter 11.
3 어휘 해설 공부 꼭 하세요. Be sure to study the glossary.
4 이번 주 공부하는 것 명심해. Be sure to study this week.
5 꼭 친구랑 같이 공부하도록 해요. Be sure to study with a friend.

★Pattern 050 내일 숙제는 ~입니다 Tomorrow's assignment is...

1 내일 숙제는 가족들에 관해서 단락을 써보는 거예요. Tomorrow's assignment is to write a paragraph about your family.
2 내일 숙제는 10개의 새로운 단어들을 외어 오는 거예요. Tomorrow's assignment is to memorize 10 new words.
3 내일 숙제는 이 글을 읽어 오는 거예요. Tomorrow's assignment is to read this article.
4 내일 숙제는 신문 기사를 읽어 오는 거예요. Tomorrow's assignment is to read a story in the newspaper.

DAY 12

그동안 학습했던 문장들을 복습합니다. 우리말을 보면서 영어문장을 만들어 보세요.
정답은 본문에서 찾아보세요.

01 | 쉬는 시간이 끝났으니 조용히 하세요.

02 | 모두들, 유인물을 받으세요.

03 | 리스트를 앞으로 넘기세요.

04 | 기말 과제를 나눠줄게요.

05 | 하나씩 받고 나머지는 뒤로 넘기세요.

06 | 여분의 펜이 있는 사람?

07 | 도움이 필요한 사람?

08 | 숙제 다 했니?

09 | 시험 시간이 5분 남았습니다.

10 | 모두 숙제를 제출하세요.

11 | 모두 종이를 한 장씩 꺼내도록 해요.

12 | 영어에서 동사가 어떤 역할을 하는지에 대해 말할게요.

13 | 마지막 문제로 돌아가 볼까?

14 | 앞으로 나와서 발표를 하세요.

15 | 시험지를 제출하세요.

16 | 보고서에 이름을 적으세요.

17 | 이 문제를 어떻게 푸는지 설명해 줄게.

18 | 내 말은 네가 좀 더 열심히 공부해야 한다는 거야.

19 | 모두들 지금쯤은 이것을 어떻게 하는지 알고 있어야죠.

20 | 과제는 이번주 말까지 제출하세요.

21 | 과제를 내준 지가 일주일이나 됐어.

22 | 네가 회화를 잘 할 수 있는 유일한 방법은 연습이야.

23 | 결석을 한 번도 하지 않은 학생에게는 추가 점수가 있을 거예요.

24 | 쪽지 시험 공부 꼭 하세요.

25 | 내일 숙제는 가족들에 관해서 단락을 써보는 거예요.

DAY 13

영어와 한글을 나누어 구성하였습니다. 반으로 접어서 활용하세요.
한글 해석만 보면서 영어로 말하는 연습을 반복하세요.

교실영어핵심패턴233 D13.mp3

★Pattern 051 ~ 잃어버리지 마 — Don't lose your...

1 숙제 잃어버리지 마. — Don't lose your homework.
2 책가방 잃어버리지 마. — Don't lose your backpack.
3 그것을 잃어버리면 안 돼. — Don't lose it.
4 공책 잃어버리지 마. — Don't lose your notebook.
5 필통 잃어버리지 마. — Don't lose your pencil box.

★Pattern 052 ~하는 것 잊지 마 — Don't forget...

1 숙제 하는 것 잊지 말아라. — Don't forget to do your homework.
2 내일 시험 있는 것 잊지 말아라. — Don't forget that we have a test tomorrow.
3 5과 읽는 것 잊지 말아라. — Don't forget to read chapter 5.
4 학교 축제가 있는 것 잊지 말아라. — Don't forget about the school festival.
5 보고서에 이름 쓰는 것 잊지 말아라. — Don't forget to write your name on your paper.

★Pattern 053 ~을 기억하세요 — Remember to...

1 잊지 말고 꼭 숙제 하세요. — Remember to do your homework.
2 잊지 말고 꼭 펜 가져오도록 하세요. — Remember to bring a pen.
3 잊지 말고 새로운 단어들을 꼭 적어 두세요. — Remember to write down the new words.
4 잊지 말고 꼭 시험 공부하세요. — Remember to study for the test.
5 잊지 말고 9과 꼭 읽어 오세요. — Remember to read chapter 9.

★Pattern 054 ~ 가져오는 것 잊지 마세요 — Remember to bring...

1 부모님께 확인서 받아 오는 것 잊지 마세요. — Remember to bring a note from your parents.
2 교과서 가지고 오는 것 잊지 마세요. — Remember to bring your textbook.
3 노트 가지고 오는 것 기억하세요. — Remember to bring a notebook.
4 숙제 가지고 오는 것 꼭 기억하세요. — Remember to bring your homework.
5 빨간색 펜 가져오는 것 잊지 마세요. — Remember to bring red pens.

★Pattern 055 ~을 소홀히 하면 안 돼요 — Don't neglect...

1 노트 필기를 소홀히 하면 안 돼요. — Don't neglect to take notes.
2 늦지 않게 수업에 오는 걸 소홀히 하면 안 돼요. — Don't neglect to attend class on time.
3 일기 쓰는 걸 소홀히 하면 안 돼요. — Don't neglect your journal.
4 숙제 소홀히 하면 안 돼요. — Don't neglect your homework.
5 여러분이 할 일을 소홀히 하면 안 돼요. — Don't neglect your responsibility.

DAY 14

영어와 한글을 나누어 구성하였습니다. 반으로 접어서 활용하세요.
한글 해석만 보면서 영어로 말하는 연습을 반복하세요.

교실영어핵심패턴233 D14.mp3

★Pattern 056 모두 ~을 반납하세요 Would everyone return...?

1 다들 영어교실로 돌아가세요.	Would everyone return to the English classroom?
2 다들 수업 후에 펜을 반납하세요.	Would everyone return these pens after class?
3 영어 사전을 반납하세요.	Would everyone return their English dictionaries?
4 다들 노트북 컴퓨터를 반납하세요.	Would everyone return these notebook computers?
5 다들 시험지를 제출하세요.	Would everyone return the test papers?

★Pattern 057 그동안 ~ In the meantime, ...

1 그 동안 필기한 것을 복습하세요.	In the meantime, review your notes.
2 그 동안 짝과 잡담하지 마세요.	In the meantime, don't chat with your partner.
3 그 동안 조용히 앉아 있으세요.	In the meantime, sit still.
4 그 동안 요약을 훑어보세요.	In the meantime, review your summary.
5 그 동안 눈을 감으세요.	In the meantime, close your eyes.

★Pattern 058 멋진 ~ 보내세요 Have a terrific...

1 멋진 하루 보내세요.	Have a terrific day.
2 멋진 방학 보내세요.	Have a terrific vacation.
3 좋은 시간 보내세요.	Have a terrific time.
4 멋진 저녁 보내세요.	Have a terrific evening.
5 멋진 주말 보내세요.	Have a terrific weekend.

★Pattern 059 종이 울리면 ~하세요 When the bell rings, ...

1 종이 울리면 자리에 앉으세요.	When the bell rings, take your seats.
2 종이 울리면 시작할 거예요.	When the bell rings, we will begin.
3 종이 울려야 수업이 끝납니다.	When the bell rings, class is dismissed.
4 종이 울리면 집에 가도 좋아요.	When the bell rings, you can go home.
5 종이 울려야 쉬는 시간입니다.	When the bell rings, it's time for recess.

★Pattern 060 ~ 잠시 쉬자 Let's take a break...

1 이것만 하고 잠시 쉬어요.	Let's take a break after this.
2 잠시 동안 쉬자.	Let's take a break for a minute.
3 카페테리아에서 잠시 쉬자.	Let's take a break at the cafeteria.
4 점심시간에 잠깐 쉬자.	Let's take a break at lunch time.
5 공부하는 것 멈추고 잠시 쉬자.	Let's take a break from studying.

DAY 15

영어와 한글을 나누어 구성하였습니다. 반으로 접어서 활용하세요.
한글 해석만 보면서 영어로 말하는 연습을 반복하세요.

교실영어핵심패턴233 D15.mp3

★Pattern 061 자리에 그대로 앉아 있으세요 Stay seated...

1 종이 울릴 때까지 자리에 앉아 있으세요. Stay seated until the bell rings.
2 내가 숙제를 걷을 때까지 자리에 앉아 있으세요. Stay seated until I collect your papers.
3 수업이 끝날 때까지 자리에 앉아 있으세요. Stay seated until class is over.
4 시험이 끝날 때까지 자리에 앉아 있으세요. Stay seated until the test is over.
5 내가 이름을 부를 때까지 자리에 앉아 있으세요. Stay seated until I call your name.

★Pattern 062 ~에 다시 만나요 We'll meet again...

1 다음 주에 다시 만나도록 하자. We'll meet again next week.
2 다음에 다시 만나요. We'll meet again next time.
3 방학 끝나고 다시 만나요. We'll meet again after the vacation.
4 금요일에 다시 만나요. We'll meet again on Friday.
5 점심 먹고 다시 만나요. We'll meet again after lunch.

★Pattern 063 그건 그렇고, ~ By the way, ...

1 그건 그렇고, 주제는 어떤 것을 선택했니? By the way, what topic did you choose?
2 그건 그렇고, 내가 어제 네가 쓴 에세이를 읽어보았다. By the way, I read your essay yesterday.
3 그건 그렇고, 너 이 단어 의미를 기억하고 있니? By the way, do you remember the meaning of this word?
4 그건 그렇고, 너 에세이는 다 썼니? By the way, are you finished with your essay?
5 그건 그렇고, 너 언제쯤 끝낼 수 있겠니? By the way, when do you think you'll be finished?

★Pattern 064 내가 전에도 말했듯이, ~ Like I said before, ...

1 전에도 말했듯이, 월요일에 시험을 보겠다. Like I said before, the test will be on Monday.
2 내가 전에도 말했듯이, 발음을 연습하는 건 아주 중요하다. Like I said before, it's important to practice pronunciation.
3 전에도 말했듯이, 영어를 배우는 것은 인내가 필요해. Like I said before, learning English takes patience.
4 내가 전에도 말했듯이, 숙제는 87쪽이다. Like I said before, the homework is on page 87.

★Pattern 065 ~하도록 유의하세요 Take care to...

1 그 단어의 철자를 정확히 쓰도록 해라. Take care to spell the word correctly.
2 제 시간에 끝내도록 해라. Take care to finish on time.
3 맞는 동사를 사용하도록 해라. Take care to use the correct verb.
4 설명을 잘 읽어보도록 해라. Take care to read the instructions.
5 모든 단어들을 다 받아쓸 수 있도록 해라. Take care to write down every word.

영어와 한글을 나누어 구성하였습니다. 반으로 접어서 활용하세요.
한글 해석만 보면서 영어로 말하는 연습을 반복하세요.

교실영어핵심패턴233 D16.mp3

★Pattern 066 정답은 ~입니다 The correct answer is...

1 정답은 여러분 책 속에 있습니다. The correct answer is in your book.
2 정답은 논란의 여지가 있습니다. The correct answer is debatable.
3 정답은 George Washington입니다. The correct answer is George Washington.
4 정답은 이탈리아입니다. The correct answer is Italy.
5 정답은 방금 들은 내용입니다. The correct answer is what we just heard.

★Pattern 067 성적은 ~에 발표됩니다 Grades are announced...

1 성적은 다음 수업 시간에 발표됩니다. Grades are announced at the next class.
2 성적은 학기 끝나고 2주 후에 발표됩니다. Grades are announced two weeks after the semester.
3 성적은 결과가 모두 나온 다음에 발표됩니다. Grades are announced when all results are in.
4 성적은 부모님께 전화로 통보됩니다. Grades are announced to your parents by phone.

★Pattern 068 누가 ~을 낭송해볼래요? Who wants to recite...?

1 누가 첫 번째 시를 낭송할래요? Who wants to recite the first poem?
2 누가 이 시를 낭송해 볼래요? Who wants to recite this poem?
3 누가 자작시를 낭송해 볼래요? Who wants to recite their own poetry?
4 누가 이 시의 마지막 부분을 낭송해 볼래요? Who wants to recite the last part of the poem?
5 누가 다음 절을 낭송할래요? Who wants to recite the next stanza?

★Pattern 069 ~라고 가정해 보죠 Let's suppose...

1 우리가 전쟁 중이라고 가정해 보죠. Let's suppose we're at war.
2 우리가 고대 로마에 살았다고 가정해 보죠. Let's suppose we lived in ancient Rome.
3 불이 났다고 가정해 보죠. Let's suppose we have a fire.
4 우리가 낙제한다고 가정해 보죠. Let's suppose we fail.
5 다른 행성에 생명체가 있다고 가정해 보죠. Let's suppose there's life on other planets.

★Pattern 070 ~가 어땠을지 상상해 보세요 Imagine what it was like...

1 서부 개척자가 어땠을지 상상해 보세요. Imagine what it was like to be a western pioneer.
2 전기 없이 사는 게 어땠을지 상상해 보세요. Imagine what it was like to live without electricity.
3 가난한 사람들은 어땠을지 상상해 보세요. Imagine what it was like for the poor.
4 암흑시대에는 어땠을지 상상해 보세요. Imagine what it was like in the Dark Ages.
5 다이애나 비에겐 어땠을지 상상해 보세요. Imagine what it was like for Princess Diana.

DAY 17

영어와 한글을 나누어 구성하였습니다. 반으로 접어서 활용하세요.
한글 해석만 보면서 영어로 말하는 연습을 반복하세요.

교실영어핵심패턴233 D17.mp3

★Pattern 071 ~하면 손을 드세요 Raise your hand if...

1 도움이 필요하면 손을 드세요. Raise your hand if you need help.

2 질문이 있으면 손을 드세요. Raise your hand if you have any questions.

3 시험이 끝난 사람은 손을 드세요. Raise your hand if you're finished the test.

4 화장실에 가고 싶으면 손을 드세요. Raise your hand if you need to use the bathroom.

5 확실하게 이해가 안 되면 손을 드세요. Raise your hand if this is unclear.

★Pattern 072 ~을 고려해 보는 것은 중요합니다 It's important to consider...

1 모든 가능성을 고려해 보는 것이 중요합니다. It's important to consider all possibilities.

2 대안을 고려해 보는 것이 중요합니다. It's important to consider the alternatives.

3 지구 기후변화에 대해 고려해 보는 것이 중요해요. It's important to consider global climate change.

4 시험을 볼 때 시간을 어떻게 운영할지를 고려해 보는 게 중요합니다. It's important to consider how to manage your time during the test.

5 어떤 주제로 에세이를 쓸지 생각해 보는 것이 중요해요. It's important to consider your choice for the essay topic.

★Pattern 073 네 이론은 ~야 Your theory is...

1 네 이론은 틀렸어. Your theory is flawed.

2 네 생각도 선생님 생각과 비슷하구나. Your theory is similar to mine.

3 네 이론이 최고야. Your theory is the best.

4 네 생각대로 해봐도 좋을것 같구나. Your theory is worth trying.

5 네 이론은 조금만 손보면 괜찮아. Your theory is okay if you change it a little.

★Pattern 074 ~가 맞을까요, 틀릴까요? True or false: ...

1 고양이가 포유류인 게 맞을까요, 틀릴까요? True or false: Cats are mammals.

2 토마토가 과일이라는 게 맞을까요, 틀릴까요? True or false: Tomatoes are fruit.

3 어떤 고기들은 날 수 있다는 게 맞을까요, 틀릴까요? True or false: Some fish can fly.

4 가장 높은 산이 에베레스트 산이라는 게 맞을까요, 틀릴까요? True or false: The highest mountain is Mt. Everest.

5 지구가 평평하다는 게 맞을까요, 틀릴까요? True or false: The earth is flat.

★Pattern 075 ~한 것은 없었습니다 There has never been...

1 이것에 대한 논쟁은 한 번도 없었습니다. There has never been an argument about this.

2 미국 역사에서 링컨보다 더 중요한 대통령은 없었습니다. There has never been a more important president than Lincoln.

3 테레사 수녀님보다 더 인간애가 넘치는 사람은 없었습니다. There has never been a better humanitarian than Mother Teresa.

4 유재석보다 더 웃긴 코미디언은 없었습니다. There has never been a funnier comedian than Yoo Jae Seok.

5 반에서 만점이 나온 적은 한 번도 없었습니다. There has never been a perfect score in class.

DAY 18

그동안 학습했던 문장들을 복습합니다. 우리말을 보면서 영어문장을 만들어 보세요.
정답은 본문에서 찾아보세요.

01 | 공책 잃어버리지 마.

02 | 보고서에 이름 쓰는 것 잊지 말아라.

03 | 잊지 말고 새로운 단어들을 꼭 적어 두세요.

04 | 부모님께 확인서 받아 오는 것 잊지 마세요.

05 | 노트 필기를 소홀히 하면 안 돼요.

06 | 다들 노트북 컴퓨터를 반납하세요.

07 | 그 동안 필기한 것을 복습하세요.

08 | 멋진 주말 보내세요.

09 | 종이 울리면 집에 가도 좋아요.

10 | 이것만 하고 잠시 쉬자.

11 | 내가 이름을 부를 때까지 자리에 앉아 있으세요.

12 | 점심 먹고 다시 만나요.

13 | 그건 그렇고, 너 언제쯤 끝낼 수 있겠니?

14 | 전에도 말했듯이 영어를 배우는 것은 인내가 필요해.

15 | 제 시간에 끝내도록 해라.

16 | 정답은 논란의 여지가 있습니다.

17 | 성적은 다음 수업 시간에 발표됩니다.

18 | 누가 다음 절을 낭송할래요?

19 | 우리가 낙제한다고 가정해 보죠.

20 | 전기 없이 사는 게 어땠을지 상상해 보세요.

21 | 질문이 있으면 손을 드세요.

22 | 모든 가능성을 고려해 보는 것이 중요합니다.

23 | 네 이론은 틀렸어.

24 | 토마토가 과일이라는 게 맞을까요, 틀릴까요?

25 | 반에서 만점이 나온 적은 한 번도 없었습니다.

DAY 19

영어와 한글을 나누어 구성하였습니다. 반으로 접어서 활용하세요.
한글 해석만 보면서 영어로 말하는 연습을 반복하세요.

교실영어핵심패턴233 D19.mp3

★Pattern 076 ~ 커닝은 안 돼 — No cheating...

1 시험 볼 때 커닝은 안 된다.	No cheating on the test.
2 커닝하지 마라. 걸리면 낙제다.	No cheating or you will flunk.
3 커닝은 용납할 수 없어.	No cheating will be tolerated.
4 이번엔 커닝하면 안 된다.	No cheating this time.
5 내 사전에 커닝은 없어.	No cheating is my policy.

★Pattern 077 시험 범위는 ~입니다 — The test will cover...

1 시험 범위는 이번 학기에 다룬 내용 전부입니다.	The test will cover the entire semester.
2 시험 범위는 3, 4, 5과야.	The test will cover chapters 3, 4, and 5.
3 시험은 12세기에 관한 부분입니다.	The test will cover the 12th century.
4 시험 범위에 과제물도 포함됩니다.	The test will cover our papers.
5 많은 자료의 내용이 시험에 포함됩니다.	The test will cover a lot of material.

★Pattern 078 ~을 따라하세요 — Please follow...

1 설명을 따라하세요.	Please follow the instructions.
2 예문을 따라해 보세요.	Please follow the example.
3 저를 따라해 보세요.	Please follow my lead.
4 패턴을 따라하세요.	Please follow the pattern.
5 유형을 따라하세요.	Please follow the form.

★Pattern 079 다들 ~가 보이죠? — Can everyone see...?

1 다들 칠판 보이니?	Can everyone see the blackboard?
2 다들 화면 보이니?	Can everyone see the screen?
3 다들 이 그래프가 보이죠?	Can everyone see this graph?
4 다들 이 그림이 보이죠?	Can everyone see this picture?
5 다들 이게 어떻게 된 건지 알겠니?	Can everyone see how this works?

★Pattern 080 ~을 원하나요? — Would you care for...?

1 생각할 시간이 더 필요하니?	Would you care for a few more minutes to think?
2 간식을 줄까?	Would you care for a snack?
3 제안을 하나 할까?	Would you care for a suggestion?
4 힌트 하나 줄까?	Would you care for a hint?
5 좀 도와줄까?	Would you care for some help?

영어와 한글을 나누어 구성하였습니다. 반으로 접어서 활용하세요.
한글 해석만 보면서 영어로 말하는 연습을 반복하세요.

교실영어핵심패턴233 D20.mp3

★Pattern 081 그게 바로 ~야 — That's the way...

1 그게 바로 네가 해야 할 일이야. — That's the way you have to do it.
2 그게 바로 미국식 표현이야. — That's the way they say it in America.
3 그게 내가 좋아하는 거야. — That's the way I like it.
4 그런 식으로 해야지. — That's the way it works.
5 그게 바로 선생님께서 우리에게 보여 주셨던 거야. — That's the way the teacher showed us.

★Pattern 082 누가 ~해줄래? — Can someone...?

1 누가 이 의자들 좀 옮겨 줄래? — Can someone carry these chairs?
2 저 펜을 나한테 건네줄 수 있는 사람? — Can someone hand me that pen?
3 질문에 답할 수 있는 사람? — Can someone answer the question, please?
4 칠판에 나와서 문제를 풀 수 있는 사람? — Can someone come to the board and solve the problem?
5 말리가 어디 있는지 말해 볼 사람? — Can someone tell me where Mali is?

★Pattern 083 난 아직 ~을 기다리고 있단다 — I'm still waiting for...

1 난 아직 네 대답을 기다리고 있다. — I'm still waiting for your answer.
2 난 아직 네가 숙제를 제출하기를 기다리고 있어. — I'm still waiting for you to give me your homework.
3 나는 여전히 너의 답변을 기다리고 있어. — I'm still waiting for your response.
4 난 네가 끝내기를 기다리고 있어. — I'm still waiting for you to finish.

★Pattern 084 ~에 이름을 쓰세요 — Write your name...

1 과제물 위에 이름을 쓰세요. — Write your name at the top of your paper.
2 표지에 이름을 쓰세요. — Write your name on the cover.
3 시험지에 이름 쓰는 거 잊지 마세요. — Don't forget to write your name on the test.
4 여행을 가고 싶으면 명단에 이름을 쓰세요. — Write your name on the list if you want to go on the trip.
5 쓰고 싶은 주제 옆에 이름을 쓰세요. — Write your name next to the topic you want to write about.

★Pattern 085 잘 듣고 ~ — Listen carefully...

1 잘 듣고 빈칸을 채우세요. — Listen carefully and fill in the blanks.
2 잘 듣지 않으면 뭘 해야 할지 모를 거예요. — If you don't listen carefully, you won't know what to do.
3 잘 듣지 않으면 혼동할 수 있어요. — Listen carefully or you will get confused.
4 이야기를 집중해서 들으세요. — Listen carefully to the story.
5 잘 듣고 질문에 답하세요. — Listen carefully and then try to answer the questions.

DAY 21

영어와 한글을 나누어 구성하였습니다. 반으로 접어서 활용하세요.
한글 해석만 보면서 영어로 말하는 연습을 반복하세요.

교실영어핵심패턴233 D21.mp3

★Pattern 086 이것을 받아 적으세요 **Write this down...**

1 그건 중요한 거니까 받아 적으세요. Write this down because it's important.
2 이것을 받아 적고 나서 연습해 보세요. Write this down and then practice saying it.
3 나중에 잊지 않도록 이걸 받아 적으세요. Write this down or you won't remember it later.
4 잊어버리지 않게 받아 적어라. Write this down so you don't forget.
5 제가 말 한 대로 받아 적으세요. Write this down as I say it.

★Pattern 087 계속해서 ~하세요 **Keep working...**

1 벨이 울릴 때까지 계속하세요. Keep working until the bell rings.
2 Sally를 도와주는 동안 계속하세요. Keep working while I help Sally.
3 내가 그만하라고 말 할 때가지 계속하세요. Keep working until I tell you to stop.
4 다음 연습문제를 준비하는 동안 계속하세요. Keep working while I prepare the next exercise.
5 정신 흩트리지 말고 계속해라. Keep working and don't be distracted.

★Pattern 088 들으면서 ~하세요 **As you listen, ...**

1 들으면서 남자가 하는 말을 이해할 수 있는지 봅시다. As you listen, see if you can understand what the man says.
2 들으면서 노트에 들은 대로 적으세요. As you listen, copy what you hear in your notebook.
3 들으면서 여자의 발음에 집중하세요. As you listen, pay attention to the woman's pronunciation.
4 들으면서 이어지는 질문들을 생각해 보세요. As you listen, think about the following questions.

★Pattern 089 ~ 따라 읽으세요 **Repeat after me...**

1 저를 따라 읽으세요: 'go, went, gone.' Repeat after me: 'go, went, gone.'
2 한 줄씩 따라 읽으세요. Repeat after me line by line.
3 저를 따라 읽으세요: 'To be or not to be.' Repeat after me: 'To be or not to be.'
4 천천히 따라 읽으세요. Repeat after me slowly.
5 문단의 의미를 생각하면서 저를 따라 읽으세요. Repeat after me while thinking about the meaning of the paragraph.

★Pattern 090 먼저, ~ **First of all, ...**

1 무엇보다도 새로운 언어를 배우는 것은 재미있어야 해. First of all, learning a new language should be fun.
2 먼저 알파벳 읽기를 연습하자. First of all, let's practice saying the alphabet.
3 먼저 새로운 단어를 발음하는 방법을 기억해야 해. First of all, try to remember how to pronounce the new word.
4 먼저 이 새로운 단어들을 외워야 해. First of all, we need to memorize these new words.
5 먼저 네가 무엇을 이야기하고 싶은지를 생각해. First of all, think about what you want to say.

영어와 한글을 나누어 구성하였습니다. 반으로 접어서 활용하세요.
한글 해석만 보면서 영어로 말하는 연습을 반복하세요.

교실영어핵심패턴233 D22.mp3

★Pattern 091 ~을 설명해 보세요 Please explain...

1 네 답을 설명해 봐라. Please explain your answer.
2 무슨 말인지 설명해 보세요. Please explain what you mean.
3 왜 늦었는지 설명해 봐. Please explain why you were late.
4 이 연습문제를 설명해 주세요. Please explain this exercise.
5 규칙을 다시 설명해 주세요. Please explain the rule again.

★Pattern 092 다음은, ~ Next, ...

1 다음은, 짧은 영화를 보겠어요. Next, we're going to watch a short film.
2 다음은, 답을 추측해 보세요. Next, try to guess the answer.
3 다음은, 답을 적어 보세요. Next, write down your answer.
4 다음은, 책을 펴 보세요. Next, I'd like you to open your books.
5 다음은, 짝꿍과 연습해 보세요. Next, practice with a partner.

★Pattern 093 이게 마지막 ~예요 This is the last...

1 이게 이번 년도 마지막 시험이다. This is the last test of the year.
2 이게 시험 보기 전에 질문할 수 있는 마지막 기회야. This is the last opportunity to ask questions before the test.
3 오늘이 수업 마지막 날이구나. This is the last day of class.
4 이번이 마지막 기회다. This is the last chance.
5 이번이 마지막 경고다. This is the last warning.

★Pattern 094 ~로 넘어가 봅시다 Let's move on to...

1 7과로 넘어가자. Let's move on to chapter 7.
2 새로운 주제로 넘어가자. Let's move on to a new topic.
3 다음 연습문제로 넘어가자. Let's move on to the next exercise.
4 재미있는 부분으로 넘어가자. Let's move on to the fun part.
5 네 과제로 넘어가자. Let's move on to your homework.

★Pattern 095 ~에 대해 어떻게 생각하니? What do you think about...?

1 이 과제에 대해 어떻게 생각해? What do you think about this assignment?
2 시험에 대해 어떻게 생각해? What do you think about the test?
3 Bob의 의견에 대해 어떻게 생각하니? What do you think about Bob's opinion?
4 이 연습문제에 대해 어떻게 생각해? What do you think about this exercise?
5 이 수업에 대해서 어떻게 생각해? What do you think about this class?

DAY 23

영어와 한글을 나누어 구성하였습니다. 반으로 접어서 활용하세요.
한글 해석만 보면서 영어로 말하는 연습을 반복하세요.

교실영어핵심패턴233 D23.mp3

★Pattern 096 누구 ~ 있는 사람? Does anyone have...?

1 질문 있는 사람? Does anyone have a question?
2 개를 키워본 경험 있는 사람? Does anyone have experience with dogs?
3 나눌 게 있는 사람? Does anyone have something to share?
4 이의 있는 사람? Does anyone have an objection?
5 연필 하나 더 갖고 있는 사람? Does anyone have an extra pen?

★Pattern 097 누구 ~를 말해 볼 사람? Can anyone tell me...?

1 지금 몇 시인지 누구 말해 볼 사람? Can anyone tell me the time?
2 difference의 철자를 말해 볼 사람? Can anyone tell me the spelling of "difference"?
3 누구 on과 above의 차이를 말해 볼 사람? Can anyone tell me the difference between "on" and "above"?
4 오늘 날짜를 영어로 말해 볼 사람? Can anyone tell me today's date in English?
5 오늘 몇 과를 공부해야 하는지 말해 줄 사람? Can anyone tell me what chapter we are going to study today?

★Pattern 098 여러분이 ~했으면 합니다 I need you to...

1 전 여러분들이 제시간에 왔으면 합니다. I need you to be on time.
2 전 여러분이 그만 얘기했으면 합니다. I need you to stop talking.
3 전 여러분이 저에게 주목했으면 합니다. I need you to watch me carefully.
4 전 여러분이 자신 있게 영어로 말했으면 합니다. I need you to speak English with confidence.
5 전 여러분이 다른 활동에도 좀 더 열심히 참여했으면 합니다. I need you to actively involve yourself in other activities.

★Pattern 099 여러분 가운데 ~는 누구죠? Which one of you...?

1 여러분 가운데 누가 이걸 썼죠? Which one of you wrote this?
2 여러분 가운데 누가 사전을 갖고 있죠? Which one of you has the dictionary?
3 여러분 가운데 누가 그 일을 했죠? Which one of you did the work?
4 여러분 가운데 누가 제 도움이 필요하나요? Which one of you needs my help?
5 여러분 가운데 누가 정답을 알죠? Which one of you knows the answer?

★Pattern 100 시험은 ~다 The test is...

1 시험은 이번 학기에 우리가 공부한 곳에서 출제된다. The test is based on what we've studied this semester.
2 시험은 8과에서 출제된다. The test is based on chapter 8.
3 시험은 100점 만점이다. The test is worth 100 points.
4 그 시험은 네 성적에 중요해. The test is important part of your grade.
5 시험은 우리가 수업시간에 공부한 연습문제들에서 출제된다. The test is based on the exercises we've done in class.

DAY 24

그동안 학습했던 문장들을 복습합니다. 우리말을 보면서 영어문장을 만들어 보세요.
정답은 본문에서 찾아보세요.

01 | 커닝하지 마라. 걸리면 낙제다.

02 | 시험 범위는 이번 학기에 다룬 내용 전부입니다.

03 | 설명을 따라하세요.

04 | 다들 이 그래프가 보이죠?

05 | 힌트 하나 줄까?

06 | 그게 바로 미국식 표현이야.

07 | 누가 이 의자들 좀 옮겨 줄래?

08 | 난 네가 끝내기를 기다리고 있어.

09 | 쓰고 싶은 주제 옆에 이름을 쓰세요.

10 | 잘 듣고 빈칸을 채우세요.

11 | 나중에 잊지 않도록 이걸 받아 적으세요.

12 | 벨이 울릴 때까지 계속하세요.

13 | 들으면서 이어지는 질문들을 생각해 보세요.

14 | 한 줄씩 따라 읽으세요.

15 | 무엇보다도 새로운 언어를 배우는 것은 재미있어야 해.

16 | 네 답을 설명해 봐라.

17 | 다음은, 답을 추측해 보세요.

18 | 오늘이 수업 마지막 날이구나.

19 | 다음 연습문제로 넘어가자.

20 | Bob의 의견에 대해 어떻게 생각하니?

21 | 질문 있는 사람?

22 | difference의 철자를 말해 볼 사람?

23 | 전 여러분들이 제시간에 왔으면 합니다.

24 | 여러분 가운데 누가 정답을 알죠?

25 | 시험은 이번 학기에 우리가 공부한 곳에서 출제된다.

DAY 25

영어와 한글을 나누어 구성하였습니다. 반으로 접어서 활용하세요.
한글 해석만 보면서 영어로 말하는 연습을 반복하세요.

교실영어핵심패턴233 D25.mp3

★Pattern 101 누가 ~할 차례죠? **Whose turn is it to...?**

1 누가 말할 차례죠? Whose turn is it to speak?
2 누가 모둠을 이끌 차례죠? Whose turn is it to lead the group?
3 누가 대답할 차례죠? Whose turn is it to answer?
4 누가 간식을 가져올 차례죠? Whose turn is it to bring snacks?
5 누가 이야기를 읽을 차례죠? Whose turn is it to read a story?

★Pattern 102 보나마나, ~ **Without a doubt, ...**

1 의심할 여지 없이 여러분은 성적을 올려야 합니다. Without a doubt, you need to raise your grade.
2 의심할 여지 없이 이것은 내가 읽어 본 중 최고의 에세이다. Without a doubt, this is the best paper I've read.
3 보나마나 넌 합격할 거야. Without a doubt, you will pass.
4 결과는 보나마나예요. Without a doubt, I know the result.
5 보나마나 저는 시험에 통과할 거예요. Without a doubt, I will pass the test.

★Pattern 103 혹시 ~있나요? **Are there any...?**

1 혹시 지원자가 있나요? Are there any volunteers?
2 혹시 좋은 생각 있나요? Are there any good ideas?
3 혹시 결석한 학생 있나요? Are there any absentees?
4 혹시 시험지 남은 거 있나요? Are there any test papers left?
5 혹시 질문 있나요? Are there any questions?

★Pattern 104 ~ 아는 사람? **Who knows...?**

1 포유류가 뭔지 아는 사람? Who knows what mammals are?
2 지금 몇 시인지 아는 사람? Who knows the time?
3 정답 아는 사람? Who knows the answer?
4 Gilbert가 오늘 왜 결석했는지 아는 사람? Who knows why Gilbert is not here today?
5 오늘 공부할 내용이 뭔지 아는 사람? Who knows what we are going to cover today?

★Pattern 105 여러분은 모두 ~해야 합니다 **You should all...**

1 여러분 모두 7과를 공부해야 합니다. You should all study chapter 7.
2 여러분은 모두 일기를 써야 합니다. You should all keep a diary.
3 여러분 모두 시간을 좀 들여야 할 거예요. You should all take your time.
4 여러분 모두 시험 준비를 해야 합니다. You should all prepare for the test.
5 여러분 모두 제 지시를 따라야 합니다. You should all follow my instructions.

영어와 한글을 나누어 구성하였습니다. 반으로 접어서 활용하세요.
한글 해석만 보면서 영어로 말하는 연습을 반복하세요.

교실영어핵심패턴233 D26.mp3

★Pattern 106 난 ~을 추천합니다 I recommend...

1 구글을 검색해 보라고 권하고 싶네요. — I recommend you do a Google search.
2 나는 스터디 그룹을 만들기를 추천합니다. — I recommend you form a study group.
3 나는 영어로 일기를 써볼 것을 추천합니다. — I recommend you keep a diary in English.
4 나는 이 책을 권해주고 싶구나. — I recommend you read this book.
5 나는 영어사전을 사용할 것을 추천합니다. — I recommend you use an English dictionary.

★Pattern 107 질문이 있으면 ~ If you have a question, ...

1 질문이 있으면 손을 드세요. — If you have a question, raise your hand.
2 질문이 있으면 적어 놓으세요. — If you have a question, write it down.
3 질문이 있으면 지금 물어보세요. — If you have a question, ask it now.
4 질문이 있으면 저를 보세요. — If you have a question, see me.
5 질문이 있으면 필기한 것을 확인하세요. — If you have a question, check your notes.

★Pattern 108 이게 ~인가요? Is that what...?

1 그게 네가 의도했던 거야? — Is that what you meant?
2 이게 원하셨던 거예요? — Is that what you wanted?
3 그게 네가 필요한 거니? — Is that what you need?
4 이게 네가 생각했던 거니? — Is that what you had in mind?
5 이게 우리가 하기로 했던 거예요? — Is that what we were supposed to do?

★Pattern 109 여러분 가운데 ~인 사람이 몇 명이나 되죠? How many of you...?

1 여러분 중에 시간이 더 필요한 사람이 몇 명이나 되죠? — How many of you need more time?
2 여러분 중에 숙제를 끝낸 사람이 몇 명이나 되죠? — How many of you completed the assignment?
3 여러분 가운데 발표하지 않은 사람이 몇 명이나 되죠? — How many of you haven't given a presentation?
4 여러분 가운데 아직 시험지 못 받은 사람이 몇 명이죠? — How many of you haven't gotten a test paper yet?

★Pattern 110 시간을 갖고 ~하세요 / ~할 시간을 갖도록 하세요 Take your time...

1 시간을 들여서 실수하지 않도록 해라. — Take your time and try not to make any mistakes.
2 설문지를 작성할 시간을 갖도록 하세요. — Take your time completing the questionnaire.
3 문장을 쓸 땐 시간을 충분히 들여야지. — Take your time when writing sentence.
4 짝을 정하는 시간을 갖도록 하세요. — Take your time in choosing a partner.
5 그룹 토론하는 시간을 갖도록 하세요. — Take your time in group discussion.

영어와 한글을 나누어 구성하였습니다. 반으로 접어서 활용하세요.
한글 해석만 보면서 영어로 말하는 연습을 반복하세요.

교실영어핵심패턴233 D27.mp3

★Pattern 111 ~할 지원자가 필요해요 I need a volunteer to...

1	이 자료를 나눠줄 지원자가 필요해요.	I need a volunteer to pass out these papers.
2	소리 내서 크게 읽을 사람이 필요한데.	I need a volunteer to read aloud.
3	나를 도와 교실 밖으로 책상을 옮길 지원자가 필요해요.	I need a volunteer to move these desks out of the classroom.
4	나를 도와줄 지원자가 필요해요.	I need a volunteer to help me.
5	오버헤드 프로젝트를 설치해 줄 지원자가 필요합니다.	I need a volunteer to set up the overhead projector.

★Pattern 112 ~을 살펴봅시다 Let's look at...

1	이것을 다른 방식으로 봅시다.	Let's look at this another way.
2	네 숙제를 보자.	Let's look at your homework.
3	네 에세이를 좀 살펴보자.	Let's look at your essay.
4	이것을 좀 더 꼼꼼하게 살펴봅시다.	Let's look at this more carefully.
5	이 과가 끝나는대로 이것을 다시 한번 살펴보도록 합시다.	Let's look at this right after we finish this chapter.

★Pattern 113 좀 더 ~하면 좋겠는데 Can you be more...?

1	좀 더 구체적으로 말해 주면 좋겠는데.	Can you be more specific?
2	좀 더 분명하게 말씀해 주시겠어요?	Can you be more clear?
3	좀 더 이해해주면 좋겠는데.	Can you be more understanding?
4	좀 더 열심히 했으면 좋겠는데.	Can you be more enthusiastic?
5	좀 더 진지하면 좋겠는데.	Can you be more serious?

★Pattern 114 이 문제가 ~한가요? Is this problem...?

1	이 문제를 해결할 수 있겠니?	Is this problem solvable?
2	이 문제가 너무 어렵니?	Is this problem too difficult?
3	이 문제가 복잡하니?	Is this problem complex?
4	이 문제 많이 본 문제죠?	Is this problem familiar?
5	이 문제가 헷갈리나요?	Is this problem confusing?

★Pattern 115 이건 ~하기가 어려울 거예요 This will be difficult...

1	이건 풀기 어려울 거예요.	This will be difficult to solve.
2	이건 우리 모두에게 어려울 거예요.	This will be difficult for all of us.
3	이건 설명하기 어려울 거예요.	This will be difficult to explain.
4	이건 감당하기 어려울 거예요.	This will be difficult to manage.
5	아무도 우릴 안 도와준다면 이건 어려울 거예요.	This will be difficult if no one helps us.

영어와 한글을 나누어 구성하였습니다. 반으로 접어서 활용하세요.
한글 해석만 보면서 영어로 말하는 연습을 반복하세요.

교실영어핵심패턴233_D28.mp3

★Pattern 116 잠시 ~하세요 **Take a moment to...**

1 잠시 여러분의 물건을 챙기세요.	Take a moment to collect your things.
2 잠시 숨을 돌리세요.	Take a moment to catch your breath.
3 잠시 너만의 시간을 가져 봐.	Take a moment to yourself.
4 잠시 발표자에게 감사하는 시간을 갖도록 합시다.	Take a moment to thank our speaker.
5 잠시 긴장을 푸세요.	Take a moment to relax.

★Pattern 117 여러분이 마지막으로 할 일은 ~입니다 **The last thing I want you to do is...**

1 마지막으로 여러분이 할 일은 공부할 단어를 정리하는 것입니다.	The last thing I want you to do is to make a list of words to study.
2 마지막으로 여러분이 할 일은 59쪽에 있는 연습문제를 풀어 보는 거야.	The last thing I want you to do is to solve the exercise on page 59.
3 마지막으로 여러분이 해야 할 것은 내일 발표 계획을 세우는 것입니다.	The last thing I want you to do is to make a plan for tomorrow's presentation.
4 마지막으로 여러분이 할 일은 여러분이 쓸 에세이의 주제를 정하는 것입니다.	The last thing I want you to do is to choose a topic for your essay.

★Pattern 118 그건 ~하기 때문이에요 **That's because...**

1 그건 그 동사가 엉뚱한 데 있기 때문이야.	That's because the verb is in the wrong place.
2 그건 우리가 내일 시험을 보기 때문이야.	That's because we have a test tomorrow.
3 그건 네가 일찍 갔기 때문이야.	That's because you left early.
4 그건 네 말이 너무 빨라서 그래.	That's because you're speaking too quickly.
5 그건 너희들이 토론에 참가하지 않았기 때문이야.	That's because you didn't join us for a discussion.

★Pattern 119 넌 어떤 게 ~하니? **Which one do you...?**

1 넌 어떤 걸 원하니?	Which one do you want?
2 넌 어떤 게 필요해?	Which one do you need?
3 어떤 걸 말하는 거니?	Which one do you mean?
4 넌 어떤 게 가장 좋다고 생각하니?	Which one do you think is best?
5 넌 어떤 게 더 이해가 잘 되니?	Which one do you understand better?

★Pattern 120 나는 여러분들이 ~하게 해주고 싶었어요 **I just wanted to let you guys...**

1 내가 내일 학교에 오지 못할 것이라는 것을 여러분에게 알려주고 싶었어요.	I just wanted to let you guys know that I'll be absent tomorrow.
2 저는 여러분들이 잠시 동안 연습을 하게 하고 싶었어요.	I just wanted to let you guys practice for a few minutes.
3 저는 여러분을 잠시 쉬게 해주고 싶었어요.	I just wanted to let you guys take a break.
4 나는 여러분에게 시험 전에 잠시 시간을 주려고 했어요.	I just wanted to let you guys have a few minutes before the test.
5 난 여러분에게 먼저 기회를 주고 싶었어요.	I just wanted to let you guys try it first.

DAY 29

영어와 한글을 나누어 구성하였습니다. 반으로 접어서 활용하세요.
한글 해석만 보면서 영어로 말하는 연습을 반복하세요.

교실영어핵심패턴233 D29.mp3

★Pattern 121 누가 ~할 거야? Who's going to...?

1 누가 첫 번째로 할 거예요? Who's going to be first?
2 누가 그 상을 탈까? Who's going to win the prize?
3 그 문장 읽을 사람? Who's going to read the sentence?
4 여행 갈 사람? Who's going to go on the trip?
5 칠판 지울 사람? Who's going to erase the board?

★Pattern 122 ~할 준비가 된 사람? Who is ready for...?

1 재미있게 놀 준비가 된 사람? Who is ready for some fun?
2 점심 준비된 사람? Who is ready for lunch?
3 다음 질문에 답할 준비된 사람? Who is ready for the next question?
4 여름방학 준비된 사람? Who is ready for summer vacation?
5 쪽지 시험 볼 준비된 사람? Who is ready for a quiz?

★Pattern 123 주저말고 ~하도록 하세요 Feel free to...

1 아무 때나 편하게 질문하도록 해라. Feel free to ask a question at any time.
2 도움이 필요하면 나한테 맘껏 얘기해라. If you need some help, feel free to talk to me.
3 좀 더 도움이 필요하면 방과 후에 남아도 좋아. Feel free to stay after class if you need extra help.
4 이 부분의 연습문제는 사전을 맘껏 이용하도록 하세요. Feel free to use your dictionary for this part of the exercise.
5 패턴을 잊어버렸으면 주저말고 여러분 노트를 보도록 하세요. If you forget the pattern, feel free to look at your notes.

★Pattern 124 ~ 질문 있나요? Any questions...?

1 끝내기 전에 질문 있나요? Any questions before we finish?
2 과제에 대해 질문 있나요? Any questions about the assignment?
3 시험에 무엇이 나올지에 대해 질문 있나요? Any questions about what will be on the test?
4 시험 보기 전에 질문 있나요? Any questions before you take the test?
5 이 글에 대해서 질문 있나요? Any questions about the article?

★Pattern 125 ~을 알겠니? Do you see...?

1 이게 얼마나 쉬운지 알겠어? Do you see how easy it is?
2 이 문장의 동사를 알겠니? Do you see the verb in this sentence?
3 네가 모르는 단어들이 있니? Do you see any words you don't know?
4 이 콤마가 어디에 와야 하는지 알겠니? Do you see where the comma should go?
5 이 질문의 답을 알겠니? Do you see the answer to the question?

DAY 30

그동안 학습했던 문장들을 복습합니다. 우리말을 보면서 영어문장을 만들어 보세요.
정답은 본문에서 찾아보세요.

01 | 누가 대답할 차례죠?

02 | 보나마나 넌 합격할 거야.

03 | 혹시 결석한 학생 있나요?

04 | 오늘 공부할 내용이 뭔지 아는 사람?

05 | 여러분 모두 제 지시를 따라야 합니다.

06 | 구글을 검색해 보라고 권하고 싶네요.

07 | 질문이 있으면 손을 드세요.

08 | 이게 네가 생각했던 거니?

09 | 여러분 중에 시간이 더 필요한 사람이 몇 명이나 되죠?

10 | 그룹 토의 시간을 갖도록 하세요.

11 | 나를 도와 교실 밖으로 책상을 옮길 지원자가 필요해요.

12 | 네 에세이를 좀 살펴보자.

13 | 좀 더 구체적으로 말해 주면 좋겠는데.

14 | 이 문제 많이 본 문제죠?

15 | 아무도 우릴 안 도와준다면 이건 어려울 거예요.

16 | 잠시 숨을 돌리세요.

17 | 마지막으로 여러분이 할 일은 여러분이 쓸 에세이의 주제를 정하는 것입니다.

18 | 그건 네 말이 너무 빨라서 그래.

19 | 넌 어떤 걸 원하니?

20 | 내가 내일 학교에 오지 못할 것이라는 것을 여러분에게 알려주고 싶었어요.

21 | 누가 첫 번째로 할 거예요?

22 | 재미있게 놀 준비가 된 사람?

23 | 아무 때나 편하게 질문하도록 해라.

24 | 끝내기 전에 질문 있나요?

25 | 이 콤마가 어디에 와야 하는지 알겠니?

DAY 31

영어와 한글을 나누어 구성하였습니다. 반으로 접어서 활용하세요.
한글 해석만 보면서 영어로 말하는 연습을 반복하세요.

교실영어핵심패턴233 D31.mp3

★Pattern 126 누가 ~할래? Who would like to...?

1 누가 이 대화문을 읽어 볼래? Who would like to perform this dialogue?
2 누가 이 문단을 읽어 볼래? Who would like to read this paragraph?
3 누가 이 문제에 답해 볼래? Who would like to answer this question?
4 누가 이 예를 설명해 볼래? Who would like to help me with this example?
5 누가 칠판에 답을 적어 볼래? Who would like to write the answer on the board?

★Pattern 127 내 생각에 그건 ~가 아니야 That's not my idea of...

1 내 생각엔 그건 좋은 답이 아니야. That's not my idea of a good answer.
2 내 생각엔 그건 재미있는 연습문제가 아니야. That's not my idea of an interesting exercise.
3 내 생각엔 그건 높은 점수가 아니야. That's not my idea of a high score.
4 내 생각에 그건 어려운 연습문제가 아니야. That's not my idea of a difficult exercise.
5 내 생각엔 쉬운 시험이 아닌 것 같은데. That's not my idea of an easy test.

★Pattern 128 옆 짝꿍을 보고 ~하세요 Turn to your partner and...

1 옆 짝꿍을 보고 질문 5개를 하세요. Turn to your partner and ask him 5 questions.
2 옆 짝꿍을 보고 여러분의 주말에 대해 이야기 하세요. Turn to your partner and talk about your weekend.
3 옆 짝꿍을 보고 이 지문을 요약하세요. Turn to your partner and summarize the passage.
4 옆 짝꿍을 보고 이 문장을 연습하세요. Turn to your partner and practice saying this sentence.
5 옆 짝꿍을 보고 인터뷰를 하세요. Turn to your partner and interview him.

★Pattern 129 돌아가면서 ~하자 Let's take turns...

1 돌아가면서 읽도록 하자. Let's take turns reading.
2 돌아가면서 이 단어들을 말해 보도록 하자. Let's take turns saying these words.
3 돌아가면서 질문을 하도록 합시다. Let's take turns asking questions.
4 돌아가면서 이 문장을 연습해 보도록 하자. Let's take turns practicing this sentence.
5 돌아가면서 딥을 쓰도록 하자. Let's take turns writing the answers.

★Pattern 130 ~을 잘 보세요 Watch closely...

1 자세히 보면 혀가 어떻게 움직이는지 알 수 있을 겁니다. Watch closely and you'll see what my tongue does.
2 자세히 보면 저의 입의 모양을 볼 수가 있을 겁니다. Watch closely and you'll see the shape of my mouth.
3 이것은 보기 어려우니 잘 보세요. Watch closely because this is hard to see.
4 잘 보면 헤매지 않을 겁니다. Watch closely so you don't get lost.
5 내 이가 입술에 어떻게 닿는지 자세히 보세요. Watch closely for the way my teeth touch my lips.

DAY 32

영어와 한글을 나누어 구성하였습니다. 반으로 접어서 활용하세요.
한글 해석만 보면서 영어로 말하는 연습을 반복하세요.

교실영어핵심패턴233 D32.mp3

★Pattern 131 이 문제는 ~을 해야 돼 This exercise requires you to...

1 이 연습문제는 맞는 단어들을 찾아야 해. This exercise requires you to find the correct words.
2 이 연습문제는 동사의 형태를 정확하게 사용해야 합니다. This exercise requires you to use the proper verb form.
3 이 연습문제는 내가 말한 것을 반복해야 합니다. This exercise requires you to repeat what I say.
4 이 연습문제는 여러분이 이 문장들을 바꾸는 것입니다. This exercise requires you to change these sentences.
5 이 연습문제는 우리가 어제 배웠던 문법을 사용해야 돼. This exercise requires you to use the grammar we learned yesterday.

★Pattern 132 ~에 대해 토론해 보자 Let's discuss...

1 그 문제에 대해 토론해 보자. Let's discuss this question.
2 이 주제에 대해 얘기해 보자. Let's discuss this topic.
3 이 글에 대해 토론해 봅시다. Let's discuss the article.
4 네가 한 실수에 대해 얘기해 보자. Let's discuss your mistake.
5 23쪽 문제에 대해 토론해 봅시다. Let's discuss the questions on page 23.

★Pattern 133 만일 헷갈리면, ~ If you get confused, ...

1 만일 헷갈리면, 나한테 말하세요. If you get confused, just tell me.
2 만일 헷갈리면, 천천히 하도록 하세요. If you get confused, try slowing down.
3 만일 헷갈리면, 책을 찾아보세요. If you get confused, check your book.
4 헷갈리면, 짝꿍에게 도움을 청하세요. If you get confused, ask your partner for help.
5 헷갈리면, 내게 알려주세요. If you get confused, let me know.

★Pattern 134 ~이 뭐가 있을까? Can you think of...?

1 생각나는 질문 없어? Can you think of a good question to ask?
2 또 다른 방법이 뭐가 있을까? Can you think of any other ideas?
3 이 문법을 암기할 좋은 방법이 뭐가 있을까? Can you think of a good way to remember this grammar?
4 새로운 문장엔 어떤 게 있을까? Can you think of a new sentence?
5 답을 알겠니? Can you think of an answer?

★Pattern 135 ~에 대해 생각해 보세요 Try to come up with...

1 재미있는 얘깃거리를 생각해 보는 거야. Try to come up with a funny story.
2 좀 더 나은 방법을 생각해 봐. Try to come up with a better idea.
3 좋은 답변을 생각해 봐. Try to come up with a good answer.
4 그 문제의 해결 방안을 생각해 봐. Try to come up with a solution to the problem.
5 새로운 주제를 생각해 봐. Try to come up with a new topic.

DAY 33

영어와 한글을 나누어 구성하였습니다. 반으로 접어서 활용하세요.
한글 해석만 보면서 영어로 말하는 연습을 반복하세요.

교실영어핵심패턴233 D33.mp3

★Pattern 136 ~에 중점을 두세요 Focus on...

1 그 문장의 의미에 집중해 보세요. Focus on the meaning of the sentences.
2 말을 유창하게 하는 데 초점을 맞춰. Focus on speaking fluently.
3 정확하게 말하는 데 초점을 맞춰. Focus on speaking accurately.
4 단어들의 발음에 초점을 맞춰라. Focus on the pronunciation of the words.
5 그 단어를 정확하게 말하는 데 중점을 두세요. Focus on saying the word correctly.

★Pattern 137 최고 점수는 ~였어요 The highest score was...

1 최고 점수는 Jimmy가 냈어요. The highest score was Jimmy's.
2 최고 점수는 98점이었어요. The highest score was 98.
3 최고 점수가 겨우 50점이었대요. The highest score was only 50.
4 최고 점수가 형편없었어요. The highest score was pathetic.
5 최고 점수가 굉장해요. The highest score was impressive.

★Pattern 138 ~에 주의하세요 Notice...

1 이 두 단어들의 철자에 주의하세요. Notice the spelling of these two words.
2 이 문장의 구조에 주의하세요. Notice the structure of this sentence.
3 이 동사의 시제에 주의하세요. Notice the tense of this verb.
4 이 단어 쓰는 방법에 유의하기 바랍니다. Notice the way this word is used.
5 이 단어 발음에 주의하세요. Notice the pronunciation of this word.

★Pattern 139 ~에 대해서 이야기해 볼까요? Are we going to talk about...?

1 우리 문법에 대해서 이야기해 볼까? Are we going to talk about grammar?
2 우리 시험 얘기를 좀 해 볼까? Are we going to talk about the test?
3 우리 네 에세이에 대해서 얘기 좀 해 볼까? Are we going to talk about your essay?
4 우리 이 이야기의 세부 내용에 대해서 이야기해 볼까? Are we going to talk about the details of the story?
5 저희 다른 재미있는 것에 대해 얘기 하면 안 돼요? Are we going to talk about something interesting?

★Pattern 140 누가 ~를 풀어 볼래? Who can solve...?

1 누가 이 문제를 풀어 볼래? Who can solve this problem?
2 누가 이 퍼즐을 풀어 볼래? Who can solve this puzzle?
3 누가 이 미스터리를 풀어 볼래? Who can solve the mystery?
4 누가 우리의 딜레마를 풀어 볼래? Who can solve our dilemma?
5 누가 이 논쟁을 해결해 볼래? Who can solve this argument?

영어와 한글을 나누어 구성하였습니다. 반으로 접어서 활용하세요.
한글 해석만 보면서 영어로 말하는 연습을 반복하세요.

교실영어핵심패턴233 D34.mp3

★Pattern 141 미안하지만 ~할 수가 없어요 I'm sorry I can't...

1 더 구체적으로 알려주지 못해서 미안하구나. I'm sorry I can't be more specific.
2 힌트를 더 주지 못해서 미안하구나. I'm sorry I can't give you any more hints.
3 시험을 연기해 주지 못해서 미안하구나. I'm sorry I can't push back the test.
4 더 자세히 설명해 주지 못해서 미안하구나. I'm sorry I can't explain it more clearly.
5 더 잘하지 못해서 죄송해요. I'm sorry I can't do better.

★Pattern 142 ~하도록 노력하자 Let's try to...

1 우리 숙제를 일찍 끝내도록 하자. Let's try to finish our homework early.
2 모든 질문에 정확하게 답하도록 노력하자. Let's try to answer all of the questions correctly.
3 우리가 할 수 있는 한 빨리 쓰도록 노력하자. Let's try to write as quickly as we can.
4 우리 사전을 사용하지 않도록 노력하자. Let's try to avoid using our dictionaries.
5 좀 더 명확하게 말하려고 노력하자. Let's try to speak more clearly.

★Pattern 143 유감스럽게도 ~이구나 I'm sorry to say that...

1 유감스럽게도 아무도 시험을 통과하지 못했다. I'm sorry to say that no one passed the test.
2 유감스럽게도 다시 시도해 봐야겠구나. I'm sorry to say that you will have to try again.
3 유감스럽게도 넌 수업 끝나고 남아야 할 것 같구나. I'm sorry to say that you will have to stay after class.
4 유감스럽게도 숙제가 조금 어려울 거야. I'm sorry to say that the homework will be a little difficult.
5 유감스럽게도 우리가 배워야 할 단어가 좀 많단다. I'm sorry to say that we have many more words to learn.

★Pattern 144 넌 ~하려고 노력해 봐 You should try to...

1 넌 가능한 한 명확하게 말하려고 노력해야 돼. You should try to speak as clearly as possible.
2 하루에 한 단어씩 외우려고 노력해 봐. You should try to memorize one word a day.
3 좀 더 조심해야겠구나. You should try to be more careful.
4 넌 실수를 하지 않으려고 노력해야 돼. You should try to avoid making mistakes.
5 넌 좀 더 빨리 쓰려고 노력해야 돼. You should try to write more quickly.

★Pattern 145 ~했어야지 You should have...

1 공부를 좀 더 열심히 했어야지. You should have studied harder.
2 숙제를 했어야지. You should have done your homework.
3 좀 더 집중을 했어야지. You should have paid more attention.
4 좀 더 일찍 잤어야지. You should have gone to bed earlier.
5 아침을 먹었어야지. You should have eaten breakfast.

DAY 35

영어와 한글을 나누어 구성하였습니다. 반으로 접어서 활용하세요.
한글 해석만 보면서 영어로 말하는 연습을 반복하세요.

교실영어핵심패턴233 D35.mp3

★Pattern 146 분명히 ~ I'm sure that...

1 난 네가 결국 이해하게 될 거라고 확신해. I'm sure that you will understand eventually.

2 분명히 넌 잘할 거야. I'm sure that you will do fine.

3 분명히 그 시험은 쉬울 거야. I'm sure that the test will be easy.

4 내가 장담하는데 우린 시간이 충분할 거야. I'm sure that we will have enough time.

5 내가 장담하는데 아무도 그 표를 원하지 않을 거야. I'm sure that no one else wants the ticket.

★Pattern 147 너희들 ~하라고 했지 I told you guys to...

1 내가 너희들 공부하라고 했지. I told you guys to study.

2 너희보고 커닝하지 말라고 했지. I told you guys to stop cheating.

3 내가 너희들 조용히 하라고 했지. I told you guys to be quiet.

4 내가 너희들 사전을 그렇게 자주 보면 안 된다고 했지. I told you guys to stop using your dictionaries so much.

5 너희들 영어로 이야기하라고 말했는데. I told you guys to speak English.

★Pattern 148 ~할 시간이 없어요 There's no time to...

1 긴장할 시간 없다니까. There's no time to be nervous.

2 설명할 시간 없어요. There's no time to explain.

3 불평불만할 시간 없어요. There's no time to complain.

4 낭비할 시간이 없어요. There's no time to waste.

5 지금 공부할 시간 없어요. There's no time to study now.

★Pattern 149 네가 ~하려고 한다면 If you try to...

1 네가 천천히 말하려고 한다면 실수를 덜 할 거야. If you try to speak slowly, you'll make fewer mistakes.

2 매일 조금씩 공부를 한다면 네가 벼락치기를 하지 않아도 되겠지. If you try to study a little bit every day, you won't have to cram.

3 네가 정시에 온다면 아무것도 놓치지 않을 거야. If you try to be on time, you won't miss anything.

4 주제를 이해하려고 한다면 좀 더 쉬울 거예요. If you try to understand the main idea, it will be easier.

5 단어들을 외우다 보면 그렇게 힘들지 않다는 것을 알게 될 거야. If you try to memorize the words, you'll see it isn't too hard.

★Pattern 150 ~라는 건 아니야 It doesn't mean...

1 네가 절대 이해 못할 거라는 것은 아니야. It doesn't mean you'll never understand.

2 네가 이 과목에 낙제할 거란 말은 아니야. It doesn't mean you'll fail the class.

3 네가 똑똑하지 않다는 말은 아니야. It doesn't mean you're not smart.

4 네가 말을 잘할 수 있다는 뜻은 아니야. It doesn't mean you can speak well.

5 네가 그것을 할 수 없다는 말은 아니야. It doesn't mean you can't do it.

DAY 36

그동안 학습했던 문장들을 복습합니다. 우리말을 보면서 영어문장을 만들어 보세요.
정답은 본문에서 찾아보세요.

01 | 누가 이 문단을 읽어 볼래?

02 | 내 생각에 그건 어려운 연습문제가 아니야.

03 | 옆 짝꿍을 보고 여러분의 주말에 대해 이야기 하세요.

04 | 돌아가면서 이 문장을 연습해 보도록 하자.

05 | 내 이가 입술에 어떻게 닿는지 자세히 보세요.

06 | 이 연습문제는 동사의 형태를 정확하게 사용해야 합니다.

07 | 이 주제에 대해 얘기해 보자.

08 | 만일 헷갈리면, 책을 찾아보세요.

09 | 또 다른 방법이 뭐가 있을까?

10 | 그 문제의 해결 방안을 생각해 봐.

11 | 그 단어를 정확하게 말하는 데 중점을 두세요.

12 | 최고 점수가 형편없었어요.

13 | 이 두 단어들의 철자에 주의하세요.

14 | 우리 이 이야기의 세부 내용에 대해서 이야기해 볼까?

15 | 누가 이 논쟁을 해결해볼래?

16 | 시험을 연기해 주지 못해서 미안하구나.

17 | 우리가 최대한 빨리 쓰도록 노력하자.

18 | 유감스럽게도 아무도 시험을 통과하지 못했다.

19 | 하루에 한 단어씩 외우려고 노력해 봐.

20 | 좀 더 집중을 했어야지.

21 | 난 네가 결국 이해하게 될 거라고 확신해.

22 | 내가 너희들 조용히 하라고 했지.

23 | 설명할 시간 없어요.

24 | 매일 조금씩 공부를 한다면 네가 벼락치기를 하지 않아도 되겠지.

25 | 네가 그것을 할 수 없다는 말은 아니야.

DAY 37

영어와 한글을 나누어 구성하였습니다. 반으로 접어서 활용하세요.
한글 해석만 보면서 영어로 말하는 연습을 반복하세요.

교실영어핵심패턴233 D37.mp3

★Pattern 151 ~을 겁내지 마 Don't be afraid of...

1 조금 힘든 일이라고 겁내지 마. Don't be afraid of a little hard work.
2 질문하는 것을 겁내지 말아요. Don't be afraid of asking questions.
3 영어로 말하는 것을 겁내지 마세요. Don't be afraid of speaking English.
4 실수하는 것을 겁내지 마라. Don't be afraid of making a mistake.
5 날 무서워하지 마세요. Don't be afraid of me.

★Pattern 152 ~에 대해 신경 안 써 I don't care...

1 난 네가 이 연습문제에서 실수를 해도 신경 안 쓴다. I don't care if you make a mistake on this exercise.
2 난 두어 개의 작은 실수들은 신경 안 써. I don't care about a couple of small mistakes.
3 네가 시간이 없다고 해도 난 상관 안 해. I don't care if you don't have time.
4 난 네가 뭘 생각하든 신경 안 쓴다. I don't care what you think.
5 난 네가 뭘 말하든 신경 안 쓴다. I don't care what you say.

★Pattern 153 난 너의 ~가 마음에 들어 I like your...

1 난 네 답변이 마음에 들어. I like your answer.
2 난 너의 그런 열정이 마음에 들어. I like your enthusiasm.
3 난 너의 그런 태도가 마음에 들어. I like your attitude.
4 난 너의 그 아이디어가 마음에 들어. I like your idea.
5 난 네가 생각하는 방식이 마음에 들어. I like your way of thinking.

★Pattern 154 ~한 게 당연하지 No wonder...

1 네가 높은 점수를 받지 못한 게 당연하구나. No wonder you didn't get a high score.
2 네가 그 수업을 이해할 수 없는 게 당연하지. No wonder you can't understand the lesson.
3 네가 집중 못하는 게 당연하지. No wonder you can't concentrate.
4 낙제하는 게 당연하네. No wonder you're flunking.
5 그가 네 말을 이해 못하는 게 당연하지. No wonder he doesn't understand you.

★Pattern 155 ~하는 게 어때? May I suggest...?

1 짝이랑 연습을 해 보는 게 어때요? May I suggest that you practice with a partner?
2 제가 다른 답을 말해 볼까요? May I suggest a different answer?
3 우리가 그것을 다르게 해보면 어떨까요? May I suggest that we do it differently?
4 여러분의 아이디어를 적어 보는 게 어때요? May I suggest that you write down your ideas?
5 네가 조금만 더 열심히 공부하면 어떨까? May I suggest that you study a little harder?

영어와 한글을 나누어 구성하였습니다. 반으로 접어서 활용하세요.
한글 해석만 보면서 영어로 말하는 연습을 반복하세요.

교실영어핵심패턴233 D38.mp3

★Pattern 156 …하다니 너무 ~하구나 It's very ~ of you to...

1 저를 특별히 도와주시다니 너무 감사드려요.	It's very kind of you to give me extra help.
2 지금 숙제를 하다니 아주 현명하구나.	It's very wise of you to do your homework now.
3 수업을 빠지다니 너무 바보 같구나.	It's very foolish of you to skip class.
4 새로운 단어들을 다 받아 적다니 너무 똑똑하구나.	It's very smart of you to write down all the new words.
5 노트를 잊어버리다니 너무 바보 같구나.	It's very silly of you to forget your notebook.

★Pattern 157 ~에는 변명의 여지가 없어 There's no excuse for...

1 그런 말도 안 되는 대답에 변명의 여지가 없어요.	There's no excuse for such a foolish answer.
2 이런 행동에 대해선 용서할 수 없어.	There's no excuse for this behavior.
3 준비하지 않은 것에 대해선 변명의 여지가 없습니다.	There's no excuse for not being prepared.
4 숙제를 제시간에 제출하지 않은 것에 대해서는 변명의 여지가 없다.	There's no excuse for not handing in your homework on time.
5 이런 형편없는 성적은 용납할 수 없어요.	There's no excuse for such low scores.

★Pattern 158 최악은 ~다 The worst part is...

1 최악은 우리가 내일 시험까지 있다는 거지.	The worst part is we have a test tomorrow, too.
2 가장 잘못한 건 네가 노력도 하지 않았다는 거지.	The worst part is you didn't even try.
3 가장 잘못한 건 네가 숙제도 안 했다는 거야.	The worst part is you didn't do your homework, too.
4 최악은 여전히 우리가 이 연습문제를 풀어야 한다는 거야.	The worst part is we still have to do this exercise.

★Pattern 159 이게 최고의 ~예요 This is the best...

1 이게 내 최고 점수야.	This is the best grade I've ever made!
2 이게 우리가 풀어 본 연습문제 중에 최고야.	This is the best exercise we've ever done!
3 지금까지 썼던 에세이 중에서 최고구나.	This is the best essay you're ever written!
4 이 반이 내가 가르쳤던 반 중에 최고의 반이야.	This is the best class I've ever taught!
5 지금까지 중에 최고로 재미있어요.	This is the best time I've ever had!

★Pattern 160 ~ 좀 그만해 Please stop...

1 불평 그만해.	Please stop complaining.
2 사전 좀 그만 봐라.	Please stop using your dictionary so often.
3 하고 있는 일 멈춰.	Please stop what you are doing.
4 그렇게 큰 소리로 이야기하면 안 돼.	Please stop talking so loudly.
5 대답하기 전에 생각 좀 해.	Please stop and think before you answer.

DAY 39

영어와 한글을 나누어 구성하였습니다. 반으로 접어서 활용하세요.
한글 해석만 보면서 영어로 말하는 연습을 반복하세요.

교실영어핵심패턴233 D39.mp3

★Pattern 161 ~하는 가장 좋은 방법은 …이다 The best way to ~ is...

1 영어를 배우는 가장 좋은 방법은 많이 말해 보는 것이다. The best way to learn English is to speak a lot.

2 단어를 외우는 가장 좋은 방법은 여러 번 말해 보는 거야. The best way to remember words is to say them many times.

3 좋은 성적을 받기 위한 가장 좋은 방법은 열심히 공부하는 것이다. The best way to get a good grade is to study hard.

4 이해하기 가장 좋은 방법은 잘 듣는 것이다. The best way to understand is to listen carefully.

★Pattern 162 ~에 조금만 더 노력하자 Let's put a little more effort into...

1 조금만 더 열심히 이 문법을 공부하도록 하자. Let's put a little more effort into learning this grammar.

2 이 에세이를 쓰는 데 조금만 더 노력하자. Let's put a little more effort into writing this essay.

3 이 연습문제를 끝내는 데 조금만 더 노력하자. Let's put a little more effort into finishing this exercise.

4 이 시험을 통과하기 위해 조금만 더 노력하자. Let's put a little more effort into passing this test.

★Pattern 163 ~하는 게 좋을 것 같구나 It would be wise to...

1 시험 공부를 하는 게 좋을 것 같구나. It would be wise to study for the test.

2 내일은 늦지 않는 게 좋을 것 같은데. It would be wise to be on time tomorrow.

3 이 단어를 외우는 게 좋을 것 같은데. It would be wise to memorize this vocabulary.

4 숙제를 제때에 내는 게 좋을 텐데. It would be wise to turn in your homework on time.

5 오늘 저녁에는 6과를 복습하는 게 좋을 것 같구나. It would be wise to review chapter 6 tonight.

★Pattern 164 ~해야 할 이유는 아주 많아 There are so many reasons why...

1 네가 이 문법을 공부해야 하는 이유는 아주 많지. There are so many reasons why you need to learn this grammar.

2 네가 사전을 사용해야 할 이유는 아주 많아. There are so many reasons why you should use your dictionary.

3 네가 숙제를 해야 하는 이유야 아주 많지. There are so many reasons why you need to do homework.

4 우리가 이 주제에 대해 토론을 해야 하는 이유는 아주 많아. There are so many reasons why we should discuss this topic.

★Pattern 165 ~에 최선을 다해라 Do your best...

1 새로운 단어를 외우려고 최선을 다해라. Do your best to remember the new vocabulary.

2 정확히 말하기 위해 최선을 다해야지. Do your best to speak correctly.

3 시간을 지키기 위해 최선을 다해야지. Do your best to be on time.

4 실수하지 않도록 최선을 다해야지. Do your best not to make any mistakes.

5 글씨를 깔끔하게 쓰도록 최선을 다해야지. Do your best to write neatly.

DAY 40

영어와 한글을 나누어 구성하였습니다. 반으로 접어서 활용하세요.
한글 해석만 보면서 영어로 말하는 연습을 반복하세요.

교실영어핵심패턴233 D40.mp3

★Pattern 166 넌 왜 항상 ~라고 말하니? **Why do you always say...?**

1 넌 왜 항상 틀린 답을 말하니? Why do you always say the wrong answer?
2 넌 왜 항상 이해가 안 된다고 말하니? Why do you always say you don't understand?
3 넌 왜 항상 이 문장을 틀리게 말하니? Why do you always say the sentence incorrectly?
4 넌 왜 항상 너무 어렵다고 말하니? Why do you always say it's too difficult for you?
5 넌 왜 항상 그 단어를 틀리게 말하니? Why do you always say that word wrong?

★Pattern 167 난 단지 ~하고 싶었어요 **I just wanted to...**

1 난 단지 간단한 질문 하나를 하고 싶었던 것뿐이야. I just wanted to ask a quick question.
2 난 단지 너희들이 준비되었는지 알고 싶었던 것뿐이야. I just wanted to know if you were ready.
3 전 그냥 몇 시인지 여쭤보고 싶었어요. I just wanted to ask you the time.
4 난 단지 너희들에게 숙제에 대해 말해주고 싶었던 것뿐이야. I just wanted to tell you about the homework.
5 난 단지 네가 이해했는지 알고 싶었던 것뿐이야. I just wanted to see if you understood.

★Pattern 168 주임 선생님께서 널 보고 싶어 하셔 **The head teacher wants to see you...**

1 주임 선생님께서 널 교무실에서 보고 싶어하셔. The head teacher wants to see you in his office.
2 주임 선생님께서 점수 때문에 널 보고 싶어하셔. The head teacher wants to see you about your score.
3 주임 선생님께서 널 10분 후에 보고 싶어하셔. The head teacher wants to see you in 10 minutes.
4 주임 선생님께서 널 지금 당장 보고 싶어하셔. The head teacher wants to see you right away.
5 주임 선생님께서 널 수업 후에 보고 싶어하셔. The head teacher wants to see you after class.

★Pattern 169 ~하는 것만으로는 충분하지 않아 **It's not enough to just...**

1 막판에 공부하는 것만으로는 충분치 않아요. It's not enough to just study at the last minute.
2 대충 읽는 것만으로는 충분치 않아요. It's not enough to just skim the readings.
3 매주 수업에 참여하는 것만으로는 충분하지 않아요. It's not enough to just attend class weekly.
4 이 단락을 외우는 것만으로는 충분하지 않아요. It's not enough to just memorize this paragraph.
5 문제를 풀어보는 것만으로는 충분하지 않아요. It's not enough to just solve the questions.

★Pattern 170 내가 너라면 난 ~했을거야 **If I were you, I'd...**

1 내가 너라면 더 열심히 공부할 거야. If I were you, I'd study harder.
2 내가 너라면 숙제부터 하겠다. If I were you, I'd do the homework first.
3 내가 너라면 시험 준비를 할 거야. If I were you, I'd get ready for the test.
4 내가 너라면 그 단어들을 외울 거야. If I were you, I'd memorize those words.
5 내가 너라면 선생님께 여쭤 보겠다. If I were you, I'd ask the teacher.

영어와 한글을 나누어 구성하였습니다. 반으로 접어서 활용하세요.
한글 해석만 보면서 영어로 말하는 연습을 반복하세요.

교실영어핵심패턴233 D41.mp3

★Pattern 171 ~하는 방식이 마음에 안 드는구나 I don't like the way...

1 난 네가 이 문장을 쓴 게 맘에 들지 않는구나. I don't like the way you wrote this sentence.
2 난 네가 그 단어 발음하는 게 맘에 들지 않는구나. I don't like the way you pronounced that word.
3 나는 일이 진행되어 가는 상황이 마음에 들지 않는구나. I don't like the way things are going.
4 네가 이 일을 처리하는 방식이 마음에 들지 않는구나. I don't like the way you handled this.
5 네가 다른 사람을 험담하는 게 듣기 좋지 않구나. I don't like the way you gossip.

★Pattern 172 ~을 과소평가하지 마세요 Don't underestimate...

1 공부가 주는 이익을 과소평가하지 마세요. Don't underestimate the benefits of studying.
2 여러분의 능력을 과소평가하지 마세요. Don't underestimate your capabilities.
3 이 과목의 어려움을 과소평가하지 말아라. Don't underestimate the difficulty of this subject.
4 선생님을 과소평가하지 마세요. Don't underestimate your teacher.
5 출석 점수를 과소평가하지 말아라. Don't underestimate class attendance.

★Pattern 173 그게 꼭 ~인 건 아니에요 That's not exactly...

1 그게 정답은 아닌데. That's not exactly correct.
2 꼭 맞는 답이라고는 할 수 없어요. That's not exactly the right answer.
3 우리가 오늘 다루려는 게 정확히 그것은 아닙니다. That's not exactly what we are going to cover today.
4 제가 꼭 그렇게 이해한 건 아니에요. That's not exactly my understanding.
5 제가 하려던 방식하고는 조금 달라요. That's not exactly the way I'd do it.

★Pattern 174 ~을 포기하지 마 Don't give up...

1 아직 포기하지 마. Don't give up just yet.
2 네 자신을 포기하지 마. Don't give up on yourself.
3 최선을 다해 보지도 않고 포기하지 마. Don't give up without trying your best.
4 포기하지도 말고 굴복하지도 마. Don't give up and don't give in.
5 네 권리를 포기하지 마. Don't give up your rights.

★Pattern 175 ~하고 싶지 않니? Wouldn't you like...?

1 성적을 올리고 싶지 않니? Wouldn't you like to raise your grade?
2 내 조언이 필요하지 않니? Wouldn't you like my advice?
3 앞줄에 앉고 싶지 않니? Wouldn't you like a front row seat?
4 좀 더 자세하게 듣고 싶지 않니? Wouldn't you like to listen to more details?
5 기말 점수를 알고 싶지 않니? Wouldn't you like to know your final grades?

DAY 42

그동안 학습했던 문장들을 복습합니다. 우리말을 보면서 영어문장을 만들어 보세요.
정답은 본문에서 찾아보세요.

01 | 질문하는 것을 겁내지 말아요.

02 | 난 네가 뭘 말하든 신경 안 쓴다.

03 | 난 너의 그런 태도가 마음에 들어.

04 | 네가 높은 점수를 받지 못한 게 당연하구나.

05 | 여러분의 아이디어를 적어 보는 게 어때요?

06 | 수업을 빠지다니 너무 바보 같구나.

07 | 이런 행동에 대해선 용서할 수 없어.

08 | 가장 잘못한 건 네가 노력도 하지 않았다는 거지.

09 | 이게 내 최고 점수야.

10 | 불평 그만해.

11 | 영어를 배우는 가장 좋은 방법은 많이 말해 보는 것이다.

12 | 조금만 더 열심히 이 문법을 공부하도록 하자.

13 | 시험 공부를 하는 게 좋을 것 같구나.

14 | 네가 이 문법을 공부해야 하는 이유는 아주 많지.

15 | 시간을 지키기 위해 최선을 다해야지.

16 | 넌 왜 항상 이해가 안 된다고 말하니?

17 | 전 그냥 몇 시인지 여쭤보고 싶었어요.

18 | 주임 선생님께서 널 교무실에서 보고 싶어하셔.

19 | 문제를 풀어보는 것만으로는 충분하지 않아요.

20 | 내가 너라면 선생님께 여쭤 보겠다.

21 | 네가 다른 사람을 험담하는 게 듣기 좋지 않구나.

22 | 여러분의 능력을 과소평가하지 마세요.

23 | 꼭 맞는 답이라고는 할 수 없어요.

24 | 네 자신을 포기하지 마.

25 | 성적을 올리고 싶지 않니?

DAY 43

영어와 한글을 나누어 구성하였습니다. 반으로 접어서 활용하세요.
한글 해석만 보면서 영어로 말하는 연습을 반복하세요.

교실영어핵심패턴233 D43.mp3

★Pattern 176 ~ 잘했어요 Good work...

1 그 과제물 아주 훌륭했어. Good work on the homework.
2 열심히 하면 언제나 그 대가가 있지. Good work is always rewarded.
3 이렇게 잘하는 경우는 드문데. Good work of this kind is rare.
4 모두들 잘했어요! Good work, everyone!
5 너 시험 아주 잘 봤더구나. Good work on your exam.

★Pattern 177 ~에 실망했어요 I'm disappointed in...

1 네 점수에 실망했다. I'm disappointed in your score.
2 네 태도에 실망했다. I'm disappointed in your attitude.
3 결과에 실망했어요. I'm disappointed in the results.
4 네 과제물에 실망했다. I'm disappointed in your homework.
5 너희들한테 실망했다. I'm disappointed in you guys.

★Pattern 178 네가 지금껏 이걸 몰랐다면 ~ If you don't know this by now...

1 네가 지금껏 이걸 몰랐다면 유감이다. If you don't know this by now, I feel sorry for you.
2 네가 지금까지도 이걸 모른다면 넌 공부 좀 해야 돼. If you don't know this by now, you'd better study.
3 네가 지금껏 이걸 몰랐다면 그건 네 잘못이지. If you don't know this by now, it's your own fault.
4 네가 지금껏 이걸 몰랐다면 넌 포기해야 해. If you don't know this by now, you should give up.
5 네가 지금껏 이걸 몰랐다면 네가 집중을 안 한 거겠지. If you don't know this by now, you haven't paid attention.

★Pattern 179 누가 ~ 좀 옮겨 줄래? Can someone carry...?

1 누가 제 책 좀 들어 주실래요? Can someone carry my books?
2 누가 이 의자들 좀 옮겨 줄래? Can someone carry these chairs?
3 누가 상자들 몇 개만 좀 옮겨 줄래? Can someone carry some boxes for me?
4 누가 이것들 좀 날라 줄래요? Can someone carry this stuff for me?
5 누가 제 과제물을 좀 날라 주세요. Can someone carry my assignment?

★Pattern 180 ~한 거 축하한다 Congratulations on your...

1 상 탄 거 축하한다. Congratulations on your prize.
2 장학금 받은 거 축하한다. Congratulations on your scholarship.
3 좋은 점수 나온 거 축하한다. Congratulations on your score.
4 100점 받은 것 축하해. Congratulations on your perfect score.
5 시험에 합격한 것 축하해. Congratulations on passing the test.

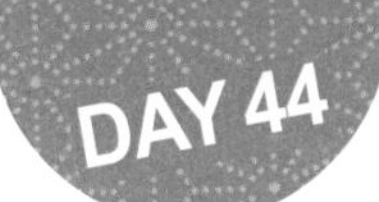

DAY 44

영어와 한글을 나누어 구성하였습니다. 반으로 접어서 활용하세요.
한글 해석만 보면서 영어로 말하는 연습을 반복하세요.

교실영어핵심패턴233 D44.mp3

★Pattern 181 ~ 좀 해줄래? Would you just...?

1 좀 더 열심히 해야지. — Would you just try harder?
2 한 번만 더 해볼래? — Would you just try it one more time?
3 제발 불평 좀 그만 하렴. — Would you just stop complaining so much?
4 잠시 나한테 시간 좀 내줄래? — Would you just give me a second?
5 한 번만 더 설명해 주시겠어요? — Would you just explain it one more time?

★Pattern 182 내가 ~를 도와줄까? Can I help you...?

1 내가 그 문제 푸는 것 도와줄까? — Can I help you solve the problem?
2 내가 답 찾는 걸 도와줄까? — Can I help you find the answer?
3 제가 칠판 지우는 걸 도와드릴까요? — Can I help you clean the board?
4 내가 그 책 치우는 걸 도와줄까? — Can I help you put the books away?
5 내가 도와줄까? — Can I help you with it?

★Pattern 183 그게 ~에게 괜찮을까요? Is that okay with...?

1 Sally에게 방해가 안 되겠니? — Is that okay with Sally?
2 선생님이 괜찮다고 하실까요? — Is that okay with the teacher?
3 교장 선생님께서 허락해 주실까요? — Is that okay with the principal?
4 어머님이 괜찮다고 하시겠니? — Is that okay with your mother?
5 그래도 될까요? — Is that okay with you?

★Pattern 184 난 ~가 너무 기다려져 I can't wait...

1 난 기말점수를 빨리 보고 싶어. — I can't wait to see my final grade.
2 난 주말이 기대돼. — I can't wait for the weekend.
3 난 이 연습문제가 빨리 끝났으면 좋겠어. — I can't wait until we're finished with this exercise.
4 난 이 여행이 기대돼. — I can't wait to go on the trip.
5 난 이 시험이 기대돼. — I can't wait to take the test.

★Pattern 185 ~라고 생각하지 않니? Don't you think...?

1 숙제가 어렵다고 생각지 않니? — Don't you think the homework is difficult?
2 가야 할 시간이라고 생각하지 않아? — Don't you think it's time to go?
3 네게 튜터가 있어야 한다고 생각지 않니? — Don't you think you should get a tutor?
4 공부를 좀 더 해야 한다고 생각지 않니? — Don't you think you should study a little more?
5 이 문제를 풀 수 있을 것 같지 않니? — Don't you think you'll be able to answer the question?

DAY 45

영어와 한글을 나누어 구성하였습니다. 반으로 접어서 활용하세요.
한글 해석만 보면서 영어로 말하는 연습을 반복하세요.

교실영어핵심패턴233 D45.mp3

★Pattern 186 난 ~하려고 해요 I'm planning to...

1 난 오늘 밤새도록 공부하려고 해. I'm planning to study all night.
2 난 내일 여러분에게 숙제를 아주 많이 내주려고 해요. I'm planning to give you a big homework assignment tomorrow.
3 난 도서관에 가려고 계획 중이야. I'm planning to go to the library.
4 전 친구들이랑 축구를 하려고 합니다. I'm planning to play soccer with my friends.
5 전 그 문장들을 받아 적으려고 합니다. I'm planning to write down the sentences.

★Pattern 187 저는 지금 막 ~하려던 참이었어요 I was just going to...

1 제 행동에 대해 사과하려던 참이었어요. I was just going to apologize for my behavior.
2 지금 막 질문을 하려던 참이었어요. I was just going to ask a question.
3 이 단어를 찾아보려던 참이었어요. I was just going to look up this word.
4 지금 막 연필을 꺼내려던 참이었어요. I was just going to take out my pencil.
5 지금 막 제출하려던 참이었어요. I was just going to hand it in.

★Pattern 188 ~하는 게 좋을 것 같아요 We'd better...

1 이 단어들을 외우는 게 좋겠다. We'd better memorize these words.
2 숙제를 하는 게 좋겠어요. We'd better do the homework.
3 다른 아이디어를 생각하는 게 좋겠다. We'd better think of another idea.
4 좋은 점수 받으려면 공부를 열심히 해야겠네요. We'd better study hard if we want to make a good grade.
5 거기에 일찍 도착하는 게 좋을 것 같아. We'd better get there early.

★Pattern 189 난 ~할 수밖에 없었어요 I had no choice but...

1 그럴 수 밖에 없었어요. I had no choice but to do it.
2 메모한 것을 볼 수밖에 없었어요. I had no choice but to look at my notes.
3 그 질문에 대답할 수밖에 없었어요. I had no choice but to answer the question.
4 숙제를 집에다 두고 올 수밖에 없었어요. I had no choice but to leave my homework at home.
5 전 수업에 늦지 않을 수 없었습니다. I had no choice but to come to class late.

★Pattern 190 우리 모두 ~해야 돼 We all need to...

1 우리 모두 공부를 좀 더 열심히 해야겠어. We all need to study a little harder.
2 우리 모두 시험을 보기 위해 책상을 치워야 돼. We all need to clear off our desks for the test.
3 우리 모두 좀 더 주의해야겠어요. We all need to be more careful.
4 우리 모두 이 연습문제를 위해 짝을 찾아야 돼. We all need to find a partner for this exercise.
5 우리 모두 조용히 하고 들어야 합니다. We all need to be quiet and listen.

영어와 한글을 나누어 구성하였습니다. 반으로 접어서 활용하세요.
한글 해석만 보면서 영어로 말하는 연습을 반복하세요.

교실영어핵심패턴233 D46.mp3

★Pattern 191 ~하지 않을게요 I won't...

1 다시는 그러지 않을게요. I won't do it again.
2 다시는 그런 실수 안 할게요. I won't make that mistake again.
3 잊어버리지 않을게요. I won't forget.
4 저는 실패하지 않을 겁니다. I won't fail.
5 전 포기하지 않을 거예요. I won't give up.

★Pattern 192 ~을 확인해 주시겠어요? Can you check...?

1 제가 한 것을 확인해 주시겠어요? Can you check my work?
2 제 에세이를 좀 봐 주시겠어요? Can you check my essay?
3 이 문장을 확인해 주시겠어요? Can you check this sentence?
4 몇 시인지 좀 봐 줄래? Can you check the time?
5 사전을 좀 찾아볼래? Can you check your dictionary?

★Pattern 193 ~가 영어로 뭐예요? What is ... in English?

1 이게 영어로 뭐죠? What is this in English?
2 영어에서 가장 어려운 단어가 뭐야? What is the most difficult word in English?
3 이걸 영어로 뭐라고 말하지? What is the way to say this in English?
4 영어로 네가 가장 좋아하는 단어가 뭐야? What is your favorite word in English?
5 저게 영어로 뭐죠? What is that in English?

★Pattern 194 ~가 이해가 안 돼요 I don't understand...

1 난 네 질문이 이해가 안 돼. I don't understand your question.
2 난 우리가 왜 이것을 해야 하는지 모르겠어. I don't understand why we have to do this.
3 난 왜 네 숙제가 없는지 모르겠구나. I don't understand why you don't have your homework.
4 전 이 연습문제가 이해가 되지 않습니다. I don't understand this exercise.
5 왜 제가 시험에 떨어졌는지 모르겠어요. I don't understand why I failed the test.

★Pattern 195 얼마나 자주 ~해야 하죠? How often should we...?

1 공부한 내용을 얼마나 자주 확인해야 하죠? How often should we check our work?
2 일기를 선생님께 얼마나 자주 보여드려야 하나요? How often should we show the teacher our journals?
3 회화 연습을 얼마나 자주 해야 하나요? How often should we practice speaking?
4 얼마나 자주 일기를 써야 하죠? How often should we keep a journal?
5 얼마나 자주 연습해야 하죠? How often should we practice?

영어와 한글을 나누어 구성하였습니다. 반으로 접어서 활용하세요.
한글 해석만 보면서 영어로 말하는 연습을 반복하세요.

교실영어핵심패턴233 D47.mp3

★Pattern 196 ~를 찾고 있어요 I'm looking for...

1 나는 글을 쓸 주제를 찾고 있어. I'm looking for a topic to write about.
2 난 교무실을 찾고 있어. I'm looking for the office.
3 나는 내 교과서를 찾고 있어. I'm looking for my textbook.
4 나는 Janice를 찾고 있어. I'm looking for Janice.
5 나는 같이 공부할 친구를 찾고 있어. I'm looking for a study partner.

★Pattern 197 ~가 다 떨어졌어요 We're out of...

1 풀을 다 썼어요. We're out of glue.
2 시간이 다 됐어요. We're out of time.
3 우리 인내심은 바닥났어. We're out of patience.
4 우린 힘이 없어. We're out of energy.
5 이제 아이디어가 바닥났어. We're out of ideas.

★Pattern 198 ~는 어때? How about...?

1 화요일 어때? How about Tuesday?
2 너는 어때? How about you?
3 이거 어때? How about this one?
4 그걸 받아 적는 게 어떻겠니? How about writing it down?
5 한 번 더 해보는 게 어떨까? How about another try?

★Pattern 199 ~해 줘서 고마워 Thank you for...

1 도와줘서 고마워. Thank you for your help.
2 있어 줘서 고마워. Thank you for staying.
3 비밀을 지켜 줘서 고마워. Thank you for keeping this confidential.
4 나한테 설명해 줘서 고마워. Thank you for explaining it to me.
5 그곳에 있어 줘서 고마워. Thank you for being there.

★Pattern 200 ~인지 한번 보자 Let me see if...

1 그게 맞는지 한번 보자. Let me see if it's correct.
2 제가 찾을 수 있는지 한번 볼게요. Let me see if I can find it.
3 내가 그것을 이해할 수 있는지 한번 보자. Let me see if I can understand it.
4 네가 맞게 했는지 한번 보자. Let me see if you did it right.
5 내가 도울 수 있는지 한번 보자. Let me see if I can help.

DAY 48

그동안 학습했던 문장들을 복습합니다. 우리말을 보면서 영어문장을 만들어 보세요.
정답은 본문에서 찾아보세요.

01 | 모두들 잘했어요!

02 | 네 점수에 실망했다.

03 | 네가 지금껏 이걸 몰랐다면 그건 네 잘못이지.

04 | 누가 이 의자들 좀 옮겨 줄래?

05 | 100점 받은 것 축하해.

06 | 잠시 나한테 시간 좀 내줄래?

07 | 제가 칠판 지우는 걸 도와드릴까요?

08 | 그래도 될까요?

09 | 난 주말이 기대돼.

10 | 공부를 좀 더 해야 한다고 생각지 않니?

11 | 난 오늘 밤새도록 공부하려고 해.

12 | 제 행동에 대해 사과하려던 참이었어요.

13 | 거기에 일찍 도착하는 게 좋을 것 같아.

14 | 그럴 수밖에 없었어요.

15 | 우리 모두 좀 더 주의해야겠어요.

16 | 다시는 그러지 않을게요.

17 | 이 문장을 확인해 주시겠어요?

18 | 이걸 영어로 뭐라고 말하지?

19 | 왜 제가 시험에 떨어졌는지 모르겠어요.

20 | 회화 연습을 얼마나 자주 해야 하나요?

21 | 난 교무실을 찾고 있어.

22 | 우리 인내심은 바닥났어.

23 | 한 번 더 해보는 게 어떨까?

24 | 비밀을 지켜 줘서 고마워.

25 | 내가 도울 수 있는지 한번 보자.

DAY 49

영어와 한글을 나누어 구성하였습니다. 반으로 접어서 활용하세요.
한글 해석만 보면서 영어로 말하는 연습을 반복하세요.

교실영어핵심패턴233 D49.mp3

★Pattern 201 ~를 잘 모르겠어 I'm not sure what...

1 뭘 해야 하는 건지 잘 모르겠어. I'm not sure what to do.
2 뭘 가져와야 하는지 잘 모르겠어. I'm not sure what to bring.
3 나의 책임이 어떤 것들인지 잘 모르겠어. I'm not sure what my responsibilities are.
4 어떻게 될지 모르겠어. I'm not sure what will happen.
5 그가 원하는 게 뭔지 잘 모르겠어. I'm not sure what he wants.

★Pattern 202 ~가 있나요? Is there anything...?

1 외울 게 있어? Is there anything to memorize?
2 도와줄까? Is there anything I can do?
3 시간표에 뭐가 있나요? Is there anything on the schedule?
4 제가 달리 더 해야 할 일이 있나요? Is there anything else I need to do?
5 더 어려운 게 있어? Is there anything more difficult?

★Pattern 203 ~할 방법이 없어 There's no way...

1 절대로 기한 내에 못 끝낼 거예요. There's no way I'll finish in time.
2 이걸 절대로 이해 못할 거예요. There's no way I'll ever understand this.
3 그렇게 쉬울 리가 없어. There's no way it's that easy.
4 답을 확인할 방법이 없어. There's no way to check our answers.
5 우리가 맞는지 아닌지 알 방법이 없어. There's no way to know if we're right or not.

★Pattern 204 난 ~하는 게 더 좋아 It's better for me to...

1 난 노트 필기하는 게 더 편해. It's better for me to take notes.
2 난 앞쪽에 앉는 게 더 좋아. It's better for me to sit up front.
3 난 발음에 집중하는 게 더 나아. It's better for me to focus on pronunciation.
4 난 두 번 듣는 게 더 좋아. It's better for me to listen twice.
5 난 내 발표를 외우는 게 더 좋아. It's better for me to memorize my speech.

★Pattern 205 ~는 어땠어? What was it like...?

1 원어민하고 영어로 이야기할 때 기분이 어땠어? What was it like when you tried to speak to a native speaker?
2 뉴욕에서 공부할 때 어땠어? What was it like when you studied in New York?
3 해외에 사는 것은 어땠어? What was it like to live abroad?
4 그렇게 높은 점수를 받으니까 어땠어? What was it like to make such a high score?

영어와 한글을 나누어 구성하였습니다. 반으로 접어서 활용하세요.
한글 해석만 보면서 영어로 말하는 연습을 반복하세요.

교실영어핵심패턴233 D50.mp3

★Pattern 206 만일 ~라면? What if...?

1 만일 우리가 모르겠으면요? What if we don't understand?
2 떨어지면 어떻게 하지? What if we fail?
3 우리가 답을 못 찾으면요? What if we can't find the answer?
4 만약에 내가 그 단어를 모른다면? What if I don't know the word?
5 만일 그 시험이 너무 어렵다면? What if the test is too difficult?

★Pattern 207 내가 묻고 싶은 건 ~야 What I want to ask is...

1 내가 묻고 싶은 건 이 단어를 어떻게 발음하느냐야. What I want to ask is how to say this word.
2 내가 묻고 싶은 건 아주 간단해요. What I want to ask is very simple.
3 제가 묻고 싶은 것은 이 단어의 의미예요. What I want to ask is what this word means.
4 내가 묻고 싶은 것은 어려운 질문이에요. What I want to ask is a difficult question.
5 내가 묻고 싶은 것은 아주 바보 같은 질문이에요. What I want to ask is a very silly question.

★Pattern 208 ~ 있니? Have you got...?

1 너 펜 하나 더 있어? Have you got an extra pen?
2 잠깐 시간 좀 내주실 수 있으세요? Have you got a moment?
3 15분 있어? Have you got fifteen minutes?
4 종이 좀 있어? Have you got some paper?
5 너 숙제 가지고 있어? Have you got the assignment?

★Pattern 209 ~하려고 한 건 아니었어요 I didn't mean to...

1 여러분들을 헷갈리게 하려고 했던 것은 아닙니다. I didn't mean to confuse you.
2 문제를 일으키려고 한 건 아니었는데. I didn't mean to cause a problem.
3 시간을 다 뺏으려고 했던 건 아니었는데. I didn't mean to take up all of the time.
4 방해하려고 했던 건 아니었어요. I didn't mean to bother you.
5 이러려고 한 건 아니었어요. I didn't mean to do this.

★Pattern 210 ~해도 괜찮아요 I don't mind...

1 내 사전 써도 돼. I don't mind if you borrow my dictionary.
2 전 늦게까지 있어도 괜찮아요. I don't mind staying later.
3 자원봉사 좋지. I don't mind volunteering.
4 뒤에 앉아도 괜찮아. I don't mind sitting at the back.
5 같이 써도 돼. I don't mind sharing.

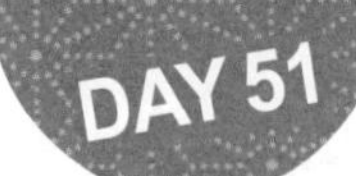

영어와 한글을 나누어 구성하였습니다. 반으로 접어서 활용하세요.
한글 해석만 보면서 영어로 말하는 연습을 반복하세요.

교실영어핵심패턴233 D51.mp3

★Pattern 211 ~해서 너무 기뻐요 — I'm so glad...

1 전 선생님께서 제 선생님이셨던 게 너무 좋아요. — I'm so glad you were my teacher.
2 난 네가 높은 성적을 받아서 너무 기뻐. — I'm so glad you made a high score.
3 난 내가 통과해서 너무 좋아. — I'm so glad I passed.
4 우리가 끝내서 너무 기뻐. — I'm so glad we're finished.
5 학교가 끝나서 너무 기뻐요. — I'm so glad school is out.

★Pattern 212 ~하다니 믿을 수가 없어 — I can't believe...

1 이 문법이 이렇게 어렵다니 믿을 수가 없어. — I can't believe how difficult this grammar is.
2 네가 숙제를 잊다니 믿을 수가 없다. — I can't believe you forgot your homework.
3 시험이 이렇게 어렵다니 믿을 수가 없어. — I can't believe what a difficult test this is.
4 내가 그렇게 높은 점수를 받았다니 믿기지가 않아. — I can't believe I made such a high score.
5 내가 A를 받다니 믿을 수가 없어. — I can't believe I got an A.

★Pattern 213 ~인지 잘 모르겠어요 — I don't know if...

1 이게 정답인지 잘 모르겠어요. — I don't know if this is the right answer.
2 내가 맞게 했는지 잘 모르겠어요. — I don't know if I did it correctly.
3 그가 올지 잘 모르겠어. — I don't know if he's coming.
4 이게 될지 잘 모르겠어요. — I don't know if this is working.
5 제가 할 수 있을지 모르겠어요. — I don't know if I can do it.

★Pattern 214 ~가 너무 많아 — There are so many...

1 외워야 할 단어가 너무 많아요! — There are so many words to memorize!
2 배워야 할 문법이 너무 많아! — There are so many grammar rules to learn!
3 공부해야 할 과가 너무 많아. — There are so many chapters to study.
4 이 안에는 학생들이 너무 많아. — There are so many students in here.
5 올해는 경쟁자가 너무 많아. — There are so many contestants this year.

★Pattern 215 당연히 ~ — I'm absolutely...

1 당연히 확실하지. — I'm absolutely sure.
2 난 정말 헷갈려. — I'm absolutely confused.
3 난 100% 확신해. — I'm absolutely certain.
4 내가 전적으로 옳아. — I'm absolutely right.
5 나 정말 기뻐. — I'm absolutely pleased.

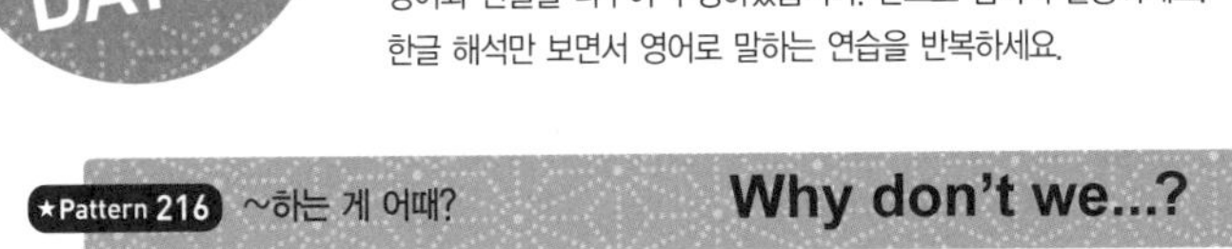
DAY 52
영어와 한글을 나누어 구성하였습니다. 반으로 접어서 활용하세요.
한글 해석만 보면서 영어로 말하는 연습을 반복하세요.

교실영어핵심패턴233 D52.mp3

★Pattern 216 ~하는 게 어때? Why don't we...?

1 우리 함께 말해 보는 게 어때? Why don't we try saying it together?
2 우리 그거 내일 하는 게 어때? Why don't we do it tomorrow?
3 우리 교과서 같이 볼까? Why don't we share my textbook?
4 우리 오늘은 이만 할래? Why don't we quit for the day?
5 우리 같이 공부할래? Why don't we study together?

★Pattern 217 그게 내가 ~하는 전부야 That's all I...

1 그게 내가 가져간 전부인데. That's all I took.
2 그게 내가 말한 전부야. That's all I said.
3 그게 내가 할 수 있는 전부야. That's all I can do.
4 그게 내가 바라는 전부야. That's all I want.
5 그게 내가 들은 전부야. That's all I heard.

★Pattern 218 어째서 ~? How come...?

1 이 연습문제는 왜 이렇게 길어? How come this exercise is so long?
2 어째서 넌 숙제를 하지 않았어? How come you didn't do the homework?
3 왜 너무 늦었는데? How come it's too late?
4 어떻게 시험에 떨어질 수가 있니? How come you failed the test?
5 어떻게 아무도 우리에게 얘길 안 해 줄 수가 있어? How come nobody told us?

★Pattern 219 ~를 모르겠어 I have no idea...

1 난 네가 무슨 말을 하는지 모르겠어. I have no idea what you're talking about.
2 난 답이 뭔지 모르겠어. I have no idea what the answer is.
3 난 어떻게 해야 할지 모르겠어. I have no idea how to do it.
4 난 시험에 뭐가 나올지 모르겠어. I have no idea what's on the test.
5 난 그 사람이 왜 그렇게 말했는지 모르겠어. I have no idea why he said that.

★Pattern 220 왜 ~한 건지 궁금해요 I wonder why...

1 왜 아무도 시험을 통과 못한 건지 궁금해. I wonder why no one passed the test.
2 왜 실험이 계속 실패하는 건지 궁금해. I wonder why our experiment keeps failing.
3 선생님께서 왜 결근하셨는지 궁금해. I wonder why our teacher is absent.
4 왜 Elizabeth가 방과 후에 남아 있어야 하는 건지 궁금해. I wonder why Elizabeth has to stay after school.
5 왜 모두들 밖에 나가 있는 건지 궁금합니다. I wonder why everyone is outside.

DAY 53

영어와 한글을 나누어 구성하였습니다. 반으로 접어서 활용하세요.
한글 해석만 보면서 영어로 말하는 연습을 반복하세요.

교실영어핵심패턴233 D53.mp3

★Pattern 221 ~을 받지 못했어요 / ~을 이해하지 못했어요 — I didn't get...

1 전 어젯밤에 잠을 충분히 자지 못했습니다. — I didn't get a lot of sleep last night.
2 전 얘기할 기회가 없었어요. — I didn't get a chance to speak.
3 전 그것을 맞추지 못했습니다. — I didn't get it right.
4 성적이 좋지 않아요. — I didn't get a very high score.
5 네가 말한 것을 못 알아들었어. — I didn't get what you said.

★Pattern 222 ~하는 가장 효율적인 방법이 뭘까요? — What's the most efficient way...?

1 여기서 진행하는 가장 효율적인 방법은 뭘까요? — What's the most efficient way to proceed from here?
2 영어를 배우는 가장 효율적인 방법은 뭘까요? — What's the most efficient way to learn English?
3 영어를 말하는 가장 효율적인 방법은 뭘까요? — What's the most efficient way to speak English?
4 이 문제에 접근하는 가장 효율적인 방법은 뭘까요? — What's the most efficient way to approach this problem?

★Pattern 223 ~해도 돼요? — Is it okay...?

1 책을 봐도 될까요? — Is it okay if I look at my book?
2 창문을 열어도 돼? — Is it okay if I open a window?
3 사전을 사용해도 되나요? — Is it okay if I use my dictionary?
4 늦게 제출해도 되나요? — Is it okay if I turn it in late?
5 내가 먼저 해도 될까? — Is it okay if I go first?

★Pattern 224 저는 ~만 있으면 돼요 — All I need is...

1 저한테 시간을 5분만 더 주세요. — All I need is 5 more minutes.
2 제가 필요한 것은 80점입니다. — All I need is 80 points.
3 제가 필요한 것은 말할 기회입니다. — All I need is a chance to speak.
4 제가 필요한 것은 제 사전을 보는 거예요. — All I need is a look at my dictionary.
5 제가 필요한 것은 생각할 시간이에요. — All I need is time to think.

★Pattern 225 왜 ~하는지 이해가 안 돼요 — I don't understand why...

1 전 왜 우리가 사전을 사용할 수 없는지 이해가 안 됩니다. — I don't understand why we can't use our dictionaries.
2 전 이 숙제가 왜 이렇게 어려운지 이해가 안 됩니다. — I don't understand why this homework was so difficult.
3 전 어째서 우리가 이 연습문제를 풀어야 하는지 이해가 안 됩니다. — I don't understand why we have to do this exercise.
4 전 왜 제가 그렇게 못 하는지 이해가 안 됩니다. — I don't understand why I'm doing so badly.

DAY 54

영어와 한글을 나누어 구성하였습니다. 반으로 접어서 활용하세요.
한글 해석만 보면서 영어로 말하는 연습을 반복하세요.

교실영어핵심패턴233 D54.mp3

★Pattern 226 제가 ~을 확인해 볼게요 — Let me check...

1 네가 쓴 답을 확인해 볼게. — Let me check your answers.
2 제 사전을 확인해 볼게요. — Let me check my dictionary.
3 제 달력을 확인해 보겠습니다. — Let me check my calendar.
4 네가 쓴 에세이를 확인해 볼게. — Let me check your essay.
5 선생님께 확인해 볼게. — Let me check with the teacher.

★Pattern 227 ~가 분명히 있을 거에요 — There must be...

1 이것을 하는 더 쉬운 방법이 분명히 있어. — There must be an easier way to do this.
2 외워야 할 단어가 족히 1000개는 될 텐데요! — There must be a thousand words to memorize!
3 도움을 줄 수 있는 뭔가가 분명히 있을 거야. — There must be something we can do to help.
4 좀 더 나은 설명이 분명히 있을 거야. — There must be a better explanation.
5 이 문제를 해결할 방법이 분명히 있을 거야. — There must be some way to solve this problem.

★Pattern 228 ~인 것 같은데요 — It sounds like...

1 우리가 공부를 엄청나게 많이 하게 될 것 같은데. — It sounds like we'll be studying a lot.
2 숙제가 어려울 것 같은데. — It sounds like the homework will be difficult.
3 넌 높은 점수를 받을 것 같구나. — It sounds like you're going to get a high score.
4 재미있을 것 같은데. — It sounds like fun.
5 좋은 생각인 것 같은데. — It sounds like a good idea.

★Pattern 229 ~는 전혀 생각 못했어요 — I never thought...

1 전 제가 이것을 이해하게 될 줄은 정말 몰랐어요. — I never thought I'd understand this.
2 전 제가 영어를 말할 수 있다고 결코 생각지 않았어요. — I never thought I'd be able to speak English.
3 네가 그렇게 높은 점수를 받으리라고 결코 생각하지 않았어. — I never thought you'd get such a high score.
4 네가 정답을 맞추리라고 난 결코 생각하지 않았어. — I never thought you'd get the right answer.
5 저는 우리가 이 연습문제를 절대 못할 줄 알았어요. — I never thought we'd finish this exercise.

★Pattern 230 ~을 알고 있었어? — Did you know...?

1 오늘 쪽지 시험 본다는 거 알고 있었어? — Did you know the quiz was today?
2 답을 알고 있었어? — Did you know the answers?
3 오늘 수업이 있다는 거 알고 있었어? — Did you know we have class today?
4 수업이 9시에 시작하는 것 알고 있었어? — Did you know the class starts at 9:00?
5 대체 교사가 온다는 걸 알고 있었어? — Did you know we had a substitute teacher?

DAY 55

영어와 한글을 나누어 구성하였습니다. 반으로 접어서 활용하세요.
한글 해석만 보면서 영어로 말하는 연습을 반복하세요.

교실영어핵심패턴233 D55.mp3

★Pattern 231 ~라고 들었어요 I have heard...

1 전 이 시험이 어려울 거라고 들었어요. — I have heard that this test is going to be hard.

2 저 그 단어 전에 들어 봤어요. — I have heard that word before.

3 난 여러분의 수업 태도가 아주 좋다고 들었어요. — I have heard you have a very good attitude in class.

4 다음 학기에는 더 어려워질 거라고 들었어. — I have heard that next semester will be even harder.

5 난 전에도 네가 그렇게 말한 걸 들었는데. — I have heard you say that before.

★Pattern 232 겁은 나지만 ~ I'm afraid, but...

1 좀 겁은 나지만 어쨌든 말을 하겠습니다. — I'm afraid, but I'm going to speak anyway.

2 좀 겁은 나지만 전 할 수 있을 것 같아요. — I'm afraid, but I think I can do it.

3 저는 겁이 나는데 그 애는 괜찮데요. — I'm afraid, but he's not.

4 겁은 좀 나지만 최선을 다하겠습니다. — I'm afraid, but I'll try to do my best.

5 유감스럽게도, 제가 할 수 있는 일이 하나도 없네요. — I'm afraid, but there's nothing I can do about it.

★Pattern 233 ~하기가 쉬워 It's easy to...

1 이 문법 사용법은 잊어버리기 쉬워요. — It's easy to forget how to use this grammar.

2 조금만 연습하면 쉽게 기억할 수 있어. — It's easy to remember if you practice a little.

3 이해하기 쉬워요. — It's easy to understand.

4 말은 쉽지. — It's easy to say.

5 이 단어들은 헷갈리기가 쉬워. — It's easy to confuse these words.

DAY 56

그동안 학습했던 문장들을 복습합니다. 우리말을 보면서 영어문장을 만들어 보세요.
정답은 본문에서 찾아보세요.

01 | 뭘 해야 하는 건지 잘 모르겠어.

02 | 제가 달리 더 해야 할 일이 있나요?

03 | 절대로 기한 내에 못할 거예요.

04 | 난 앞쪽에 앉는 게 더 좋아.

05 | 원어민하고 영어로 이야기할 때 기분이 어땠어?

06 | 우리가 답을 못 찾으면요?

07 | 내가 묻고 싶은 건 아주 간단해요.

08 | 너 펜 하나 더 있어?

09 | 문제를 일으키려고 한 건 아니었는데.

10 | 내 사전 써도 돼.

11 | 전 선생님께서 제 선생님이셨던 게 너무 좋아요.

12 | 내가 A를 받다니 믿을 수가 없어.

13 | 제가 할 수 있을지 모르겠어요.

14 | 이 안에는 학생들이 너무 많아.

15 | 난 100% 확신해.

16 | 우리 오늘은 이만 할래?

17 | 그게 내가 들은 전부야.

18 | 어째서 넌 숙제를 하지 않았어?

19 | 난 시험에 뭐가 나올지 모르겠어.

20 | 왜 모두들 밖에 나가 있는 건지 궁금합니다.

21 | 네가 말한 것을 못 알아들었어.

22 | 영어를 배우는 가장 효율적인 방법은 뭘까요?

24 | 사전을 사용해도 되나요?

24 | 저한테 시간을 5분만 더 주세요.

25 | 전 왜 우리가 사전을 사용할 수 없는지 이해가 안 됩니다.

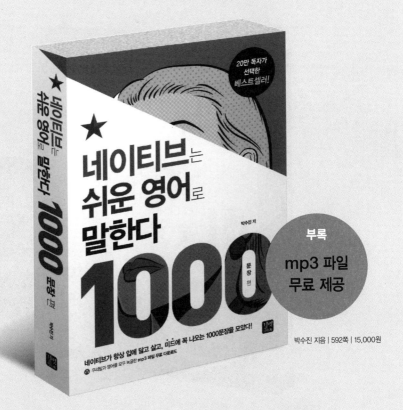

영작문 무작정 따라하기

영작문 무작정 따라하기
50가지 영작 공식만 따라 하면
영어가 우리말처럼 술술 써진다!
박상준 지음
50 Patterns Make Your Writing Perfect!
부록
말하기 영작 워크북
특별 서비스
· 음성강의 무료 제공
· mp3 파일 무료 제공

박상준 지음 | 264쪽 | 13,000원

내공제로에서 시작하는 초고속 영작 터득법!

SNS, 문자, 이메일 등 **생활 영작부터 비즈니스 영작, 라이팅 시험까지**
영작 비법 공식 50개로 어떤 문장, 어떤 글이든 자신 있게 완성한다!

난이도	첫걸음 **초급** 중급 | 고급	기간	50일
대상	영작을 처음 시작하거나 영작 시 기초 부족으로 어려움을 느끼는 학습자	목표	생활 영작은 물론 영어 라이팅 시험까지 대비할 수 있는 영작 기본기 다지기

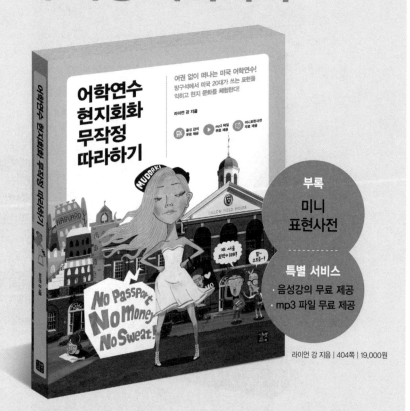

독자의 1초를 아껴주는 정성!

세상이 아무리 바쁘게 돌아가더라도
책까지 아무렇게나 빨리 만들 수는 없습니다.
인스턴트 식품 같은 책보다는
오래 익힌 술이나 장맛이 밴 책을 만들고 싶습니다.

길벗이지톡은 독자여러분이
우리를 믿는다고 할 때 가장 행복합니다.
나를 아껴주는 어학도서,
길벗이지톡의 책을 만나보십시오.

독자의 1초를 아껴주는
정성을 만나보십시오.

미리 책을 읽고 따라해본 2만 베타테스터 여러분과
무따기 체험단, 길벗스쿨 엄마 2% 기획단,
시나공 평가단, 토익 배틀, 대학생 기자단까지!
믿을 수 있는 책을 함께 만들어주신 독자 여러분께 감사드립니다.

홈페이지의 '독자마당'에 오시면
책을 함께 만들 수 있습니다.

(주)도서출판 길벗 www.gilbut.co.kr
길벗 이지톡 www.eztok.co.kr
길벗 스쿨 www.gilbutschool.co.kr

영어 수업, 어떤 상황에서도 막히지 않는다!

교실영어 핵심패턴 233

교실영어 핵심패턴 233

233 Essential Patterns for Classroom English

초판 1쇄 발행 · 2010년 2월 5일
초판 10쇄 발행 · 2022년 7월 8일

지은이 · 백선엽
발행인 · 이종원
발행처 · ㈜도서출판 길벗
브랜드 · 길벗이지톡
출판사 등록일 · 1990년 12월 24일
주소 · 서울시 마포구 월드컵로 10길 56(서교동)
대표전화 · 02) 332-0931 | **팩스** · 02) 338-0388
홈페이지 · www.gilbut.co.kr | **이메일** · eztok@gilbut.co.kr

기획 및 책임 편집 · 박민혜 | **디자인** · 이도경 | **제작** · 이준호, 손일순, 이진혁
마케팅 · 이수미, 장봉석, 최소영 | **영업관리** · 김명자, 심선숙 | **독자지원** · 윤정아, 최희창

전산편집 · 연디자인 | **CTP 출력 및 인쇄** · 예림인쇄 | **제본** · 예림바인딩

ISBN 978-89-6047-201-3 03740
(길벗 도서번호 300396)

정가 14,800원

영어 수업, 어떤 상황에서도 막히지 않는다!

교실영어 핵심패턴 233

고르고 고른 233개 패턴만 있으면 어떤 영어 수업도 두렵지 않다!

한국어는 한국어로 배우는 것이 가장 좋은 것처럼 영어도 영어로 배우는 것이 가장 효과적입니다. 그래서일까, 영어 시간에 영어로 수업을 하는 학교가 많아지고 있습니다. 영어로 수업을 할 때는 어떤 말들을 사용할까요? 그냥 우리가 일상적으로 하는 회화와 다를 바 없을 것 같기도 하지만 왠지 수업을 하려면 어려운 말들도 많이 알아야 할 것 같지 않나요?
우리말로 하는 수업 시간을 생각해 봅시다. "다들 조용히 하세요.", "30페이지를 펴 보세요.", "거기 두 사람, 공부 좀 해라." 일반적으로 대화할 때 쓰는 말과 조금은 차이가 있지만 전혀 다른 말들을 사용하는 건 아니네요. 하지만 익숙하지 않아서인지 이런 말들을 영어로 하려면 어떻게 해야할지 막막하죠.

대부분의 언어에 패턴이 있다는 사실은 알고 있을 거예요. 글을 쓰거나 말을 할 때 일정한 규칙이 있다는 얘기죠.

가령,
다들 조용히 하세요.
30페이지를 펴 보세요.
거기 두 사람, 공부 좀 하세요.

이 세 문장을 보세요. 공통적으로 '~하세요'라는 말이 들어가죠?
이게 바로 패턴이에요. 영어로 표현하면 I want you guys to...가 되죠.

이 책은 수업 시간에 쓸 수 있는 영어 표현들 중 정말 자주 사용할 만한 패턴 233개를 모아 수업 시간에 매번 나오는 예문과 상황 대화문으로 정리했습니다.

❶ 패턴으로 배우니까 패턴 한 개만 익혀도 수십 개 문장으로 활용할 수 있다!

수업 중에 정말 자주 등장하는 핵심패턴 233개의 의미와 쓰임새 등을 활용도 높은 예문과 함께 꼼꼼히 정리하였습니다. 핵심패턴 1개만 익혀도 다양한 수업 상황에서 활용할 수 있어요.

❷ 미국 현지 선생님과 한국인 선생님이 함께 고르고 고른 패턴이니까 단 한 개도 버릴 게 없다!

이 책에서 소개한 교실영어 패턴들은 한국어에 억지로 끼워 맞춘 표현이 아니라, 미국 현지 선생님들이 직접 고른 500개 패턴 중 우리나라 수업 상황에 적합하고 정말 자주 쓰는 패턴만을 한국인 선생님이 다시 추려 놓은 것입니다. 233개 패턴만 제대로 익히면 영어 수업에 자신이 생길 거예요.

아무쪼록 현직에서 영어로 수업을 하고 계시는 선생님을 비롯, 학원 선생님, 과외 선생님 등 모든 영어 선생님들께 속시원한 도움을 드리는 책이 될 수 있었으면 하는 게 제 바람입니다.

2010년 백선엽

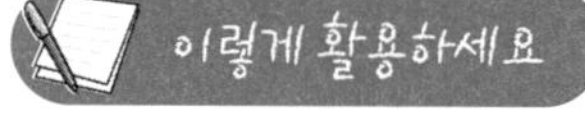

233개 핵심패턴만 있으면 여기가 바로 미국 교실!

영어는 영어로 배워야 가장 효과적입니다. 이 책에는 교실에서 가장 많이 등장하고 가장 빈번하게 쓰이는 233개 핵심패턴을 정리했습니다. 이 책 한 권이면 원어민 선생님처럼 영어로 자신 있게 수업도 하고, 학생들과 대화도 나눌 수 있습니다.

★혼자 공부할 때★

1단계 해당 패턴 확인하기

해당 패턴을 소리 내어 읽으면서 의미와 용법을 확인하세요.

2단계 〈STEP 1〉 입과 귀로 반복해서 익히기

듣고 따라 읽기 : 책을 보지 않은 상태에서 오디오 교재를 이용해 〈STEP 1〉 부분을 듣고 따라해 보세요. 우리말이 나올 때에는 해당 문장을 영어로 생각해 보세요.

책을 보며 따라 읽기 : 책을 보면서 〈STEP 1〉의 영어 문장을 확인한 다음, 다시 한 번 오디오 교재를 들으며 두세 번 큰 소리로 따라 읽습니다.

3단계 〈STEP 2〉 실제 대화 속에서 패턴 활용하기

대화문 완성하기 : 〈STEP 2〉의 대화문을 소리 내어 읽어 보세요. 이때 우리말로 되어 있는 부분은 패턴을 이용해 영어로 말해 보고 맞게 말했는지 확인해 보세요.

듣고 따라 읽기 : 오디오 교재를 들으면서 〈STEP 2〉의 대화를 두세 번 따라 읽습니다.

4단계 처음부터 끝까지 다시 한 번 듣고 따라 읽기

〈STEP 1〉부터 〈STEP 2〉까지 오디오를 들으면서 패턴을 입에 붙여보세요.

★ 함께 공부할 때 ★

1단계 해당 패턴 확인하기

각자 학습할 해당 패턴을 소리 내어 읽으면서 의미와 용법을 확인하세요.

2단계 〈STEP 1〉 함께 익히기

듣고 따라 읽기 : 책을 보지 않은 상태에서 오디오 교재를 이용해 〈STEP 1〉 부분을 듣고 따라해 보세요.

책 보며 따라 읽기 : 책을 보면서 〈STEP 1〉의 영어 문장을 확인한 다음, 다시 한 번 오디오 교재를 들으며 두세 번 따라 읽습니다.

스피드 퀴즈 : 연습을 충분히 했다면 한 사람이 우리말로 문제를 내도록 합니다. 그리고 돌아가면서 영어로 문장을 말해 봅니다. 시간 제한을 두고 제대로 말하지 못한 사람에게 벌금을 내게 하면 더 재미있겠죠?

3단계 〈STEP 2〉 실제 대화 속에서 패턴 활용하기

대화문 완성하기 : 각자 〈STEP 2〉의 대화문을 소리 내어 읽어 보세요. 이때 우리말로 되어 있는 부분은 패턴을 이용해 영어로 말해 보고 맞게 말했는지 확인해 보세요.

듣고 따라 읽기 : 오디오 교재를 들으면서 〈STEP 2〉의 대화를 두세 번 따라 읽습니다.

연극하기 : 두 명씩 팀을 짜 실제 대화처럼 말해 봅니다. 이때 감정을 살려 말하는 연습을 하면 더욱 실감나게 연습할 수 있어요.

4단계 처음부터 끝까지 다시 한 번 듣고 따라 읽기

다시 한 번 〈STEP 1〉부터 〈STEP 2〉까지 오디오를 들으면서 패턴을 입에 붙여보세요.

돌아가는 길에 스터디한 부분의 오디오를 들으면서 받아쓰기를 해보세요. 이렇게 반복 학습을 하는 것이 훨씬 더 오래 기억됩니다.

오디오 교재 활용법

Step 1 우리말은 한 번, 영어는 두 번 읽었습니다. 처음에는 영어 발음에 유의하며 꼼꼼히 문장을 들어 보세요. 듣는 것도 말하는 것 못지않게 중요합니다. 두 번째 들을 때는 우리말을 들으면서 영어 문장을 떠올려 보세요. 그리고 영어 문장이 끝날 때마다 따라해 보세요. 다음 문장이 나오기 전에 따라하기를 끝낼 수 있을 정도로 반복해서 훈련하세요.

Step 2 영어만 한 번씩 읽었습니다. 우선 책을 보고 우리말을 스스로 영어로 말해 본 다음, 오디오를 들으면서 따라해 보세요. 입에서 자연스럽게 튀어나올 때까지 반복해서 훈련하세요.

※ 오디오 교재에는 이 책에서 다루는 233개의 교실영어 패턴이 모두 수록되어 있습니다. 모든 패턴이 입에 붙을 때까지 큰 소리로 따라하세요!

※ 우리말 없이 영어만 녹음된 버전은 이지톡 홈페이지(www.eztok.co.kr)에서 제공하고 있습니다.

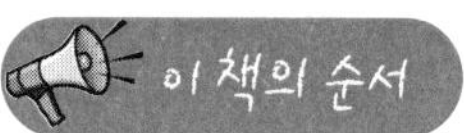

Part 1 수업 시간 전반에 꼭 필요한 교실영어 패턴

Part 2 읽고, 듣고, 쓰고, 말하고, 토론하고… 수업할 때 꼭 필요한 교실영어 패턴

Part 3 꾸중, 칭찬, 격려 등 학생들의 마음 읽기에 꼭 필요한 교실영어 패턴

Part 4 수업 시간 학생들이 정말 자주 말하는 교실영어 패턴

Part 1

수업 시간 전반에 꼭 필요한 교실영어 패턴

우리나라와 같이 영어를 쓰지 않는 환경에서 영어로 의사소통이 가능하도록 하기 위해 가장 좋은 방법은 영어로 영어 수업을 진행하는 것이라고 합니다. 영어로 영어를 배우게 되면 수업 시간 동안 학생들은 영어로만 생각해야하니까 영어식 사고력이 늘게 되고, 영어 환경에도 훨씬 많이 노출됩니다. 또한 문법이나 단어처럼 딱딱한 내용을 무조건 외우는 게 아니라 친구와의 일상적인 대화까지도 영어로 자연스레 익히게 되죠.

Part 1에서는 모든 영어 수업에 공통적으로 사용되는 교사들의 교실영어를 제시했습니다. 수업 시작부터 지난 수업 복습, 진도 확인, 본 수업 시작, 마무리, 다음 수업을 위한 준비물 설명 및 숙제 내기 등의 수업 마치기까지. 수업 전반에 꼭 필요한 교실영어 패턴들을 지금부터 함께 살펴볼까요?

교실영어핵심패턴233-001.mp3

★ Pattern 001

Class will begin...

수업은 ~에 시작될 거예요

학교 생활의 백미라고 할 수 있는 수업 시간! 그 시작을 알려주는 Class will begin ~ 패턴은 알아 두면 정말 유용합니다. 동사 begin 뒤에 다양한 수식어를 연결하여 여러 가지 상황의 수업 시작을 알릴 수 있거든요. 우리말로는 '수업을 시작한다'라고 하니까 I will start class...라고 말하기 쉬운데 영어에서는 Class가 주어로 문장 맨 앞에 나온다는 것 유의하세요.

Step 1

01 여러분이 자리에 앉으면 수업을 시작하겠어요. Class will begin **as soon as you sit down.**

02 15분 안에 수업이 시작될 거예요. Class will begin **within 15 minutes.**

03 철자 시험으로 수업을 시작하겠어요. Class will begin **with a spelling test.**

04 오늘은 수업이 조금 늦게 시작될 거예요. Class will begin **later today.**

05 지금 수업을 시작할 거예요. Class will begin **now.**

Step 2

01 15분 안에 수업이 시작될 거예요.

T: Please put away your game.

S: Why?

T: 15분 안에 수업이 시작될 거예요.

S: Darn!

02 오늘은 수업이 조금 늦게 시작될 거예요.

T: Let's welcome* our guest speaker.

S: Aren't we having a test first?

T: No, 오늘은 수업이 조금 늦게 시작될 거예요.

S: Hooray!

교사: 게임기를 집어넣으세요.
학생: 왜요?
교사: Class will begin in 15 minutes.
학생: 이런!

교사: 여러분, 우리 수업에 오신 초대 손님을 환영해 주세요.
학생: 우리 시험 먼저 보는 거 아닌가요?
교사: 아니에요, class will begin later today.
학생: 아싸!

Tip!
미국의 토크쇼나 연설회를 보면 host(진행자)가 guest를 소개하는 장면이 나오죠. 이때 가장 많이 쓰는 단어가 welcome인데요. Please welcome...이라고 하면 '~를 소개합니다'라는 뜻입니다. 수업에 참관하러 온 손님을 학생들에게 소개할 때 쓰면 유용한 패턴이죠.

★ Pattern 002

Take your seats...

자리에 앉아서 ~

쉬는 시간이 끝나고 수업을 시작할 때, 또는 학생들에게 자리를 배정해 줄 때 사용할 수 있는 표현입니다. 유사한 뜻을 가진 표현으로는 Please be seated.가 있습니다. Sit down은 말 그대로 일어났던 자리에 '앉아'라는 뜻인 반면, Take your seats...는 '네 자리를 찾아서 앉아'라는 의미가 돼요.

Step 1

01 모두 자리에 앉으면 시험을 시작하겠어요. Take your seats and we will start the test.

02 수업 시작하게 모두 자리에 앉으세요. Take your seats so we can begin.

03 쉬는 시간이 끝났으니 다들 자리에 앉으세요. Break time is finished, so take your seats.

04 다들 자리에 앉아서 공부를 시작합시다. Take your seats and let's start working.

05 모두 자리에 앉아서 공부할 준비를 하세요. Take your seats and get ready to study.

Step 2

01 모두 자리에 앉으면 시험을 시작하겠어요.

S1: Are you ready for today's test?
S2: No! I forgot to study!
T: 모두 자리에 앉으면 시험을 시작하겠어요.
S1: Sure.

02 수업 시작하게 모두 자리에 앉으세요.

T: 수업 시작하게 모두 자리에 앉으세요.
S: What are we going to do today?
T: We are going to practice speaking.
S: Good! I love speaking.

학생1: 오늘 시험 볼 거 공부했어?
학생2: 아니! 공부해야 한다는 걸 깜박 잊었어!
교사: Take your seats and we will start the test.
학생1: 알겠습니다.

교사: Take your seats so we can begin.
학생: 오늘은 뭘 할 건데요?
교사: 회화 연습을 할 거예요.
학생: 좋아요! 저는 회화 수업이 정말 좋아요.

★ Pattern 003

Turn your attention to... ~에 집중하세요

다른 곳에 쏟았던 관심이나 주의를 '~로 돌리다'라고 말할 때 쓰는 표현입니다. 동사 turn은 기본적으로 '방향을 돌리다'라는 뜻으로 다른 일에 쏠려 있는 정신이나 주의를 집중시킬 때 사용할 수 있는 패턴입니다. 떠들거나 장난을 치고 있는 학생에게 사용하면 딱이겠죠. 비슷한 표현에 Pay attention to... 또는 Give one's attention to...가 있습니다. 온 정신을 집중하라고 할 때는 attention 앞에 full을 붙여서 full attention이라고 하면 됩니다.

Step 1

01 칠판을 주목하세요. Turn your attention to the blackboard.

02 발표자에게 집중하세요. Turn your attention to our speaker.

03 화면에 집중하세요. Turn your attention to the screen.

04 숙제에 집중하세요. Turn your attention to your homework.

05 그 문제에 집중하세요. Turn your attention to the question.

Step 2

01 발표자에게 집중하도록 해.

T: Bill, please stop talking to Walt.
S: I was only borrowing a pen.
T: 발표자에게 집중하도록 해.
S: Oh, all right.

02 그 문제에 집중해.

T: 그 문제에 집중해.
S: Which one?
T: The one on page 45.
S: Oh, I see.

교사: Bill, Walt랑 잡담 그만해.
학생: 전 그냥 펜을 빌린 것 뿐인데요.
교사: Turn your attention to our speaker.
학생: 네, 알겠습니다.

교사: Turn your attention to the question.
학생: 어떤 거요?
교사: 45쪽에 있는 거.
학생: 네, 알겠습니다.

🎧 교실영어핵심패턴233-004.mp3

★ Pattern 004

Please give your attention to... ~에 집중하세요

간단히 Please! Attention!, 또는 Attention, please!라고 해도 되지만 Please give your attention to...에서 전치사 to를 사용하여 어디에 집중해야 하는지를 제시해 줍니다. 같은 패턴으로는 Please pay attention to...가 있습니다. 앞서 나왔던 Turn your attention to... 패턴은 다른 것에 집중하고 있던 것을 to 이하로 돌려(turn) 집중하라는 표현이므로 약간 차이가 있죠?

Step 1

01 수업에 집중하세요. Please give your attention to the lesson.

02 Carl의 발표에 집중하세요. Please give your attention to Carl's presentation.

03 섹션 3에 집중하세요. Please give your attention to section 3.

04 이 그림에 집중하세요. Please give your attention to this picture.

05 시험에 집중하세요. Please give your attention to the test.

Step 2

01 Carl의 발표에 집중하세요.

T: Put your book away*, Lisa.
S: But I'm getting to the good part!
T: Carl의 발표에 집중하세요.
S: Aw, all right.

02 섹션 3에 집중하세요.

T: You should study all of the material.
S: Is there anything we should focus on?
T: 섹션 3에 집중하세요.
S: Thanks for the hint.

교사: Lisa, 책 치우세요.
학생: 하지만 재미있는 부분으로 넘어가는 중인데요.
교사: Please give your attention to Carl's speech.
학생: 에이, 알았어요.

교사: 여러분은 모든 자료를 다 공부해야 해요.
학생: 특별히 더 집중해서 공부해야 할 부분이 있나요?
교사: Please give your attention to section 3.
학생: 힌트 주셔서 감사합니다.

Tip!
put away는 '치우다'라는 뜻으로 어떤 물건을 사용하지 않을 때 원래 있던 자리에 놓아두는 것을 의미합니다. put aside와 혼동할 수 있는데 put aside는 어떤 물건이나 돈을 나중에 사용할 수 있도록 '따로 남겨 두다'라는 뜻이에요.

교실영어핵심패턴233-005.mp3

★ Pattern 005

Let's review...

~을 복습해 봅시다

review는 상황에 따라 '복습하다, 훑어보다, 검토하다'라는 의미로 사용하죠. 특히, 미국식 영어에서는 '(학과를) 복습하다'라는 뜻으로 review를 사용합니다. 영국식 영어로는 '교정하다, 수정하다'라는 뜻의 revise가 '복습하다'라는 의미로 사용된다는 것도 참고하세요. 이 패턴은 학생들에게 어떤 것을 복습하라고 지시할 때 사용하며 「Let's review + 명사」로 review 다음에 명사를 목적어로 써야 한다는 거 잊지 마세요.

Step 1

01 어제 배운 걸 복습해 봅시다.	Let's review yesterday's lesson.
02 5과부터 8과까지를 복습해 봅시다.	Let's review chapters 5 through 8.
03 수동태를 복습해 봅시다.	Let's review the passive voice.
04 2과를 복습해 봅시다.	Let's review chapter 2.
05 어제 새로 배운 단어들을 복습해 봅시다.	Let's review the new vocabularies we learned yesterday.

Step 2

01 어제 배운 걸 복습해 봅시다.

S: What are we going to do first?

T: 어제 배운 걸 복습해 봅시다.

S: Okay. I remember it was about verbs.

T: That's right. It was about the past tense.

02 5과부터 8과까지를 복습해 봅시다.

T: 5과부터 8과까지를 복습해 봅시다.

S: I've already forgotten a lot.

T: Don't worry. You'll remember easily.

S: I hope so.

학생: 우리 뭐부터 해요?
교사: Let's review yesterday's lesson.
학생: 알겠습니다. 동사에 관한 것으로 기억하는데요.
교사: 맞아요. 과거시제에 관한 내용이었어요.

교사: Let's review chapters 5 through 8.
학생: 벌써 많이 잊어버렸는데요.
교사: 걱정 마세요. 쉽게 기억이 날 거예요.
학생: 그래야 할 텐데요.

★ Pattern 006

Let's go over...

~을 살펴봅시다

수업을 시작할 때 전 시간에 학습한 것을 다시 한 번 살펴보자고 하거나 수업 중에 학생들의 이해를 돕기 위해 앞에서 학습한 내용을 다시 한 번 짚어 줄 때 쓰는 표현입니다. go over는 '~을 살펴보다'라는 뜻으로 review와 비슷한데, go over는 말이나 설명의 중요한 부분을 잘 살펴보는 것을 말하고, review는 잘 기억하기 위해서, 또는 사실을 간추리기 위해서 학과를 전체적으로 다시 살펴보는 것을 뜻합니다.

Step 1

01 새로운 단어를 살펴봅시다. Let's go over the new vocabulary.

02 3과를 살펴보도록 합시다. Let's go over chapter 3.

03 네가 쓴 에세이를 우리 함께 살펴보자. Let's go over your essay together.

04 숙제를 점검해 봅시다. Let's go over your homework.

05 네가 모르는 단어들을 훑어보자. Let's go over the words you don't know.

Step 2

01 3과를 살펴보도록 합시다.

T: 3과를 살펴보도록 합시다. Any questions?

S: Yes. I don't understand the sentence on page 23.

T: Which sentence?

S: The one at the bottom.

02 네가 쓴 에세이를 우리 함께 살펴보자.

S: I'm having a lot of problems with my writing.

T: 네가 쓴 에세이를 우리 함께 살펴보자.

S: Okay. I think that will help a lot.

T: The first paragraph looks pretty good to me.

교사: Let's go over chapter 3. 질문 있나요?
학생: 네. 23쪽 문장을 모르겠습니다.
교사: 어떤 문장 말이죠?
학생: 아래에 있는 문장이요.

학생: 저는 글쓰는 데 문제가 아주 많아요.
교사: Let's go over your essay together.
학생: 알겠습니다. 그렇게 하면 도움이 많이 될 것 같아요.
교사: 첫 번째 단락은 아주 좋아 보이는데.

★ Pattern 007

Our English lesson today will cover...

오늘 영어 수업 시간에는 ~을 공부할 거예요

수업을 시작하면서 그날 수업에서 다룰 내용을 미리 알려줄 때 쓸 수 있는 패턴입니다. 동사 cover는 어떤 범위를 '포함하다', 또는 '~ 주제를 다루다'라는 의미로 뒤에 수업 시간에 다룰 내용을 넣어 주면 됩니다. 경우에 따라 수업이 주로 토론으로 이루어진다면 cover 대신 discuss나 talk about으로 표현할 수 있습니다.

Step 1

01 오늘은 과거시제를 공부할 겁니다. Our English lesson today will cover* the past tense.

02 오늘은 행위동사를 공부할 겁니다. Our English lesson today will cover action verbs.

03 오늘은 동물 이름을 공부할 겁니다. Our English lesson today will cover animal names.

04 오늘은 알파벳을 공부할 겁니다. Our English lesson today will cover the alphabet.

Step 2

01 오늘은 동물 이름을 공부할 겁니다.

T: 오늘은 동물 이름을 공부할 겁니다.
S: You mean names like, "Spot" or "Fuzzy?"
T: No. Names like "Dog," "Cat," and "Bird."
S: Oh, okay.

02 오늘은 알파벳을 공부할 겁니다.

T: 오늘은 알파벳을 공부할 겁니다.
S: Will we have to memorize the alphabet?
T: Yes, it will be on the big test.
S: Darn it!

교사: Our English lesson today will cover animal names.
학생: Spot이나 Fuzzy 같은 이름이요?
교사: 아니 그런 것 말고 개, 고양이, 새 같은 이름말이에요.
학생: 아, 알겠습니다.

교사: Our English lesson today will cover the alphabet.
학생: 우리가 알파벳을 외워야 하나요?
교사: 당연하죠, 아주 중요한 시험에 나올 거예요.
학생: 오, 이런!

Tip!

Our English lesson today will cover... 패턴에서 cover는 우리말로 '커버하다, 다루다'라는 의미입니다. 같은 의미로 concern, be about을 쓸 수도 있어요.

교실영어핵심패턴233-008.mp3

★ Pattern 008

This morning, we will...

오늘 아침에는 ~을 할 거예요

수업을 시작하면서 진도를 소개할 때나 아침 조회 시간에 그날 일정을 학생들에게 상기시킬 때 사용할 수 있는 표현입니다. 상황에 따라 This morning 대신 다른 응용 표현들이 올 수도 있어요. During the vacation을 넣으면 '이번 방학 동안에'라는 뜻이 되고, '이번 학기에'라고 할 때는 In this session, '올 일 년 동안'이라고 할 때는 Throughout the year를 넣어 말하면 됩니다.

Step 1

01 오늘 아침에는 새로운 단어들을 많이 배울 거예요. This morning, we will **learn many new words.**

02 오늘 아침에는 14과를 공부할 거예요. This morning, we will **study chapter 14.**

03 오늘 아침에는 스위스에 대해 배워 볼 거예요. This morning, we will **learn about Switzerland.**

04 오늘 아침에 우리는 몇 가지 새로운 기술들을 연습해 볼 거예요. This morning, we will **practice some new skills.**

05 오늘 아침에는 이야기를 써 보겠어요. This morning, we will **write a story.**

Step 2

01 오늘 아침에는 14과를 공부할 거야.

T: 오늘 아침에는 14과를 공부할 거야.

S: I can't believe we've gotten this far in the book.

T: Yes. Soon we will be finished!

S: I can't wait!

02 오늘 아침에는 이야기를 써 보겠다.

T: 오늘 아침에는 이야기를 써 보겠다.

S: That sounds hard.

T: Don't worry. It can be quite fun.

S: I hope so!

교사: This morning, we will study chapter 14.
학생: 벌써 이만큼 했다는 게 믿어지지가 않아요.
교사: 그래. 곧 책을 다 끝낼 거야.
학생: 빨리 끝냈으면 좋겠어요!

교사: This morning, we will write a story.
학생: 어려울 것 같아요.
교사: 걱정 마. 꽤 재미있을 거야.
학생: 그랬으면 좋겠어요!

교실영어핵심패턴233-009.mp3

★ Pattern 009

Let's begin by...

~하면서 시작하도록 합시다

첫 수업 활동을 제시할 때 쓰는 표현으로 비슷한 표현에는 Let's start with...가 있습니다. begin by는 '~을 하는 것으로 시작하다'라는 뜻으로 여기서 by는 수단이나 방법을 뜻하고, by 다음에 동사 -ing형이 오면 '~함으로써'의 뜻이 됩니다. 반대로, 수업을 마무리할 때 '~하는 것으로 마치죠'라고 할 때는 「end by + 동명사」를 사용합니다.

Step 1

01 발음을 연습하면서 시작하도록 합시다. Let's begin by **practicing pronunciation.**

02 어제 배운 문법을 복습하면서 시작하자. Let's begin by **reviewing yesterday's grammar.**

03 주말에 대해 짝꿍과 얘기하면서 시작하자. Let's begin by **telling our partners about our weekends.**

04 아주 짧은 쪽지시험으로 시작합시다. Let's begin by **taking a short quiz.**

05 새로운 단어를 몇 개 배우면서 시작하자. Let's begin by **learning some new words.**

Step 2

01 발음을 연습하면서 시작하도록 합시다.

T: 발음을 연습하면서 시작하도록 합시다.
S: Pronunciation is hard work.
T: It's good exercise for your mouth.
S: That's one way to think about it.

02 어제 배운 문법을 복습하면서 시작하자.

T: 어제 배운 문법을 복습하면서 시작하자.
S: Good. It's really difficult.
T: Do you have any specific questions?
S: I don't understand any of it.

교사: Let's begin by practicing pronunciation.
학생: 발음은 너무 힘들어요.
교사: 입 운동에 얼마나 좋은 운동인데 그래요.
학생: 어찌보면 그럴 수도 있겠네요.

교사: Let's begin by reviewing yesterday's grammar.
학생: 좋아요. 너무 어려웠는데.
교사: 특별히 궁금한 거라도 있니?
학생: 저는 하나도 이해가 안 돼요.

교실영어핵심패턴233-010.mp3

★ Pattern 010

After lunch, we will...

점심 식사 후에 우린 ~할 거예요

오후 일정에 대해서 소개할 때 사용할 수 있는 표현입니다. after lunch는 '점심 먹은 후'를 의미하지만, 학교에서는 일반적인 오후 일정을 가리킵니다. 이외에 '방과 후'라고 할 때는 after school이라고 해요.

Step 1

01 점심 식사 후에 간단한 퀴즈를 풀 거예요. After lunch, we will **take a short quiz.**

02 점심 식사 후에 고래에 관한 영화를 볼 거야. After lunch, we will **watch a movie about whales.**

03 점심 식사 후에 새로운 정보를 외울 거예요. After lunch, we will **memorize the new information.**

04 점심 식사 후에 발표 준비를 할 거야. After lunch, we will **prepare our presentations.**

05 점심 식사 후에 현장 학습을 갈 거야. After lunch, we will **take a field trip.**

Step 2

01 점심 식사 후에 간단한 퀴즈를 풀 거야.

T: 점심 식사 후에 간단한 퀴즈를 풀 거야.

S: Oh no! I can't remember anything!

T: Relax. It's not too difficult.

S: I'm still nervous!

02 점심 식사 후에 현장 학습을 갈 거예요.

T: 점심 식사 후에 현장 학습을 갈 거예요.

S: Where are we going?

T: To the zoo.

S: That sounds great!

교사: After lunch, we will take a short quiz.
학생: 안 되는데! 기억나는 게 하나도 없어요.
교사: 진정해. 그렇게 어렵지 않아.
학생: 그래도 긴장돼요.

교사: After lunch, we will take a field trip.
학생: 어디로 갈 건데요?
교사: 동물원에 갈 거예요.
학생: 좋아요!

★ Pattern 011

Our guest today is... 오늘 초대 손님은 ~입니다

학교에서 특강이 있을 때 일일교사나 게스트를 소개하면서 사용하는 패턴입니다. 미국의 학교에는 직업 소개의 날(career day*)에 다양한 분야의 초대 손님을 모셔서 강의를 듣는 행사가 있는데, 학생들은 각 분야의 사람들로부터 다양한 직업에 대해 듣고 자신의 적성과 미래에 대해 생각해 보는 기회를 갖게 됩니다.

Step 1

01 오늘 초대 손님은 아주 흥미로운 분입니다. — Our guest today is very interesting.

02 오늘 초대 손님은 아주 유명한 정치인입니다. — Our guest today is a famous politician.

03 오늘 초대 손님은 아주 성공한 사업가입니다. — Our guest today is a very successful businessperson.

04 오늘 초대 손님께서는 미국에 대해 말씀하실 겁니다. — Our guest today is going to speak about America.

Step 2

01 오늘 초대 손님은 아주 흥미로운 분입니다.

T: 오늘 초대 손님은 아주 흥미로운 분입니다.
S: Who is it?
T: She's an astronaut who has traveled to outer space!
S: Wow! That's great!

02 오늘 초대 손님은 아주 성공한 사업가입니다.

T: 오늘 초대 손님은 아주 성공한 사업가입니다.
S: What kind of business?
T: She owns a software company.
S: That sounds like an interesting job.

교사: Our guest today is very interesting.
학생: 누구신데요?
교사: 우주를 여행한 여성 우주비행사예요.
학생: 와! 멋진데요.

교사: Our guest today is a very successful businessperson.
학생: 어떤 사업을 하시는데요?
교사: 컴퓨터 소프트웨어 회사를 운영하세요.
학생: 아주 재미있는 일인 것 같네요.

Tip!
학교 행사와 관련된 표현들을 알아 볼까요? '운동회'는 field day이고, 졸업 사진 등의 '사진 찍는 날'은 picture day라고 합니다. 또 back-to-school day는 우리나라로 치면 '모교 방문의 날' 정도로 생각하면 돼요.

★ Pattern 012

Everyone take out...

모두 ~을 꺼내세요

수업을 시작하면서 책을 꺼내라고 하거나, 수업 중간에 필요한 물품을 꺼내라고 할 때, 또는 과제물을 꺼내 놓으라고 할 때 사용할 수 있는 표현입니다. everyone은 '모두'라는 뜻이고, take out은 '~을 꺼내다, 끄집어내다'라는 뜻입니다. everyone이 everybody와 같은 뜻으로 쓰일 때는 한 단어이지만, '누구 할 것 없이' 등의 뜻으로 개개에 중점을 둘 때에는 every one의 두 단어로 쓰인다는 것도 알아 두세요.

Step 1

01 모두 노트를 꺼내세요. Everyone take out **your notebooks.**

02 모두 백지 한 장을 꺼내세요. Everyone take out **a blank sheet of paper.**

03 모두 교과서를 꺼내세요. Everyone take out **your textbooks.**

04 모두 사전을 꺼내세요. Everyone take out **your dictionaries.**

05 모두 펜을 꺼내기 바랍니다. Everyone take out **a pen.**

Step 2

01 모두 백지 한 장을 꺼내세요.

T: 모두 백지 한 장을 꺼내세요.
S: Oh no! Not a quiz!
T: Yes, it's time for a quiz.
S: I forgot to do the reading assignment!

02 모두 교과서를 꺼내세요.

T: 모두 교과서를 꺼내세요.
S: What page?
T: Page 57.
S: Oh good! A new chapter!

교사: Everyone take out a blank sheet of paper.
학생: 이런! 쪽지시험은 안 되는데!
교사: 맞아요, 쪽지시험 볼 시간이에요.
학생: 잊어버리고 읽기 숙제 안 했는데!

교사: Everyone take out your textbooks.
학생: 몇 쪽이요?
교사: 57쪽.
학생: 와 신난다! 새로운 과네.

교실영어핵심패턴233-013.mp3

★ Pattern 013

Please have your...

~하세요

학생들에게 수업에 필요한 물품이나 과제, 또는 발표를 준비시킬 때 사용할 수 있는 표현입니다. have 다음에 목적어와 목적격 보어가 오면 '~을 …하게 하다'라는 뜻이 되는데, 이때 have는 사역동사랍니다.

Step 1

01 오늘까지 에세이를 끝내세요. Please have your essay finished by the end of the day.

02 연필과 종이를 준비하세요. Please have your pencil and paper ready.

03 숙제를 걷을 테니 꺼내 놓으세요. Please have your homework out for collection.

04 제가 호명하면 답변을 준비하세요. Please have your answer ready when I call on you.

05 종이 울리면 책들을 꺼내세요. Please have your books out when the bell rings.

Step 2

01 오늘까지 에세이를 끝내도록 해.

T: 오늘까지 에세이를 끝내도록 해.

S: I'll never finish in time.

T: Why not?

S: I write too slowly.

02 숙제를 걷을 테니 꺼내 놓도록 해.

T: 숙제를 걷을 테니 꺼내 놓도록 해.

S: Oh no! I forgot mine!

T: That's okay. You can bring it tomorrow.

S: Thank you, ma'am.

교사: Please have your essay finished by the end of the day.
학생: 시간 안에 절대로 못 끝낼 것 같아요.
교사: 왜지?
학생: 쓰는 속도가 너무 느려서요.

교사: Please have your homework out for collection.
학생: 오, 이런! 잊어버리고 안 가져왔어요.
교사: 괜찮아. 내일 가지고 오렴.
학생: 감사합니다, 선생님.

★ Pattern 014

Open your books...

책을 펴서 ~

선생님들이 교실에서 매일, 또는 거의 매 수업 시간마다 사용하는 말 중 하나가 "책 펴세요."라는 말일 겁니다. 이 말은 간단히 Open your books라고 표현하면 되는데, your books 다음에 페이지를 넣으면 '~쪽을 펴세요'라는 의미가 됩니다. 수업 도입부에 진도를 확인한 후, 또는 본 수업을 시작할 때 많이 사용하는 표현이에요. Turn to page...(~쪽을 펴세요) 패턴과 바꿔 쓸 수 있습니다.

Step 1

01 책을 펴서 지문을 읽도록 하세요. — Open your books and read the passage.

02 책을 펴서 22쪽을 보세요. — Open your books to page 22.

03 책을 펴서 답을 찾아보도록 하세요. — Open your books and try to find the answer.

04 98쪽을 펴서 도표를 보세요. — Open your books to page 98 and look at the chart.

05 다 끝나면 책을 펴서 답을 확인해 보세요. — Open your books and check your answers when you are finished.

Step 2

01 책을 펴서 지문을 읽도록 해.

T: Let's work on our reading.
S: What should we do?
T: 책을 펴서 지문을 읽도록 해.
S: Okay. This doesn't look too long.

02 책을 펴서 22쪽을 보세요.

T: 책을 펴서 22쪽을 보세요.
S: I'm sorry, what page?
T: Page 22.
S: Oh no! Another vocabulary exercise!

교사: 독해를 좀 해보자.
학생: 뭘 읽을 건데요?
교사: Open your books and read the passage.
학생: 네. 그렇게 길어 보이지는 않네요.

교사: Open your books to page 22.
학생: 죄송하지만, 몇 쪽이라구요?
교사: 22쪽.
학생: 오, 이런! 또 단어 연습 문제네요!

교실영어핵심패턴233-015.mp3

★ Pattern 015

Turn to page...

~쪽을 펴세요

이 표현은 선생님들이 꼭 알아야 하는 1순위 패턴입니다. 사실 turn과 같은 동사만 잘 알아도 책의 페이지와 관련된 표현은 무난히 말할 수 있죠. Turn to the page라고 하는 선생님들이 간혹 계신데 이것은 틀린 표현입니다. 관사 없이 page 다음에 17, 5 등과 같이 페이지 번호만 넣으면 돼요. 비슷한 표현으로 Open your books...(책을 펴서 ~하세요)가 있습니다.

01 17쪽을 펴세요. Turn to page 17.

02 5쪽을 펴서 용어 해설을 보세요. Turn to page 5 for the glossary*.

03 20쪽을 펴서 답을 보세요. Turn to page 20 for the answers.

04 80쪽을 펴서 정의를 보세요. Turn to page 80 for a definition.

05 32쪽을 펴서 좀 더 자세한 내용을 보세요. Turn to page 32 for more information.

01 17쪽을 펴세요.

T: Where did we stop yesterday?
S: Chapter 1, page 17.
T: 17쪽을 펴세요.
S: Yes, sir.

02 80쪽을 펴서 정의를 보세요.

S: What does "inconsistent" mean?
T: 80쪽을 펴서 정의를 보세요.
S: It says, "lacking agreement."
T: I guess that's one definition.

교사: 어제 어디까지 했죠?
학생: 1과 17쪽이요.
교사: Turn to page 17.
학생: 네, 선생님

학생: inconsistent가 무슨 뜻이에요?
교사: Turn to page 80 for a definition.
학생: '동의하지 않는'이라는데요.
교사: 그 단어가 갖는 의미 중 하나겠죠.

Tip!
Turn to page 다음에 「for + 명사」나 to부정사를 연결하면 해당 페이지를 펴서 봐야 할 것이나 해야 할 일이 있다는 뜻입니다.

★ Pattern 016

This book is...

이 책은 ~예요

교과서, 참고서, 동화책, 만화책 등 학교에서는 책에 관한 이야기를 빼놓을 수 없겠죠. 책에 대해 이야기할 때 This book is... 패턴을 써 보세요. 학기 초에 교재를 소개할 때, 또는 학생들에게 책을 권할 때 사용할 수 있는 표현입니다. is 다음에 다양한 보어를 사용해 책의 특성이나 내용들을 설명할 수 있습니다.

Step 1

01 이 책은 정말 재미있어. This book is very interesting.

02 이 책은 상당히 어려워. This book is quite difficult.

03 이 책에는 유용한 단어들로 가득해. This book is full of useful words.

04 이 책은 학생들이 사용하는 거야. This book is for students to use.

05 이 책은 너무 길고 지루해. This book is too long and boring.

Step 2

01 이 책은 정말 재미있어.

S: Can you recommend something good to read?

T: 이 책은 정말 재미있어.

S: What is it about?

T: It's about a dinosaur.

02 이 책은 상당히 어렵거든.

T: This homework may take a long time.

S: Why? It looks short.

T: Yes, but 이 책은 상당히 어렵거든.

S: Oh, I see.

학생: 읽을 만한 것 좀 추천해 주시겠어요?
교사: This book is very interesting.
학생: 어떤 책인데요?
교사: 공룡에 관한 책이야.

교사: 이 숙제는 시간이 오래 걸릴지도 몰라.
학생: 왜요? 짧아 보이는데요.
교사: 그렇긴 한데, this book is quite difficult.
학생: 아, 그렇군요.

교실영어핵심패턴233-017.mp3

★ Pattern 017

I want you guys to...

다들 ~하기 바랍니다

수업 시간에 학생들에게 지시를 내릴 때 사용하면 좋은 패턴입니다. guy는 사전에 '남자, 사내 녀석' 정도로 나와 있지만, 구어체에서 guys는 남녀 모두에게 쓸 수 있는 people 정도에 해당합니다. 두 명이 됐든 반 전체가 됐든 보이는 학생 전부를 가리켜 you guys라고 표현해요.

01 다들 조용히 하세요. I want you guys to **be quiet.**

02 다들 집중하세요. I want you guys to **pay attention.**

03 다들 6쪽을 펴세요. I want you guys to **turn to page 6.**

04 모두들 잘 들으세요. I want you guys to **listen.**

05 너희들 공부 좀 해. I want you guys to **study.**

01 다들 집중해.

T: Everyone, quiet down!
S1: Why? What's going on?
T: 다들 집중해.
S2: Oh, the film's about to start.

02 너희들 공부 좀 해라.

T: I'm separating you two gossips.
S1: What for?
T: 너희들 공부 좀 해라.
S2: We can study together!

교사: 다들 조용히!
학생1: 네? 무슨 일인데요?
교사: I want you guys to pay attention.
학생2: 어, 영화가 시작하려고 하네.

교사: 너희 두 사람을 따로 앉혀야겠다.
학생1: 왜요?
교사: I want you guys to study.
학생2: 저흰 함께 있어도 공부할 수 있는데요!

★ Pattern 018

It's time to...

이제 ~할 시간이에요

학생들에게 어떤 일을 할 시간이 되었음을 알릴 때 It's time to... 패턴을 써서 말합니다. 예를 들면 쪽지시험을 보거나, 숙제를 검토하거나 오늘 배운 내용을 전체적으로 훑어볼 시간이라고 말할 때 쓸 수 있습니다. It's time for bed.(잠자리에 들 시간이에요.), 또는 It's time for lunch.(점심 먹을 시간이에요.) 등과 같이 time 뒤에 to부정사 대신 「for + 명사」를 연결하여 표현할 수도 있으니 함께 알아 두세요.

Step 1

01 쪽지 시험 볼 시간이에요. It's time to **take a quiz***.

02 우리 공부를 복습해 볼 시간이에요. It's time to **review our work.**

03 여러분의 숙제를 검사할 시간이에요. It's time to **check your homework.**

04 학기말 시험 결과를 발표할 시간이에요. It's time to **announce your final test scores.**

05 에세이를 검토해 볼 시간이에요. It's time to **go over the essay.**

Step 2

01 쪽지시험 볼 시간이에요.

T: Close your books, everyone.

S: Why?

T: 쪽지시험 볼 시간이에요.

S: Oh no!

02 여러분의 숙제를 검사할 시간이에요.

T: Get out your red pens, please.

S: What's going on?

T: 여러분의 숙제를 검사할 시간이에요.

S: Should we circle our mistakes with the red pen?

교사: 다들 책을 덮으세요.
학생: 왜요?
교사: It's time to take a quiz.
학생: 안 돼!

교사: 다들 빨간 펜을 꺼내세요.
학생: 빨간 펜은 왜요?
교사: It's time to check your homework.
학생: 실수한 곳을 빨간 펜으로 동그라미 치면 되나요?

Tip!

많은 사람들이 exam, test, quiz의 차이점을 물어보는데 exam이나 test는 100% 같다고 볼 수 있습니다. 예를 들면, written test는 written exam이라고도 할 수 있는 거죠.
여기서 잠깐, 중간고사는 midterm test, 또는 간단히 midterm이라고 하고, 기말고사는 final test, 또는 final exam 이라고도 합니다.
quiz는 수업 시간에 간단하게 보는 '쪽지시험'에 해당합니다. 그리고 예고 없이 갑자기 보는 쪽지시험은 pop quiz라고 해요.

★ Pattern 019

Everyone, please...

모두 ~하세요

미국에서는 부모나 교사가 아이들에게 Say please.라고 말하는 것을 자주 듣게 됩니다. 말 그대로 'please라고 말하세요'라는 뜻입니다. 학생들에게 다소 딱딱한 명령문 형태로 지시 사항을 말해야 할 때 please를 덧붙여 주세요. 그러면 아이들이 좀 더 예의 바른 어법을 자연스럽게 배울 수 있을 테니까요. 또한 앞에 everyone을 붙이면 지시 사항이 모든 학생에게 공통적으로 해당되는 것임을 더 확실하게 나타내 줍니다.

Step 1

01 모두 들어보세요. Everyone*, please **listen.**

02 모두 목록을 만드세요. Everyone, please **make a list.**

03 모두 책을 덮으세요. Everyone, please **close your books.**

04 모두 빨간 펜을 사용하세요. Everyone, please **use your red pens.**

05 모두 여기서 기다리세요. Everyone, please **wait right here.**

Step 2

01 모두 책을 덮으세요.

T: It's time for the test.

S: Already?

T: 모두 책을 덮으세요.

S: All right, here we go!

02 모두 여기서 기다리세요.

T: Does everybody have a ticket?

S: Yes, we do!

T: 모두 여기서 기다리세요.

S: All right.

교사: 이제 시험 시간입니다.
학생: 벌써요?
교사: Everyone, please close your books.
학생: 네, 준비됐어요!

교사: 모두들 티켓을 갖고 있나요?
학생: 네, 그럼요!
교사: Everyone, please wait right here.
학생: 네.

Tip!

영어로 말할 때 습관적으로 입에 붙이고 다니면 좋은 패턴이 있습니다. 바로 everyone, everybody와 연결되는 의문문 형태인 Does everyone...? Does everybody...? 패턴이에요. 이 패턴은 그룹의 리더나 선생님이 자신이 맡은 그룹이나 학생들 여러 명에게 동시에 어떤 상황이나 사실을 확인할 때 사용하면 아주 유용하니 기억해 두세요.

Listen up, everyone, ...

다들 ~을 잘 들으세요

'잘 들어!'라고 할 때는 Listen!이라고 해도 되지만 up을 붙여서 Listen up!이라고 말하면 경청의 의미가 가미됩니다. Listen up, everyone 다음에는 「전치사 + 명사구」가 오는데, 이때 전치사는 for나 to가 쓰입니다. 예를 들면, Listen up for the phone.은 '전화가 오는지 잘 들어 봐'라는 뜻이 되는 거죠.

Step 1

01 다들 오늘 발표자의 말을 잘 들으세요. Listen up, everyone, to today's speaker.

02 다들 공지를 잘 들으세요. Listen up, everyone, for announcements.

03 다들 제 보고서를 잘 들으세요. Listen up, everyone, to my report.

04 다들 교장 선생님 말씀을 잘 들어보세요. Listen up, everyone, to the principal.

05 다들 지시 사항을 잘 들으세요. Listen up, everyone, for instructions.

Step 2

01 다들 오늘 발표자의 말씀을 잘 들으세요.

T: 다들 오늘 발표자의 말씀을 잘 들으세요.
S: Who is he?
T: This is Bob Wilson, our head teacher!
S: Cool!

02 다들 교장 선생님 말씀을 잘 들어보도록 해.

S: What's the principal doing here?
T1: He has some bad news.
S: What? What is it?
T2: 다들 교장 선생님 말씀을 잘 들어보도록 해.

교사: Listen up, everyone, to today's speaker.
학생: 누구신데요?
교사: 주임 선생님이신 Bob Wilson 선생님이십니다!
학생: 와!

학생: 교장 선생님이 여기 웬일이시래요?
교사1: 안 좋은 소식이 있으시다는구나.
학생: 네? 그게 뭔데요?
교사2: Listen up, everyone, to the principal.

★ Pattern 021

You will need...

여러분은 ~가 필요할 거예요

need는 굉장히 중요하거나 꼭 필요해서 반드시 해야 하는 일에 사용합니다. 그러니까 need가 들어가면 상황에 따라 약간은 차이가 있겠지만 강제성을 띠는 요구 사항에 쓴다고 보면 됩니다. 수업 시간에 어떤 활동이나 방법에 대해 설명하면서 준비물이나 필요한 것들을 말할 때 사용합니다.

Step 1

01 여러분은 시험 시간이 45분 필요할 거예요. You will need 45 minutes for the test.

02 여러분은 가위가 필요할 거예요. You will need a pair of scissors.

03 여러분은 짝이 필요할 거예요. You will need a partner.

04 여러분은 시간이 좀 더 필요할 거예요. You will need more time.

05 여러분은 필기한 것을 복습해야 할 거예요. You will need to review your notes.

Step 2

01 여러분은 가위가 필요할 거예요.

S: How do we make a paper chain?

T: 여러분은 가위가 필요할 거예요.

S: I've got them right here.

T: Now, go get some colored paper.

02 여러분은 짝이 필요할 거예요.

T: This game requires four hands.

S: Four hands?

T: Yes. 여러분은 짝이 필요할 거예요.

S: Ah, I get it.

학생: 종이 사슬은 어떻게 만드나요?
교사: You will need a pair of scissors.
학생: 여기 있어요.
교사: 그럼, 가서 색종이를 몇 장 가져오세요.

교사: 이 게임은 손이 네 개 있어야 해요.
학생: 네 개의 손이요?
교사: 네. You will need a partner.
학생: 아, 알겠어요.

교실영어핵심패턴233-022.mp3

★ Pattern 022

When in doubt, ...

확실하지 않으면 ~

When과 in doubt 사이에 주어와 동사가 생략된 형태로, When 대신 if를 써서 if in doubt이라고도 표현할 수 있습니다. 여기서 in doubt은 '불확실한, 미심쩍은'이라는 뜻입니다. 대부분의 학생들이 부끄러운 마음에 확실히 이해하지 못한 것을 질문 없이 그냥 지나가는 경우가 많은데, 이럴 때 When in doubt, please feel free to ask.(확실하지 않으면 자유롭게 물어보세요.)라고 말해 보세요. 학생들이 좀 더 편하게 질문할 수 있을 거예요.

Step 1

01 확실하지 않으면 필기한 것을 확인하세요. When in doubt, check your notes.

02 의심스러우면 물어보세요. When in doubt, ask.

03 확실하지 않으면 아주 잘 아는 단어를 사용하세요. When in doubt, use words you know very well.

04 의심스러우면 그 문장의 문법을 생각해 보세요. When in doubt, think about the grammar of the sentence.

05 확실하지 않으면 어제 배운 수업을 기억해 보세요. When in doubt, try to remember yesterday's lesson.

Step 2

01 확실하지 않으면 필기한 것을 확인하도록 해.

T: It's time for your presentation.

S: What if I get lost when I'm speaking?

T: 확실하지 않으면 필기한 것을 확인하도록 해.

S: That's good advice.

02 확실하지 않으면 아주 잘 아는 단어를 사용하도록 해.

T: Are you having any problems?

S: Yes. I'm not sure if I'm saying the sentence clearly.

T: 확실하지 않으면 아주 잘 아는 단어를 사용하도록 해.

S: I'll try.

교사: 네가 발표할 시간이다.
학생: 말하다가 기억이 안 나면 어떡하죠?
교사: When in doubt, check your notes.
학생: 그게 좋겠네요.

교사: 무슨 문제 있니?
학생: 네. 제가 이 문장을 정확하게 말하고 있는지 잘 모르겠어요.
교사: When in doubt, use words you know very well.
학생: 그러겠습니다.

교실영어핵심패턴233-023.mp3

★ Pattern 023

Please avoid...

~하지 않도록 하세요

학교 생활 전반에 대해 수업 규칙을 전달할 때 사용할 수 있는 표현입니다. 또한 특정 학습 내용에 대해서 특별히 중점을 두고 유의해야 할 것이 있는 경우에도 사용할 수 있습니다. 여기서 avoid는 위험하거나 불쾌할 염려가 있는 것을 '의식적으로 멀리하다'는 뜻으로 avoid 다음에는 동명사가 옵니다.

01 실수하지 마세요. — Please avoid making mistakes.

02 사전을 사용하지 마세요. — Please avoid using your dictionary.

03 같은 단어를 반복해서 사용하지 마세요. — Please avoid repeating the same word.

04 영어 이외에 다른 언어로 말하지 마세요. — Please avoid speaking in languages other than English.

05 말하고 싶은 것을 적지 마세요. — Please avoid writing down what you want to say.

01 사전을 사용하지 마세요.

T: 사전을 사용하지 마세요.

S: What should we do if we don't know a word?

T: Use the context to guess the meaning.

S: Okay. I'll try.

02 같은 단어를 반복해서 사용하지 마세요.

T: 같은 단어를 반복해서 사용하지 마세요.

S: How can I do that?

T: Use pronouns or synonyms.

S: Oh, I see!

교사: Please avoid using your dictionary.
학생: 우리가 모르는 단어가 나오면 어떡하죠?
교사: 문맥을 사용해서 의미를 추측해 보세요.
학생: 알겠습니다. 해볼게요.

교사: Please avoid repeating the same word.
학생: 어떻게요?
교사: 대명사나 동의어를 이용하세요.
학생: 아, 알겠습니다!

교실영어핵심패턴233-024.mp3

★ Pattern 024

Try not to...

~하지 않도록 하세요

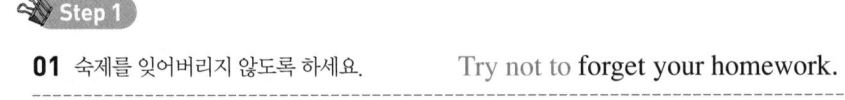

try to는 '~하려고 노력하다'의 뜻으로 You should try to...나 Let's try to... 표현을 사용하면 '~해야지', '~하자'는 뜻으로 권고나 제안의 의미가 됩니다. 반대로, '~하지 않도록 하다'라고 할 때는 to 앞에 not을 붙여서 try not to로 표현합니다. 주의 사항 등을 전달할 때 사용할 수 있는 표현으로 포괄적인 의미에서 Stop..., Don't...처럼 부정 명령의 의미를 지니지만 훨씬 부드러운 표현이에요.

Step 1

01 숙제를 잊어버리지 않도록 하세요. Try not to **forget your homework.**

02 사전을 사용하지 않도록 하세요. Try not to **use your dictionary.**

03 지각하지 않도록 하세요. Try not to **be late.**

04 필기한 것에 의존하지 않도록 하세요. Try not to **rely on your notes.**

05 이 두 단어들을 헷갈리지 않도록 하세요. Try not to **confuse these two words.**

Step 2

01 필기한 것에 의존하지 않도록 하세요.

T: Now it's time to give a presentation.
S: I think I'm ready.
T: 필기한 것에 의존하지 않도록 하세요.
S: I hope I can remember everything.

02 이 두 단어들을 헷갈리지 않도록 하세요.

T: 이 두 단어들을 헷갈리지 않도록 하세요.
S: Which ones?
T: "Quite" and "Quiet."
S: Oh, these are very similar.

교사: 이제 발표할 시간이에요.
학생: 저는 준비됐습니다.
교사: Try not to rely on your notes.
학생: 제가 다 기억할 수 있으면 좋겠어요.

교사: Try not to confuse these two words.
학생: 어떤 거요?
교사: Quite와 Quiet.
학생: 아, 이 단어들은 정말 비슷해요.

★ Pattern 025

Everyone, calm down...

다들 진정하고 ~

교사가 소란한 학생들을 통솔하려면 반드시 필요한 패턴이죠. Calm down은 긴장 상태나 흥분 상태를 '진정시키다, 가라앉히다'라는 의미가 있잖아요. 따라서 Everyone, calm down... 하면 '다들 진정하세요'라는 의미가 됩니다. 특히, calm down 다음에 and를 연결해서 calm down and focus, 또는 calm down and continue working 등과 같이 쓸 수 있습니다.

Step 1

01	이제 다들 진정하세요.	Everyone, calm down now.
02	다들 진정하고 흥분을 가라앉히세요.	Everyone, calm down. The excitement is over.
03	다들 진정하고 하던 걸 계속하세요.	Everyone, calm down and continue working.
04	다들 진정해야지 시작할 수 있습니다.	Everyone, calm down, so we can start.
05	다들 진정하고 집중하세요.	Everyone, calm down and focus.

Step 2

01 다들 진정하고 흥분을 가라앉히세요.

T: 다들 진정하고 흥분을 가라앉히세요.
S: Was there really a fire in the building?
T: No, it was a false alarm.
S: Good.

02 다들 진정하고 집중하세요.

S: This museum is fantastic!
T: All right, 다들 진정하고 집중하세요.
S: There's so much to see here.
T: Yes, but we're here specifically for the Egyptian exhibit.

교사: Everyone, calm down. The excitement is over.
학생: 건물에 정말로 불이 났었나요?
교사: 아니에요. 경보가 잘못 울렸어요.
학생: 다행이네요.

학생: 이 박물관 굉장한데요!
교사: 좋아요, everyone, calm down and focus.
학생: 봐야 할 게 너무나 많네요.
교사: 맞아요. 하지만 우리는 여기에 이집트 전시회를 보러 온 거예요.

교실영어핵심패턴233-026.mp3

★ Pattern 026

Please quiet down...

조용히 하고 ~

quiet down은 '소리 낮춰'라는 뜻으로 주변을 진정시킬 때 사용하는 표현입니다. 교실에서 떠드는 아이들을 조용히 시키거나, 조용히 무언가를 보거나 공부해야 할 상황일 때 쓰면 좋습니다. 유사한 표현에는 Let me have your attention, please.와 Keep silent, please. 등이 있습니다.

Step 1

01 시험 볼 시간이니 다들 조용히 하세요. — Please quiet down because it's time to take the test.

02 조용히 하지 않으면 정답을 들을 수가 없어요. — Please quiet down or you won't hear the correct answer.

03 너무 시끄러워지네, 좀 조용히 하세요. — It's getting too loud in here, so please quiet down.

04 쉬는 시간이 끝났으니 조용히 하세요. — Break time is over, so please quiet down.

05 다들 좀 조용히 하세요. — Please quiet down, everyone.

Step 2

01 시험 볼 시간이니 다들 조용히 하세요.

S1: Did you study last night?
S2: No, I watched TV. Why?
S1: You forgot something important!
T: 시험 볼 시간이니 다들 조용히 하세요.

02 조용히 하지 않으면 정답을 들을 수가 없어요.

S1: Do you want to play football after school?
S2: Sure, that sounds great.
S1: Should we ask Billy, too?
T: Brandon, Luke! 조용히 하지 않으면 정답을 들을 수가 없어요.

학생1: 너 어젯밤에 공부했어?
학생2: 아니, TV 봤어. 왜?
학생1: 너 중요한 걸 잊어버렸구나!
교사: Please quiet down because it's time to take the test.

학생1: 수업 끝나고 축구 할래?
학생2: 좋아, 재밌겠는데.
학생1: Billy에게도 물어볼까?
교사: Brandon, Luke! Please quiet down or you won't hear the correct answer.

교실영어핵심패턴233-027.mp3

★ Pattern 027

Everyone, take a...

모두들, ~을 받으세요

학생들에게 유인물이나 시험지 같은 것을 나눠 줄 때 쓸 수 있는 패턴입니다. Everyone을 여기서는 '모두들'이라고 해석했지만 '얘들아'라고 부를 때 사용할 수도 있다는 것을 알아 두세요. 수업 시간에 나눠 주는 '유인물, 프린트'는 명사로 handout이라고 합니다. 동사로는 hand out인데 '나눠 주다, 배부하다'라는 뜻이 되죠. 반대로, '받다'라고 할 때는 take, get, receive 등을 씁니다.

Step 1

01 모두들, 번호표를 받으세요. Everyone, take a **number.**

02 모두들, 유인물을 받으세요. Everyone, take a **handout.**

03 모두들, 시험지를 받아서 뒤로 넘기세요. Everyone, take a **test and pass them back.**

04 모두들, 설문지를 받으세요. Everyone, take a **questionnaire.**

05 모두들, 이름표를 받으세요. Everyone, take a **name tag.**

Step 2

01 모두들, 번호표를 받으세요.

T: 모두들, 번호표를 받으세요.
S: What's this for?
T: To determine the order of your speech.
S: I hope I get a high number!

02 모두들, 유인물을 받으세요.

T: 모두들, 유인물을 받으세요.
S: I love crossword puzzles!
T: This one features all biology terms.
S: It sounds difficult.

교사: Everyone, take a number.
학생: 어디에 쓰는 거예요?
교사: 발표 순서를 정하는 거예요.
학생: 난 뒷번호 받았으면 좋겠다!

교사: Everyone, take a handout.
학생: 전 십자 낱말 맞추기 퍼즐이 정말 좋아요!
교사: 이번에는 생물 용어로 채우는 거예요.
학생: 어려울 것 같은데요.

★ Pattern 028

Pass forward your...

~을 앞으로 넘기세요

시험지나 과제물, 부모님 동의서, activity에 사용했던 비품을 앞으로 넘기라고 할 때 쓸 수 있는 패턴입니다. 보통 시험 때 종이 울리면 선생님이 "자, 연필 내려놓고, 시험지를 앞으로 넘기세요."라고 하는데, 영어로는 Put your pencils down and pass forward your test papers.라고 합니다. 반대로, pass down은 자료 등을 한 부씩만 갖고 뒷사람에게 넘기는 것을 말해요.

Step 1

01 시험지를 앞으로 넘기세요. Pass forward your exams.

02 과제물을 앞으로 넘기세요. Pass forward your assignments.

03 부모님 동의서를 앞으로 넘기세요. Pass forward your permission slips.

04 보고서를 앞으로 넘기세요. Pass forward your papers.

05 리스트를 앞으로 넘기세요. Pass forward your lists.

Step 2

01 시험지를 앞으로 넘기도록 해.

T: Time's up.*

S: But I haven't finished.

T: Too bad. 시험지를 앞으로 넘기도록 해.

S: Well, I probably flunked that test.

02 리스트를 앞으로 넘기세요.

T: Have you all made a list in English of vegetables?

S: Yes.

T: Then 리스트를 앞으로 넘기세요.

S: Wait! Is a tomato a vegetable?

교사: 시간 다 됐다.
학생: 저 아직 덜 끝났는데요.
교사: 유감이구나. Pass forward your exams.
학생: 음, 전 아마 그 시험에 낙제했을 거예요.

교사: 다들 채소에 관련된 영어 리스트 끝냈나요?
학생: 네.
교사: 그럼 please pass forward your lists.
학생: 잠깐만요! 토마토가 야채인가요?

Tip!

Time's up.에서 up은 '끝난', '종료된'이라는 뜻으로, 흔히 전치사나 부사라고 생각하기 쉬운데, 연결 동사인 be동사의 보어 역할을 하는 형용사라는 점에 유의하세요.

★ Pattern 029

I'm handing out...

~을 나눠 줄게요

앞에서 hand out 설명한 거 기억나시죠? 한 사람이 여러 사람에게 뭔가를 나눠 주는 상황에서 쓸 수 있는 표현으로 give out과 바꿔 쓸 수도 있습니다. 반대로, 학생이 선생님에게 과제물 등을 '제출하다'라고 할 때는 hand in으로 표현해요.

01 여러분에게 과제물을 나눠 주겠습니다. I'm handing out your assignments.

02 성적표는 수업 끝날 때 나눠 줄게요. I'm handing out the report cards at the end of class.

03 기말 과제를 나눠 줄게요. I'm handing out the final projects.

04 부모님 동의서를 나눠 줄게요. I'm handing out permission slips*.

05 새 교과서들을 나눠 주겠어요. I'm handing out the new textbooks.

01 여러분에게 과제물을 나눠 주겠습니다.

S: What are those folders you're holding, Ms. Park?

T: 여러분에게 과제물을 나눠 주겠습니다.

S: What is it?

T: You will be practicing sentences in the past tense.

02 부모님 동의서를 나눠 줄게요.

T: You'll need your parent's permission to participate.

S: Should we have them call the school?

T: No, 부모님 동의서를 나눠 줄게요.

S: Oh, okay.

학생: 박 선생님, 들고 계신 폴더는 뭐예요?
교사: I'm handing out your assignments.
학생: 과제물이 뭔데요?
교사: 과거시제를 이용한 문장들을 연습하는 거예요.

교사: 참여하려면 부모님 동의서가 필요해요.
학생: 부모님을 학교로 모셔 와야 하나요?
교사: 아니, I'm handing out permission slips.
학생: 아, 알겠습니다.

Tip!

permission slip이란 학교에서 주도하는 현장 학습 등에 학생의 참석을 동의한다는 부모나 보호자의 '허가서'를 뜻합니다.

교실영어핵심패턴233-030.mp3

★ Pattern 030

Take one and...

하나씩 받고 ~

유인물(handout)을 나눠 줄 때 Everyone!으로 주의를 집중시킨 다음, Take one and...라고 말할 수 있습니다. 혼자 다 갖지 말고 1인당 하나씩 가지라는 말이죠. 주로 유인물을 나눠 주면서 "한 부씩 가지고 나머지는 뒤로 넘기세요."라고 하는데, Take one and pass the rest back/backwards.라고 하면 됩니다. '유인물 1부'는 one copy, 또는 a copy로 표현합니다.

Step 1

01 하나씩 받아서 작성하도록 하세요. Take one and **fill it out.**

02 하나씩 받고 나머지는 뒤로 넘기세요. Take one and **pass the rest back.**

03 하나씩 받아서 이름을 적어 두세요. Take one and **write your name on it.**

04 하나씩 받아서 폴더에 넣어 두세요. Take one and **put it in your folder.**

05 하나씩 받아서 부모님 서명을 받아 오세요. Take one and **have your parents sign it.**

Step 2

01 하나씩 받아서 작성하도록 해.

S: What are these cards?

T: They're for recording your medical information.

S: Do we all need to take one?

T: Yes. 하나씩 받아서 작성하도록 해.

02 하나씩 받고 나머지는 뒤로 넘기도록 해.

T: I have the semester schedule for you.

S: Are there copies for everyone?

T: Yes. 하나씩 받고 나머지는 뒤로 넘기도록 해.

S: Wow, it looks like we're going to be busy.

학생: 이 카드들은 뭐예요?
교사: 너희들 건강 정보를 기록하기 위한 거야.
학생: 하나씩 다 받아야 해요?
교사: 그래. Take one and fill it out.

교사: 너희들 학기 일정표다.
학생: 저희 모두 받는 건가요?
교사: 그래. Take one and pass the rest back.
학생: 와, 바빠지겠는데요.

교실영어핵심패턴233-031.mp3

★ Pattern 031

Who has an extra...?

여분의 ~이 있는 사람?

수업을 진행하다 보면 학생들의 준비물을 점검할 필요가 있죠. 준비물을 갖추지 못한 학생이 있을 때 예를 들면, '펜 하나 여분으로 더 있는 사람?'이라고 물어볼 수 있는데, 영어로는 Who has an extra pen?이라고 해요. 목적어 자리에 an extra를 붙이기만 하면 됩니다.

Step 1

01 여분의 펜이 있는 사람? Who has an extra **pen?**

02 여분의 종이가 있는 사람? Who has an extra **piece of paper?**

03 여분의 노트가 있는 사람? Who has an extra **notebook?**

04 여분의 시험지가 있는 사람? Who has an extra **test paper?**

05 여분의 페이퍼 클립이 있는 사람? Who has an extra **paper clip?**

Step 2

01 여분의 펜이 있는 사람?

S: Ms. Wilson, I can't take the quiz.
T: Why not?
S: I forgot my pen.
T: 여분의 펜이 있는 사람?

02 여분의 노트가 있는 사람?

T: Open your notebook and write down these words.
S: I haven't got a notebook yet.
T: You should ask to borrow* one.
S: 여분의 노트가 있는 사람?

학생: Wilson 선생님, 전 쪽지시험을 볼 수가 없습니다.
교사: 왜지?
학생: 펜을 깜빡하고 안 가져왔어요.
교사: Who has an extra pen?

교사: 노트를 펴서 이 단어들을 받아 적으세요.
학생: 저는 노트가 없는데요.
교사: 빌려 달라고 해봐요.
학생: Who has an extra notebook?

Tip!
borrow는 다른 사람으로부터 무언가를 '빌리다'라는 뜻이고, lend는 누군가에게 무엇을 '빌려주다'라는 뜻입니다. 따라서 borrow 다음에는 직접목적어 1개만 오지만, lend 다음에는 간접목적어와 직접목적어 2개가 모두 온다는 사실, 잊지 마세요.

교실영어핵심패턴233-032.mp3

★ Pattern 032

Does anyone need...?

~이 필요한 사람?

수업 시간에 교과활동을 하면서 학생들에게 필요한 건 없는지 체크할 때 쓸 수 있는 패턴입니다. 타동사 need 다음에는 필요한 것을 명사나 to부정사의 형태로 넣을 수 있습니다. 만약 필요한 것이 있는 학생은 '여기요!'에 해당하는 Here!라고 하게 되겠죠?

Step 1

01 시간이 더 필요한 사람? Does anyone need **more time?**

02 테이프가 더 필요한 사람? Does anyone need **more tape?**

03 설명이 좀 더 필요한 사람? Does anyone need **further explanation?**

04 도움이 필요한 사람? Does anyone need **a hand?**

05 화장실에 갔다 와야 되는 사람? Does anyone need **to use the bathroom?**

Step 2

01 시간이 더 필요한 사람?

S: How much time do we have left to finish the test?

T: You have 15 minutes.

S: I don't think I can finish in 15 minutes.

T: 시간이 더 필요한 사람?

02 도움이 필요한 사람?

T: As I told you, this assignment will be difficult.

S: I'll say it is. We are all struggling with it.

T: 도움이 필요한 사람?

S: I think we could all use your help.

학생: 시험이 끝나려면 시간이 얼마나 남았어요?
교사: 15분 남았습니다.
학생: 전 15분 만에 끝내지 못할 것 같은데요.
교사: Does anyone need more time?

교사: 말했듯이, 이 과제물은 어렵습니다.
학생: 그렇긴 하네요. 우리 모두 죽겠다니까요.
교사: Does anyone need a hand?
학생: 우리 모두 도움이 필요한 것 같은데요.

교실영어핵심패턴233-033.mp3

★ Pattern 033

Are you done with...?

~ 다 했니?

done은 '마친, 끝낸'의 뜻으로 finished를 의미합니다. 따라서 Are you done with...?라는 표현은 with 뒤에 오는 것이 무엇이냐에 따라 '끝났니?', '다 했니?', '다 썼니?' 등으로 다양하게 해석될 수 있습니다. Are you done with 다음에 물건이 오면 그 물건의 사용이 끝났는지를 물을 수 있고, 시험이나 과제, 필기, 책 등이 오면 그런 명사가 내포하고 있는 행위를 끝냈는지 물어보는 것입니다.

01	그 연필 다 썼어?	Are you done with **that pencil?**
02	에세이 다 썼어?	Are you done with **your essay?**
03	숙제 다 했니?	Are you done with **your homework?**
04	프로젝트 다 끝냈어?	Are you done with **your project?**
05	그 책 다 읽었니?	Are you done with **that book?**

01 에세이 다 썼어?

T: 에세이 다 썼어?

S: Almost.

T: You'd better hurry. You only have 5 more minutes.

S: I will.

02 숙제 다 했니?

T: 숙제 다 했니?

S: Yes, sir.

T: All right. Please submit it.

S: Here you are.

교사: Are you done with your essay?
학생: 거의 다요.
교사: 서두르는 게 좋겠다. 5분밖에 안 남았어.
학생: 그럴게요.

교사: Are you done with your homework?
학생: 네, 선생님.
교사: 좋아. 제출하도록 해.
학생: 여기 있습니다.

You have ~ minutes ...

…할 시간이 ~분 남았습니다

학교 생활은 수업 시간 얼마, 쉬는 시간 얼마, 시험 시간 얼마 등 시간표대로 움직여야 하므로 학생들에게 남아 있는 시간을 미리 말해 주어야 할 때가 많죠. 특히, 시험 종료 전에 '10분 남았어요'와 같은 말을 종종 듣게 되는데, 이럴 때 요긴하게 쓸 수 있는 패턴입니다. 직역하면 '너희는 ~의 분(시간)을 가지고 있다'는 뜻이죠.

Step 1

01 시험 시간이 5분 남았습니다. — You have **5** minutes* **to finish your quiz.**

02 에세이 끝마칠 시간이 몇 분 안 남았습니다. — You have **several** minutes **to complete the essay.**

03 휴식 시간까지 몇 분 안 남았습니다. — You have **a few** minutes **until recess.**

04 질문 시간이 10분 주어질 거예요. — You have **10** minutes **to take questions.**

05 이 단락 외울 시간을 5분 줄게요. — You have **5** minutes **to memorize this paragraph.**

Step 2

01 시험 시간이 5분 남았습니다.

T: Class, 시험 시간이 5분 남았습니다.

S: But I'm only halfway through!

T: Then you will need to work fast.

S: I'll never finish.

02 질문 시간이 10분 주어질 거예요.

T: Each student will give a brief presentation.

S: Will there be time afterwards for questions?

T: 질문 시간이 10분 주어질 거예요.

S: That sounds good.

교사: 여러분, you have 5 minutes to finish your quiz.
학생: 하지만 전 아직 반밖에 못했는데요!
교사: 그렇다면 빨리 해야겠네요.
학생: 절대 못 끝낼 것 같아요.

교사: 각자 한 명씩 간단한 발표를 할 겁니다.
학생: 나중에 질문 시간이 있나요?
교사: You have 10 minutes to take questions.
학생: 다행이네요.

Tip!

You have ~ minutes ... 패턴에서 시간 단위가 좀 길 때는 minutes 대신 hours, days, months, years 등을 사용할 수 있습니다. 또 구체적으로 무엇을 하기 위해 남은 시간인지 표현할 때는 to부정사를 활용한다는 것도 함께 알아 두세요.

★ Pattern 035

Could you all please...?

모두 ~하세요

'조용히 해!'보다는 '조용히 해줄래?'가 듣기에 좋은 법이죠. Could you all please...?는 선생님이 학생에게 다정하게 지시, 혹은 부탁을 할 때 쓰는 패턴입니다. 문형은 복잡하지만 의미상으로는 Please와 같습니다. you all에서 all과 you는 동격이에요.

01 모두 책을 꺼내세요. Could you all please **take out your books?**

02 모두 앉으세요. Could you all please **sit down?**

03 모두 시험 볼 준비를 하세요. Could you all please **get ready to take the test?**

04 모두 5쪽을 펴세요. Could you all please **turn to page 5?**

05 모두 숙제를 제출하세요. Could you all please **turn in your homework?**

01 모두 책을 꺼내세요.

T: 모두 책을 꺼내세요.
S: Oh, no! I forgot mine.
T: You can share with Johnny.
S: Yes, ma'am.

02 모두 시험 볼 준비를 하세요.

T: 모두 시험 볼 준비를 하세요.
S1: Test? What test?
S2: Did you forget?
S1: I guess I did!

교사: Could you all please take out your books?
학생: 이런! 책 가져오는 걸 깜빡했어요.
교사: 그럼 Johnny 것을 같이 보도록 해요.
학생: 네, 선생님.

교사: Could you all please get ready to take the test?
학생1: 시험이요? 어떤 시험이요?
학생2: 너 잊어버렸어?
학생1: 그랬나 봐!

교실영어핵심패턴233-036.mp3

Everyone needs to...

모두 ~하도록 해요

선생님이 학생 전체에게 지시 사항을 전달할 때 Everyone needs to...라는 패턴을 씁니다. 과제를 내면서 이 패턴을 쓴다면 '예외 없이 모두 해야 해'라는 의미가 추가적으로 들어간다고 보면 됩니다.

Step 1

01 모두 종이를 한 장씩 꺼내도록 하세요. Everyone needs to **take out a piece of paper.**

02 모두 이 문장을 외우도록 해요. Everyone needs to **memorize this sentence.**

03 모두 연필 한 자루씩 가져오도록 해요. Everyone needs to **bring a pencil.**

04 모두 숙제를 제출하도록 해요. Everyone needs to **turn in the homework.**

05 모두 내일 쪽지시험을 준비하도록 하세요. Everyone needs to **be prepared for a quiz tomorrow.**

Step 2

01 모두 종이를 한 장씩 꺼내도록.

T: 모두 종이를 한 장씩 꺼내도록.
S: I don't have one. I forgot my notebook.
T: Ask your friend if you can borrow one.
S: Yes, ma'am.

02 모두 숙제를 제출하도록 해요.

T: 모두 숙제를 제출하도록 해요.
S1: Oh no! I left mine at home!
S2: Maybe Mr. Smith will let you turn it in tomorrow.
S1: I hope so.

교사: Everyone needs to take out a piece of paper.
학생: 저는 없는데요. 노트를 깜빡하고 안 가져왔어요.
교사: 친구한테 빌릴 수 있는지 물어봐.
학생: 네, 선생님.

교사: Everyone needs to turn in the homework.
학생1: 이런! 집에 두고 왔다!
학생2: Smith 선생님이 내일 제출해도 된다고 하실지도 몰라.
학생1: 제발 그래야 할 텐데.

교실영어핵심패턴233-037.mp3

Let me tell you about...

~에 대해 말해 줄게요

학기 초에 학생들에게 자신을 소개할 때나 수업 시간 중 학생들에게 수업 내용을 설명할 때 사용할 수 있습니다. 상대방에게 이야기를 해주려고 할 때, 혹시 들었던 내용이거나 듣기 싫은 내용일지도 모르니 Let me tell you about... 이라고 이야기 주제를 미리 말해 주는 에티켓이 필요하겠죠.

01 미국의 역사에 대해 말할게요. — Let me tell you about **the history of the United States.**

02 여러분의 과제에 대해 말할게요. — Let me tell you about **your homework.**

03 영어에서 동사가 어떤 역할을 하는지에 대해 말할게요. — Let me tell you about **how English verbs work.**

04 다음주에 있을 시험에 대해서 설명해 줄게요. — Let me tell you about **next week's test.**

05 프로젝트에 대해서 설명해 줄게요. — Let me tell you about **the project.**

01 다음주에 있을 시험에 대해서 설명해 줄게요.

T: 다음주에 있을 시험에 대해서 설명해 줄게요.

S: What's going to be on it?

T: Chapters 1 to 15.

S: Wow! That's a lot!

02 프로젝트에 대해서 설명해 줄게.

T: 프로젝트에 대해서 설명해 줄게.

S: What are we going to do?

T: We're going to write and perform a play.

S: That sounds like fun!

교사: Let me tell you about next week's test.
학생: 시험 범위가 어딘데요?
교사: 1과부터 15과까지.
학생: 와! 너무 많아요!

교사: Let me tell you about the project.
학생: 저희가 뭘 해야 하나요?
교사: 우리가 연극 대본을 쓰고 공연을 할 거야.
학생: 재밌겠는데요!

교실영어핵심패턴233-038.mp3

★ Pattern 038

Could we go back to...?

~로 돌아가 볼까요?

go back은 '돌아가다'라는 의미잖아요. 따라서 수업 도중 대화가 잠시 다른 길로 빠졌을 때 '우리 수업 내용으로 다시 돌아가 볼까?'라고 말할 때나 페이지를 찾을 때 이 표현을 쓰면 됩니다. 참고로, go over는 '살펴보다'라는 뜻이어서 Could we go over the characters?라고 하면 '등장 인물들을 살펴볼까요?'라는 말이 됩니다.

Step 1

01 5번 질문으로 돌아가 볼까? Could we go back to **question number 5?**

02 17과로 돌아가 볼까? Could we go back to **chapter 17?**

03 마지막 연습문제로 돌아가 볼까? Could we go back to **the last exercise?**

04 우리 어제 공부했던 것으로 돌아가 볼까? Could we go back to **what we studied yesterday?**

05 7번으로 돌아가 볼까? Could we go back to **number 7?**

Step 2

01 5번 질문으로 돌아가 볼까?

T: 5번 질문으로 돌아가 볼까?
S: Why?
T: I don't think you guys understand it.
S: Actually, that's true.

02 마지막 연습문제로 돌아가도 될까요?

T: Our next exercise is on page 103.
S: 마지막 연습문제로 돌아가도 될까요?
T: Okay. What's your question?
S: I don't understand number 13.

교사: Could we go back to question number 5?
학생: 왜요?
교사: 너희들이 아직 이 문제를 이해하지 못한 것 같은데.
학생: 사실, 그 말씀이 맞아요.

교사: 다음 연습문제는 103쪽에 있어.
학생: Could we go back to the last exercise?
교사: 좋아. 질문이 뭐지?
학생: 13번 문제가 이해가 안 돼요.

교실영어핵심패턴233-039.mp3

★ Pattern 039

Come up to the front and...

앞에 나와서 ~하세요

발표나 문제풀이를 위해 학생을 교실 앞으로 나오라고 할 때 이 표현을 사용합니다. 강조의 뜻으로 쓰인 up을 생략하고 Come to the front.라고 하기도 해요. to the front 대신 out을 사용해서 Please come out and...라고 표현할 수도 있습니다. 반면, 학생들에게 벌을 줄 때 교실 뒤쪽으로 나가라는 말을 많이 쓰게 되는데, 이때는 Go to the back of the classroom.이라고 표현합니다.

01 앞으로 나와서 방금 쓴 것을 읽어 보세요. — Come up to the front and **read what you have just written.**

02 앞으로 나와서 발표를 하세요. — Come up to the front and **give your presentation.**

03 앞에 나와서 칠판에 답을 써 보세요. — Come up to the front and **write your answer on the board.**

04 앞에 나와서 이 대화문을 읽어 보세요. — Come up to the front and **perform this dialogue.**

05 앞에 나와서 연설해 주세요. — Come up to the front and **give your speech.**

01 앞으로 나와서 방금 쓴 것을 읽어 보도록 해.

T: 앞으로 나와서 방금 쓴 것을 읽어 보도록 해.

S: But I'm too nervous.

T: Don't be nervous. Everybody is going to do it.

S: In that case, I'm not so worried.

02 앞으로 나와서 발표를 하도록 해.

T: 앞으로 나와서 발표를 하도록 해.

S: What presentation*?

T: The one I assigned you yesterday.

S: Oh no! I forgot!

교사: Come up to the front and read what you have just written.
학생: 근데 제가 너무 떨려서요.
교사: 떨 거 없어. 다들 할 건데 뭐.
학생: 그렇다면 마음이 좀 놓이네요.

교사: Come up to the front and give your presentation.
학생: 무슨 발표요?
교사: 어제 내준 숙제 말이야.
학생: 아! 깜빡 잊었어요!

Tip!

presentation은 '발표'나 '설명'을 뜻하고, speech는 청중을 상대로 행하는 '이야기'나 '연설', address는 중요한 문제에 대해 충분히 준비하여 행하는 공식적인 '연설'을 말합니다.

교실영어핵심패턴233-040.mp3

★ Pattern 040

Turn in your...

~을 제출하세요

turn in은 '제출하다'라는 뜻으로, 다시 돌려받아야 할 것들을 달라고 하거나 과제 등을 제출하라는 의미입니다. 숙제를 제출하라고 할 때, 시험 본 후 시험지를 제출하라고 할 때 사용할 수 있는 표현입니다. turn in 대신 submit이나 hand in 등을 사용할 수 있습니다.

01 나가기 전에 과제를 제출하세요. Turn in your **assignment before you leave.**

02 시험지를 제출하세요. Turn in your **test.**

03 에세이를 제출하세요. Turn in your **essay.**

04 숙제를 제출하세요. Turn in your **homework.**

05 연습문제를 제출하면 내가 고쳐 줄게. Turn in your **exercises and I'll correct them.**

01 시험지를 제출하도록 해.

T: Okay. Time is up. 시험지를 제출하도록 해.

S1: How do you think you did?

S2: I'm not sure. What about you?

S1: I didn't finish!

02 숙제를 제출하도록 해.

T: 숙제를 제출하도록 해.

S: I don't have mine.

T: Why not?

S: I left it on the bus.

교사: 자, 시간 다 됐다. Turn in your test.
학생1: 시험 잘 본 것 같아?
학생2: 잘 모르겠어. 넌?
학생1: 다 풀지도 못했어!

교사: Turn in your homework.
학생: 숙제를 안 가져왔어요.
교사: 왜지?
학생: 버스에 두고 내렸어요.

교실영어핵심패턴233-041.mp3

★ Pattern 041

Please put your name... ~에 이름을 적으세요

put은 '~을 적어 넣다, 기입하다'라는 뜻으로, put 다음에는 목적어가 오고 위치를 나타내는 전치사와 명사가 따라 나옵니다. 예를 들면, '이 종이에 이름을 써 주세요'라는 말은 Please put your name on this piece of paper.가 됩니다. 깜빡하고 이름 쓰는 것을 잘 잊어버리곤 하는 아이들에게 다시 한 번 상기시켜 줄 때 사용하면 좋은 표현이죠. 이 패턴에서는 put 대신 write을 사용해도 됩니다.

Step 1

01 보고서에 이름을 적으세요. Please put your name **on your paper.**

02 시험지에 이름을 적으세요. Please put your name **on your test.**

03 에세이에 이름을 적으세요. Please put your name **on your essay.**

04 보고서 윗부분에 이름을 적도록 하세요. Please put your name **at the top of the paper.**

05 명단에 이름을 적도록 하세요. Please put your name **on the list*.**

Step 2

01 시험지에 이름을 적도록 해.

T: Okay. Time's up.

S: I just finished.

T: 시험지에 이름을 적도록 해.

S: Oh yeah! I almost forgot.

02 명단에 이름을 적도록 해.

T: This weekend we will have a special class trip.

S: What should we do if we want to go?

T: 명단에 이름을 적도록 해.

S: I'm definitely going to sign up!

교사: 자, 시간 다 됐다.
학생: 방금 끝냈어요.
교사: Please put your name on your test.
학생: 맞다! 잊을 뻔했어요.

교사: 이번 주말에 우리 반에서 특별 여행을 간다.
학생: 가고 싶으면 어떻게 해야 하나요?
교사: Please put your name on the list.
학생: 당연히 적어야죠!

Tip!
Please put your name on the list.에서 put 대신 sign up이나 write, add 등의 단어를 이용해서 표현할 수도 있습니다.

Let me explain...

~을 설명해 줄게요

게임 규칙을 포함해 수업 시간에 이루어지는 모든 설명 앞에 자주 등장하는 중요한 표현입니다. '설명해 줄 테니 잘 들어'의 뜻이 담겨 있어서 중요한 설명에 앞서 아이들의 주의를 끌기에 좋죠. **Let me tell you.**도 이와 비슷한 표현입니다.

01 숙제를 설명해 줄게. Let me explain **the homework.**

02 이 연습문제를 어떻게 푸는지 설명해 줄게. Let me explain **how to do this exercise.**

03 네가 뭘 하면 좋은지 설명할게. Let me explain **what I want you to do.**

04 오늘 수업에 대해서 설명할게. Let me explain **today's lesson.**

05 이 숙제를 어떻게 해야 하는지 설명해 줄게. Let me explain **how this assignment should be done.**

01 이 연습문제를 어떻게 푸는지 설명해 줄게.

T: 이 연습문제를 어떻게 푸는지 설명해 줄게.
S: It looks difficult.
T: Don't worry. It's easy.
S: Okay. What should we do?

02 이 숙제를 어떻게 해야 하는지 설명해 줄게.

S: The homework looks difficult.
T: 이 숙제를 어떻게 해야 하는지 설명해 줄게.
S: What do we do first?
T: Find the words in your dictionary.

교사: Let me explain how to do this exercise.
학생: 어려워 보이는데요.
교사: 걱정 마. 쉬우니까.
학생: 좋아요. 우리가 어떻게 하면 되죠?

학생: 숙제가 어려워 보여요.
교사: Let me explain how this assignment should be done.
학생: 먼저 우리가 뭘 해야죠?
교사: 사전에서 단어들을 찾아.

What I'm trying to say is that... 내 말은 ~라는 거야

직역하면 '내가 말하려고 하는 것은 ~다'로, 상대방이 자신의 말을 알아듣지 못해서 재차 설명해야 할 때, 또는 자신이 했던 말을 부연 설명하면서 강조하고자 할 때 쓰는 표현입니다. 또는, 앞에서 길게 설명하고 난 후 결론을 말하기에 앞서 '그러니까 내 말은' 하고 듣는 사람의 주의를 상기시킬 때도 사용할 수 있어요.

01 내 말은 네가 좀 더 열심히 공부해야 한다는 거야.	What I'm trying to say is that you need to study harder.
02 내 말은 네 지난 시험 성적이 좀 낮았다는 거야.	What I'm trying to say is that your last test score was a little low.
03 내 말은 이게 시험에 나올 거라는 거야.	What I'm trying to say is that this is going to be on the test.
04 내 말은 절대로 지각하지 말라는 거야.	What I'm trying to say is that you have to be in class on time.

01 내 말은 네가 좀 더 열심히 공부해야 한다는 거야.

T: Maybe you should study a little more in the future.

S: What do you mean?

T: 내 말은 네가 좀 더 열심히 공부해야 한다는 거야.

S: I understand. I'll try to work harder.

02 내 말은 이게 시험에 나올 거라는 거예요.

T: I hope you are all paying more attention to this exercise.

S: What?

T: 내 말은 이게 시험에 나올 거라는 거예요.

S: Oh, I see! We'd better take notes!

교사: 앞으로는 공부를 좀 더 많이 해야 할 것 같구나.
학생: 그게 무슨 말씀이세요?
교사: What I'm trying to say is that you need to study harder.
학생: 무슨 말씀인지 알겠습니다. 좀 더 노력할게요.

교사: 난 여러분 모두가 이 연습문제에 좀 더 집중했으면 좋겠어요.
학생: 네?
교사: What I'm trying to say is that this is going to be on the test.
학생: 아, 알겠습니다. 적어 둬야겠네요.

Everyone should know...

모두들 ~는 알고 있어야 해요

수업 중에 가르치는 내용이나 어떤 정보가 반 전체가 알고 있어야 할 만큼 매우 중요하니까 잘 알아 두어야 한다고 조언할 때 사용할 수 있는 패턴입니다. 특히, 학생들에게 '이거 시험에 꼭 나오니까 다들 알아둬'라고 말하고 싶을 때 쓰면 좋겠죠. 동사 know가 타동사이므로 목적어가 될 명사(구)나 절이 나와야 합니다.

01 모두들 지금쯤은 제 이름을 알고 있어야죠.	Everyone should know my name by now.
02 모두들 제 연락처는 알고 있어야 해요.	Everyone should know how to reach me.
03 모두들 지금쯤은 이것을 어떻게 하는지 알고 있어야죠.	Everyone should know how to do this by now.
04 모두들 숙제가 뭔지 알고 있어야죠.	Everyone should know what the homework is.
05 모두들 이 동사들의 과거형을 알고 있어야죠.	Everyone should know the past tense of these verbs.

01 모두들 지금쯤은 제 이름을 알고 있어야죠.

T: Everyone, please write your name and mine at the top of the page.

S: How do we spell "Ms. McGillicuddy?"

T: 모두들 지금쯤은 제 이름을 알고 있어야죠.

S: Could you just spell it for us one more time?

02 모두들 지금쯤은 이것을 어떻게 하는지 알고 있어야죠.

S: I don't understand this exercise.

T: 모두들 지금쯤은 이것을 어떻게 하는지 알고 있어야죠.

S: I know. I guess I'm a little slow.

T: That's okay. I'll help you.

교사: 모두 페이지 위쪽에 여러분 이름과 제 이름을 쓰세요.
학생: Ms. McGillicuddy 철자가 어떻게 되죠?
교사: Everyone should know my name by now.
학생: 한 번만 더 철자를 불러 주시겠습니까?

학생: 전 이 연습문제가 이해가 안 됩니다.
교사: Everyone should know how to do this by now.
학생: 그러게요. 제가 좀 느린가 봐요.
교사: 괜찮아요. 내가 도와줄게요.

교실영어핵심패턴233-045.mp3

★ Pattern 045

The assignment is due...

과제는 ~까지 제출하세요

이 패턴은 과제물 제출 기한을 알려줄 때 유용한 패턴입니다. due는 '~하게 되어 있는'의 뜻으로, due 다음에는 to 부정사나 전치사 for, at, in 등이 옵니다. 과제물이나 숙제의 마감을 말할 때는 due만한 단어가 없으니 알아뒀다가 유용하게 쓰세요.

01 과제는 이번주 말까지 제출하세요. The assignment* is due **by the end of the week.**

02 과제는 다음주 월요일까지입니다. The assignment is due **next Monday.**

03 3주 내로 과제를 제출하세요. The assignment is due **in 3 weeks.**

04 숙제 마감이 3시거든. The assignment is due **at 3:00.**

05 기말 시험 전까지 과제를 제출하세요. The assignment is due **right before the final test.**

Step 2

01 과제는 이번주 말까지 제출하세요.

S: When should we turn in our homework?

T: 과제는 이번주 말까지 제출하세요.

S: How long should they be?

T: Just 2 pages.

02 과제 마감이 3시거든.

S1: You'd better get busy.

S2: Why?

S1: 과제 마감이 3시거든.

S2: I thought it was due tomorrow.

학생: 숙제를 언제까지 제출해야 하나요?
교사: The assignment is due by the end of the week.
학생: 분량은 얼마나 돼야 하나요?
교사: 2페이지면 됩니다.

학생1: 너 서둘러야 할 것 같아.
학생2: 왜?
학생1: The assignment is due at 3:00.
학생2: 내일까지인 줄 알았는데.

Tip!

영어를 좀 한다는 사람들에게 assignment와 homework의 차이를 물어보면 열이면 열 homework는 '숙제'이고 assignment는 '과제'라고 대답합니다. 그런데 사실 이 두 단어의 의미상 차이는 없습니다. 다만 homework는 불가산명사라서 아무리 숙제가 많더라도 homeworks라고 할 수 없고, assignment는 가산명사라서 숙제가 여러 개면 assignments라고 합니다.

★ Pattern 046

It's been ~ since ...

…한 지가 ~가 되었어요

어떤 일의 진행이 안 되고 있거나, 진행 속도가 늦어서 결과물이 제때 나오지 않아 학생을 야단칠 때, 또는 일의 경과를 설명할 때 사용하는 패턴입니다. It's는 It has의 축약형이고, since절에는 과거시제를 사용합니다.

Step 1

01 과제를 내준 지가 일주일이나 됐어. It's been **a week** since **I gave you the assignment.**

02 우리가 그것을 공부한 지가 오래 되었어요. It's been **a long time** since **we studied that.**

03 그가 일을 시작한 지가 한 시간이나 되었어요. It's been **an hour** since **he started working.**

04 내가 여러분에게 질문을 한 지가 5분이 지났습니다. It's been **5 minutes** since **I asked you the question.**

05 사전을 잃어버리고 나서부터 공부하기가 너무 힘들어요. It's been **hard to study** since **I lost my dictionary.**

Step 2

01 과제를 내준 지가 일주일이나 됐어.

T: Brian, where's your project?
S: I'm not finished with it yet.
T: 과제를 내준 지가 일주일이나 됐어.
S: I'll try to finish it tonight.

02 사전을 잃어버리고 나서 공부하기가 너무 힘들어요.

T: Why have you been doing so poorly this week?
S: 사전을 잃어버리고 나서 공부하기가 너무 힘들어요.
T: Maybe you should buy a new one.
S: I guess you're right.

교사: Brian, 네 과제물은 어디 있니?
학생: 아직 못 끝냈어요.
교사: It's been a week since I gave you the assignment.
학생: 오늘 밤에 끝내도록 할게요.

교사: 이번주에 공부하는 태도가 왜 이렇지?
학생: It's been hard to study since I lost my dictionary.
교사: 새 사전을 사야겠구나.
학생: 그래야겠어요.

교실영어핵심패턴233-047.mp3

★ Pattern 047

The only thing that ~ is ...

~하는 유일한 방법은 …다

무언가를 할 수 있는 다른 방법, 또는 더 쉬운 방법이 없냐고 묻는 아이들에게 '이게 유일한 방법이야'라고 잘라 말할 때 쓸 수 있는 표현입니다. The only thing이 '유일한 것'이라는 뜻이죠. that 다음에는 thing을 설명하는 주격이나 목적격 관계대명사 절이 오고, is 다음에는 구체적인 방법에 대해 설명하는 절이 옵니다.

Step 1

01 네가 회화를 잘할 수 있는 유일한 방법은 연습이야. — The only thing that will help you speak well is practice.

02 이 시험에서 너는 과거시제만 써야 해. — The only thing that you must use on this test is the past tense.

03 네가 활용할 수 있는 건 오직 사전뿐이야. — The only thing that might be useful is your dictionary.

04 시간상 우리가 복습할 수 있는 건 6과뿐이야. — The only thing that we have time to review is chapter 6.

Step 2

01 네가 회화를 잘할 수 있는 유일한 방법은 연습이야.

S: What can I do to improve?

T: 네가 회화를 잘할 수 있는 유일한 방법은 연습이야.

S: What's the best way to practice?

T: Come to class every day.

02 시간상 우리가 복습할 수 있는 건 6과뿐이야.

S: I have a lot of questions.

T: 시간상 우리가 복습할 수 있는 건 6과뿐이야.

S: Good. That's the most difficult part.

T: What are your questions?

학생: 회화를 잘하려면 어떻게 해야 할까요?
교사: The only thing that will help you speak well is practice.
학생: 연습을 하기 위한 최고의 방법은요?
교사: 매일 수업 들으러 오는 거.

학생: 저는 여쭤 볼 게 아주 많아요.
교사: The only thing that we have time to review is chapter 6.
학생: 괜찮아요. 그 과가 가장 어려운 과잖아요.
교사: 질문이 뭐지?

★ Pattern 048

There will be extra points... ~에 추가 점수가 있을 거예요

시험이나 과제물에 주어지는 가산점에 대해 설명하는 표현입니다. '추가 점수를 따다'는 earn extra points, '추가 점수를 받다'는 be given extra points, 또는 receive extra points라고 표현해요. 여기서 한 가지, extra를 [익세츄라]라고 발음하는 분들이 간혹 있는데 [엑쓰트라]라고 발음하는 것이 맞습니다.

Step 1

01 과제를 빨리 내면 가산점을 줄 거예요. There will be extra points* for early assignments.

02 참여하는 사람에게 추가 점수가 있을 거예요. There will be extra points given to attendees.

03 철자가 맞으면 가산점을 줄 거예요. There will be extra points if your spelling is correct.

04 결석을 한 번도 하지 않은 학생에게는 추가 점수가 있을 거예요. There will be extra points for anyone who never misses class.

05 발표를 잘한 학생에게는 추가 점수가 있을 거예요. There will be extra points given to the best presenter.

Step 2

01 과제를 빨리 내면 가산점을 줄 거예요.

T: Please have your assignments turned in by September 12.
S: What if we finish early?
T: 과제를 빨리 내면 가산점을 줄 거예요.
S: Awesome! I'm almost done already.

02 철자가 맞으면 가산점을 줄 거예요.

T: Write a list of words that rhyme with "corn."
S: That sounds easy.
T: 철자가 맞으면 가산점을 줄 거예요.
S: All right!

교사: 9월 12일까지 과제를 제출하세요.
학생: 일찍 끝내면요?
교사: There will be extra points for early assignments.
학생: 신난다! 난 벌써 거의 다 했는데.

교사: corn과 운이 맞는 단어들을 써 보세요.
학생: 쉬운 것 같은데요.
교사: There will be extra points if your spelling is correct.
학생: 좋아요!

Tip!
extra points는 원래 예정되어 있던 점수 외에 추가로 주는 점수를 의미합니다. bonus points와 같은 뜻이죠.

교실영어핵심패턴233-049.mp3

★ Pattern 049

Be sure to study...

~을 꼭 공부하세요

학생들에게 어떤 일을 잊지 말고 꼭 하라고 할 때 유용하게 쓸 수 있는 패턴이 Be sure to... 패턴인데요. 교실 영어 상황에선 여기에 study를 붙여서 Be sure to study...라는 패턴으로 기억하면 편리합니다. 어떤 것을 잊지 말고 꼭 공부하라고 할 때나 시험에 출제될 특정 부분을 언급하면서 그 부분을 잊지 말고 꼭 공부하라고 할 때 쓰면 좋습니다.

Step 1

01 쪽지시험 공부 꼭 하세요. Be sure to study **for the quiz.**

02 11과 꼭 공부하세요. Be sure to study **chapter 11.**

03 어휘 해설 공부 꼭 하세요. Be sure to study **the glossary.**

04 이번주 공부하는 것 명심해. Be sure to study **this week.**

05 꼭 친구랑 같이 공부하도록 해요. Be sure to study **with a friend.**

Step 2

01 쪽지시험 공부 꼭 하도록 해.

T: Have a good weekend, Charlie.
S: Thanks Mrs. Benson!
T: 쪽지시험 공부 꼭 하도록 해.
S: I'm planning on it.

02 11과 꼭 공부하세요.

T: Oral exams are on Friday.
S: What will they cover?
T: Verbs. 11과 꼭 공부하세요.
S: I'll write that down so I don't forget.

교사: 주말 잘 보내거라, Charlie.
학생: 감사합니다, Benson 선생님.
교사: Be sure to study for the quiz.
학생: 그러려구요.

교사: 구두시험은 금요일입니다.
학생: 범위가 어디죠?
교사: 동사편입니다. Be sure to study chapter 11.
학생: 잊지 않도록 적어 놓을게요.

교실영어핵심패턴233-050.mp3

Tomorrow's assignment is... 내일 숙제는 ~입니다

학생들에게 숙제를 내줄 때 사용하면 좋은 패턴입니다. assignment는 '숙제'라는 뜻으로, homework보다 한 단계 난이도 있는 단어지만, homework만큼이나 많이 쓰이는 단어입니다. 숙제가 있다고 할 때는 You have homework today., 숙제가 없을 때는 There's no homework for today.라고 표현합니다.

01 내일 숙제는 가족들에 관해서 단락을 써 보는 거예요. Tomorrow's assignment is to write a paragraph about your family.

02 내일 숙제는 10개의 새로운 단어들을 외어 오는 거예요. Tomorrow's assignment is to memorize* 10 new words.

03 내일 숙제는 이 글을 읽어 오는 거예요. Tomorrow's assignment is to read this article.

04 내일 숙제는 신문 기사를 읽어 오는 거예요. Tomorrow's assignment is to read a story in the newspaper.

Step 2

01 내일 숙제는 10개의 새로운 단어들을 외워 오는 거예요.

T: We are finished for the day.
S: What is tomorrow's assignment?
T: 내일 숙제는 10개의 새로운 단어들을 외워 오는 거예요.
S: Only 10? That will be easy.

02 내일 숙제는 신문 기사를 읽어 오는 거예요.

T: Don't forget to bring a newspaper tomorrow.
S: Why do we need to do that?
T: 내일 숙제는 신문 기사를 읽어 오는 거예요.
S: Oh, I see.

교사: 오늘 수업은 여기까지예요.
학생: 내일 숙제는 뭐예요?
교사: Tomorrow's assignment is to memorize 10 new words.
학생: 10개만요? 쉽겠는데요.

교사: 내일 잊지 말고 신문을 가져오도록 하세요.
학생: 왜 그게 필요하죠?
교사: Tomorrow's assignment is to read a story in the newspaper.
학생: 아, 알겠습니다.

Tip!
숙제 유형 중 '외우기'는 memorizing, '완성하기'는 completing, '연습문제 풀기'는 doing the exercise라고 표현합니다.

★ Pattern 051

Don't lose your...

~ 잃어버리지 마

다음 수업 준비물이나 숙제를 잊지 말라고 당부할 때 사용하면 좋은 패턴입니다. lose는 물건, 능력 등을 '잃어버리다'라는 뜻의 동사로, 꼭 물건이나 돈처럼 눈에 보이는 것을 잃는다는 뜻만 있는 게 아니라 forget과 마찬가지로 '~의 기억을 잃다, ~을 잊어버리다'의 뜻으로도 쓰입니다.

Step 1

01 숙제 잃어버리지 마. — Don't lose your **homework.**

02 책가방 잃어버리지 마. — Don't lose your **backpack.**

03 그것을 잃어버리면 안 돼. — Don't lose it.

04 공책 잃어버리지 마. — Don't lose your **notebook.**

05 필통 잃어버리지 마. — Don't lose your **pencil box.**

Step 2

01 숙제 잃어버리지 마.

T: Everyone line up by the door. It's time to go.
S1: Hey, your backpack is open.
S2: Thanks. I'd better close it.
S1: 숙제 잃어버리지 마.

02 그것을 잃어버리면 안 돼.

T: Here is your homework.
S: I'll put it in my folder.
T: Good. 그것을 잃어버리면 안 돼.
S: Don't worry. I won't.

교사: 모두들 문 옆에 줄을 서세요. 이제 갈 시간이에요.
학생1: 야, 너 책가방 열렸어.
학생2: 고마워. 닫아야겠다.
학생1: Don't lose your homework!

교사: 과제물 여기 있다.
학생: 제 폴더에 넣어 놓을게요.
교사: 좋아. Don't lose it.
학생: 걱정 마세요. 안 잃어버려요.

교실영어핵심패턴233-052.mp3

★ Pattern 052

Don't forget...

~하는 것 잊지 마

다음 수업을 위해 학생들이 준비해야 할 내용을 상기시킬 때 사용할 수 있는 표현입니다. '~할 것을 잊다'라는 의미로 쓸 때는 forget 다음에 to부정사를 쓰고, '~한 것을 잊다'라고 할 때는 동명사를 쓴다는 거 기억해 두세요.

Step 1

01 숙제하는 것 잊지 말아라. Don't forget to do your homework.

02 내일 시험 있는 것 잊지 말아라. Don't forget that we have a test tomorrow.

03 5과 읽는 것 잊지 말아라. Don't forget to read chapter 5.

04 학교 축제가 있는 것 잊지 말아라. Don't forget about the school festival.

05 보고서에 이름 쓰는 것 잊지 말아라. Don't forget to write your name on your paper.

Step 2

01 숙제하는 것 잊지 말아라.

T: What are you going to do this evening?

S: I'm going to play soccer with my friends.

T: 숙제하는 것 잊지 말아라.

S: I won't.

02 보고서에 이름 쓰는 것 잊지 말아라.

T: It's time to give me your writing assignment.

S: Here is mine.

T: 보고서에 이름 쓰는 것 잊지 말아라.

S: Oh! How silly of me!

교사: 오늘 저녁에 뭐 할 거니?
학생: 친구들하고 축구할 건데요.
교사: Don't forget to do your homework.
학생: 안 잊을게요.

교사: 작문 숙제 제출할 시간이다.
학생: 제 거 여기 있어요.
교사: Don't forget to write your name on your paper.
학생: 아, 맞다! 나 너무 바보 같아.

★ Pattern 053

Remember to...

~을 기억하세요

수업이 끝날 때 학생들에게 다음 시간에 가져올 준비물이나 숙제 등을 잊지 말도록 당부할 때 사용할 수 있는 표현으로, Don't forget ~과도 비슷한 표현입니다. 깜빡 잘 잊어버리는 사람들에게 잊지 말라고 당부할 때 이 표현을 쓸 수 있죠.

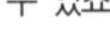

Step 1

01 잊지 말고 꼭 숙제하세요. Remember to **do your homework.**

02 잊지 말고 꼭 펜 가져오도록 하세요. Remember to **bring a pen.**

03 잊지 말고 새로운 단어들을 꼭 적어 두세요. Remember to **write down the new words.**

04 잊지 말고 꼭 시험 공부하세요. Remember to **study for the test.**

05 잊지 말고 9과 꼭 읽어 오세요. Remember to **read chapter 9.**

Step 2

01 잊지 말고 꼭 숙제하세요.

S: Hurray! Time to go home!

T: 잊지 말고 꼭 숙제하세요.

S: What page is it?

T: Page 73.

02 잊지 말고 9과 꼭 읽어 와.

S: See you tomorrow, Mr. Smith.

T: 잊지 말고 9과 꼭 읽어 와.

S: All of it?

T: Yes, all of it.

학생: 아싸! 집에 갈 시간이다!
교사: Remember to do your homework.
학생: 몇 쪽이죠?
교사: 73쪽.

학생: 내일 뵙겠습니다, Smith 선생님.
교사: Remember to read chapter 9.
학생: 전부 다요?
교사: 그래, 전부 다.

Remember to bring...

~가져오는 것 잊지 마세요

학생들에게 준비물을 잊지 말고 챙겨 오라고 할 때 쓸 수 있는 패턴으로 Don't forget to bring...과 마찬가지 표현입니다. 둘 다 같은 말이기 때문에 말하는 사람의 취향에 따라 어느 것을 선택해서 써도 무방합니다.

01 부모님께 확인서 받아 오는 것 잊지 마세요. — Remember to bring* **a note from your parents.**

02 교과서 가지고 오는 것 잊지 마세요. — Remember to bring **your textbook.**

03 노트 가지고 오는 것 기억하세요. — Remember to bring **a notebook.**

04 숙제 가지고 오는 것 꼭 기억하세요. — Remember to bring **your homework.**

05 빨간색 펜 가져오는 것 잊지 마세요. — Remember to bring **red pens.**

01 부모님께 확인서 받아 오는 것 잊지 마세요.

S: I won't be in class this Friday for the test.
T: That's okay. You can take it next week.
S: Great. I have a dentist appointment on Friday.
T: 부모님께 확인서 받아 오는 것 잊지 마세요.

02 교과서 가져오는 거 잊지 마라.

S: Can you help me after class, Mr. Johnson?
T: Sure.
S: Terrific. I don't understand how to solve this question.
T: No problem. 교과서 가져오는 거 잊지 마라.

학생: 저 금요일 시험에 오지 못할 것 같습니다.
교사: 괜찮아요. 다음주에 시험을 보도록 하세요.
학생: 감사합니다. 금요일 날 치과 진료가 있어서요.
교사: Remember to bring a note from your parents.

학생: Johnson 선생님, 수업 후에 절 좀 도와주시겠어요?
교사: 그럼.
학생: 감사합니다. 이 문제를 어떻게 푸는지 잘 몰라서요.
교사: 괜찮아. Remember to bring your textbook.

Tip!
bring은 '가져오다, 데려오다'라는 뜻이고, take는 어떤 장소에서 다른 곳으로 '가져가다, 데려가다'라는 뜻이에요. 따라서 엄마가 학교에 가는 아이에게 우산 가져가는 거 잊지 말라고 할 때는 bring이 아니라 take를 사용하여 Don't forget to take an umbrella.라고 해야 맞습니다.

Don't neglect...

~을 소홀히 하면 안 돼요

Pattern 049에 나왔던 Be sure to ~에 이어 학생들에게 무엇인가를 당부할 때 쓸 수 있는 표현입니다. 노트 필기, 일기 쓰기, 예습, 복습 등 학생들이 소홀히 하면 안 되는 일이 많은데, 이런 일들의 중요성을 상기시켜 줄 때 쓸 수 있죠. neglect는 타동사이므로 목적어인 명사가 따라와야 한다는 것도 알아 두세요. '공부를 게을리하다'는 neglect one's studies, 또는 neglect one's schoolwork이라고 표현합니다.

Step 1

01 노트 필기를 소홀히 하면 안 돼요. Don't neglect to take notes.

02 늦지 않게 수업에 오는 걸 소홀히 하면 안 돼요. Don't neglect to attend class on time.

03 일기 쓰는 걸 소홀히 하면 안 돼요. Don't neglect your journal.

04 숙제 소홀히 하면 안 돼요. Don't neglect your homework.

05 여러분이 할 일을 소홀히 하면 안 돼요. Don't neglect your responsibility.

Step 2

01 일기 쓰는 걸 소홀히 하면 안 돼.

S: It's difficult to finish all my homework.

T: Where are you falling behind?

S: I can't seem to make a daily journal entry*.

T: 일기 쓰는 걸 소홀히 하면 안 돼.

02 숙제 소홀히 하면 안 돼.

T: That's all for today.

S: Great! Let's go relax!

T: 숙제 소홀히 하면 안 돼.

S: Don't worry. We won't.

학생: 숙제를 다 끝내기 힘들어요.
교사: 어디가 힘든데?
학생: 매일 일기 쓰는 게 잘 안 돼요.
교사: Don't neglect your journal.

교사: 오늘은 여기까지.
학생: 신난다! 쉬는 시간이다!
교사: Don't neglect your homework.
학생: 걱정 마세요. 안 그럴게요.

Tip!
entry는 keeping과 비슷한 말로 '기입, 등록'이라는 뜻이어서 make a daily journal entry 하면 '매일 일기를 쓰다'라는 뜻이 됩니다.

교실영어핵심패턴233-056.mp3

Would everyone return...?

모두 ~을 반납하세요

학교 체육관, 미술실, 과학실 등에 있는 물건들을 다시 제자리에 갖다 놓으라고 말할 때 쓰는 패턴입니다. 혹은, 빌려준 크레파스, 색연필 등을 다시 찾고 싶을 때도 유용한 표현이죠. 여기서 사용된 return은 자동사일 때는 '~로 돌아오다, ~로 돌아가다', 타동사일 때는 '~을 돌려주다, 반납하다'라는 뜻이 되므로 혼동하지 않도록 주의하세요.

01 다들 영어 교실로 돌아가세요. Would everyone return **to the English classroom?**

02 다들 수업 후에 펜을 반납하세요. Would everyone return **these pens after class?**

03 영어 사전을 반납하세요. Would everyone return **their English dictionaries?**

04 다들 노트북 컴퓨터를 반납하세요. Would everyone return **these notebook computers?**

05 다들 시험지를 제출하세요. Would everyone return **the test papers?**

01 다들 수업 후에 펜을 반납하도록 해.

T: Use the red pens to correct your homework.

S: I hope I don't have too much red on my homework.

T: 다들 수업 후에 이 펜을 반납하도록 해.

S: Sure. No problem.

02 다들 시험지를 제출하도록 해.

S: I didn't know we were having a test today.

T: I told you guys last week.

S: Come on, Mr. Jones.

T: 다들 시험지를 제출하도록 해.

교사: 너희들 숙제한 것을 빨간 펜을 사용해서 수정하도록 해.
학생: 전 제 숙제에 빨간 색칠이 많이 없었으면 좋겠어요.
교사: Would everyone return these pens after class?
학생: 당연하죠. 걱정 마세요.

학생: 오늘 우리 시험 있는 거 전혀 몰랐어요.
교사: 내가 지난주에 너희들에게 말했잖아.
학생: 아, Jones 선생님!
교사: Would everyone return the test papers?

★ Pattern 057

In the meantime, ...

그동안 ~

시험지를 나눠 주는 동안, 선생님이 교무실에 잠깐 다녀올 동안, 칠판에 공부할 내용을 적을 동안 등 선생님이 어떤 행동을 하고 있을 동안 학생들에게 무언가를 하고 있으라고 지시할 때 쓸 수 있는 표현입니다. meantime은 한 가지 일이 끝나고 다음 일이 일어나기까지의 잠깐 동안을 의미해요. meanwhile도 비슷한 뜻이죠.

Step 1

01 그동안 필기한 것을 복습하세요. In the meantime, review your notes.

02 그동안 짝과 잡담하지 마세요. In the meantime, don't chat with your partner.

03 그동안 조용히 앉아 있으세요. In the meantime, sit still.

04 그동안 요약을 훑어보세요. In the meantime, review your summary.

05 그동안 눈을 감으세요. In the meantime, close your eyes.

Step 2

01 그동안 필기한 것을 복습해.

T: We will begin our presentations in 3 hours.
S: What should we do until then?
T: 그동안 필기한 것을 복습해.
S: I've been doing that all morning!

02 그동안 조용히 앉아 있어.

T: Your presentation is next, Bob.
S: I'm so nervous*, I don't know what to do with myself.
T: 그동안 조용히 앉아 있어.
S: It's hard to sit still when I'm trembling!

교사: 3시간 후에 발표를 시작한다.
학생: 그때까지 저흰 뭘 하죠?
교사: In the meantime, review your notes.
학생: 아침 내내 했는데요!

교사: Bob, 다음 발표는 너다.
학생: 너무 긴장이 돼서 뭘 해야 할지 모르겠어요.
교사: In the meantime, sit still.
학생: 떨릴 때는 가만히 앉아 있기가 힘들어요.

Tip!
걱정되고 긴장될 때 쓰는 표현이 I'm so nervous.라는 것은 이미 잘 알고 있을 거예요. nervous와 같은 표현으로는 tense, 혹은 keyed up, worked up이라는 표현이 있습니다. 익숙하지 않은 표현이므로 잘 알아 두세요.

교실영어핵심패턴233-058.mp3

★ Pattern 058

Have a terrific...

멋진 ~ 보내세요

인사말로는 최고의 패턴이죠. 수업 마치고 헤어질 때나 방학식을 하고 난 다음에 사용하면 군더더기 없이 유용하고 깔끔한 인사가 됩니다. 여기서 terrific은 very good의 의미로 wonderful, nice, good 등으로 표현할 수도 있습니다. Have a terrific... 다음에는 기본적으로 time, day, evening, weekend 등 시간과 관련된 명사가 올 수 있지만 trip, flight, vacation, meal 등이 오기도 해요.

Step 1

01 멋진 하루 보내세요. Have a terrific **day.**

02 멋진 방학 보내세요. Have a terrific **vacation.**

03 좋은 시간 보내세요. Have a terrific **time.**

04 멋진 저녁 보내세요. Have a terrific **evening.**

05 멋진 주말 보내세요. Have a terrific **weekend.**

Step 2

01 좋은 시간 보내렴.

T: I heard you're going on a trip.

S: Yes, I'm so excited.

T: 좋은 시간 보내렴.

S: I plan to!

02 멋진 주말 보내세요.

T: You should all be proud of your final grades.

S: Trust us, we are!

T: 멋진 주말 보내세요.

S: You, too, Mrs. Walker.

교사: 너 여행 간다고 들었는데.
학생: 네, 정말 흥분돼요.
교사: Have a terrific time.
학생: 그러려고요!

교사: 여러분 모두 기말 성적을 자랑스러워해도 되겠어요.
학생: 네, 저희가 생각해도 그래요!
교사: Have a terrific weekend.
학생: Walker 선생님도요.

★ Pattern 059

When the bell rings, ...

종이 울리면 ~하세요

종이 울려도 자리에 앉지 않고 돌아다니는 학생들에게 교실 규칙을 알려줘야 할 때 사용하면 좋은 패턴입니다. 어떤 상황이 시작됨을 시간 접속사 when으로 표현하고 있죠. 이때 when절은 문장 뒤로 갈 수도 있습니다. when절이 문장 앞에 올 때는 부사절 다음에 콤마(,)를 찍어 줘야 한다는 점에 유의하세요.

Step 1

01 종이 울리면 자리에 앉으세요. When the bell rings, **take your seats.**

02 종이 울리면 시작할 거예요. When the bell rings, **we will begin.**

03 종이 울려야 수업이 끝납니다. When the bell rings, **class is dismissed.**

04 종이 울리면 집에 가도 좋아요. When the bell rings, **you can go home.**

05 종이 울려야 쉬는 시간입니다. When the bell rings, **it's time for recess.**

Step 2

01 종이 울리면 집에 가도 좋아.

T: You look tired, Jimmy.

S: When can we go home, Ms. Wilson?

T: 종이 울리면 집에 가도 좋아.

S: How soon will that be?

02 종이 울려야 쉬는 시간이야.

T: Sit still, children.

S: We want to go outside.

T: 종이 울려야 쉬는 시간이야.

S: Can we wait by the door?

교사: Jimmy, 피곤해 보이는구나.
학생: Wilson 선생님, 언제 집에 갈 수 있어요?
교사: When the bell rings, you can go home.
학생: 그게 언젠데요?

교사: 얘들아, 가만히 앉아 있어.
학생: 밖에 나가고 싶어요.
교사: When the bell rings, it's time for recess.
학생: 문 옆에서 기다려도 돼요?

Let's take a break...

~ 잠시 쉬자

take a break는 하던 일이나 공부를 멈추고 '잠시 쉬다'라는 의미죠. break 자체가 '잠깐의 휴식'이라는 뜻이지만 short이나 quick의 수식을 받아 take a short[quick] break라고 할 수도 있습니다. 몇 분간 쉴지를 take a ten-minute break처럼 표현할 수도 있어요. 흔히 앞에 Let's라는 말이 붙지만, Why don't we take a break?라고 해도 같은 의미가 됩니다.

Step 1

01 이것만 하고 잠시 쉬어요. Let's take a break **after this.**

02 잠시 동안 쉬자. Let's take a break **for a minute.**

03 카페테리아에서 잠시 쉬자. Let's take a break **at the cafeteria.**

04 점심 시간에 잠깐 쉬자. Let's take a break **at lunch time.**

05 공부하는 것 멈추고 잠시 쉬자. Let's take a break **from studying.**

Step 2

01 이것만 하고 잠시 쉬어요.

S: This activity is really hard.

T: I can see that you're getting tired.

S: 이것만 하고 잠시 쉬어요.

T: Sounds good.

02 공부하는 것 멈추고 잠시 쉬자.

S1: 공부하는 것 멈추고 잠시 쉬자.

S2: We need to finish this exercise first.

S1: But I'm so tired.

S2: Don't worry. We're almost finished.

학생: 이 활동은 너무 힘들어요.
교사: 네가 점점 힘들어하는 게 보이는구나.
학생: Let's take a break after this.
교사: 좋아.

학생1: Let's take a break from studying.
학생2: 이 연습문제 먼저 끝내야 돼.
학생1: 그렇지만 난 너무 피곤해.
학생2: 걱정 마. 거의 다 끝났어.

Stay seated...

자리에 그대로 앉아 있으세요

교실에서 자리를 이탈해 우왕좌왕 돌아다니는 아이들에게 가만히 앉아 있으라고 할 때 쓰는 표현으로, stay 앞에 주어인 you가 생략된 형태입니다. 이 패턴은 주로 until이나 while로 시작하는 부사구와 함께 쓰이는데 stay seated until...하면 '~할 때까지 자리에 앉아 있으세요'가 돼요. stay는 '~인 상태를 유지하다'라는 뜻으로 바로 뒤에 주어를 설명하는 형용사가 나옵니다. 비슷한 뜻으로 remain이 있어요.

01 종이 울릴 때까지 자리에 앉아 있으세요. Stay seated **until the bell rings.**

02 내가 숙제를 걷을 때까지 자리에 앉아 있으세요. Stay seated **until I collect your papers.**

03 수업이 끝날 때까지 자리에 앉아 있으세요. Stay seated **until class is over.**

04 시험이 끝날 때까지 자리에 앉아 있으세요. Stay seated **until the test is over.**

05 내가 이름을 부를 때까지 자리에 앉아 있으세요. Stay seated **until I call your name.**

01 수업이 끝날 때까지 자리에 앉아 있으세요.

T: Your homework tonight is page 55.

S: Okay. Let's go home!

T: 수업이 끝날 때까지 자리에 앉아 있으세요.

S: I'm sorry.

02 내가 이름을 부를 때까지 자리에 앉아 있으세요.

T: Now you will all take turns giving your presentations.

S: I'm nervous.

T: 내가 이름을 부를 때까지 자리에 앉아 있으세요.

S: I hope I'm not first!

교사: 오늘 밤 여러분 숙제는 55쪽입니다.
학생: 알겠습니다. 집에 가자!
교사: Please stay seated until class is over.
학생: 죄송합니다.

교사: 이제 여러분은 돌아가면서 발표를 하게 될 거예요.
학생: 떨려요.
교사: Please stay seated until I call your name.
학생: 제가 첫 번째가 아니었으면 좋겠어요.

★ Pattern 062

We'll meet again...

~에 다시 만나요

수업을 마무리할 때 쓰는 패턴입니다. 이 외에도 '오늘은 여기까지'라는 의미로 Let's call it a day.나 That's all for today.라고 표현할 수도 있고, '~요일에 봅시다'라는 뜻의 See you on... 패턴도 쓸 수 있습니다.

01 다음주에 다시 만나도록 하자. We'll meet again **next week.**

02 다음에 다시 만나요. We'll meet again **next time.**

03 방학 끝나고 다시 만나요. We'll meet again **after the vacation.**

04 금요일에 다시 만나요. We'll meet again **on Friday.**

05 점심 먹고 다시 만나요. We'll meet again **after lunch.**

01 다음주에 다시 만나도록 하자.

T: Do you have any more questions?
S: No. I think I understand everything.
T: Good. 다음주에 다시 만나도록 하자.
S: Okay. See you then!

02 점심 먹고 다시 만나요.

T: Are you having any problems with your homework?
S: Yes. I'm a little confused about the topic.
T: 점심 먹고 다시 만나요.
S: Okay. I'll ask you some questions then.

교사: 더 물어볼 게 있니?
학생: 아뇨. 이제는 다 알 것 같아요.
교사: 좋아. We'll meet again next week.
학생: 네. 그때 뵙겠습니다!

교사: 숙제하는 데 어려움이 있나요?
학생: 네. 주제가 약간 헷갈려요.
교사: We'll meet again after lunch.
학생: 네. 그때 몇 가지 여쭤 볼게요.

교실영어핵심패턴233-063.mp3

★ Pattern 063

By the way, ...

그건 그렇고, ~

이야기 진행 도중에 다른 이야기로 주제를 바꿀 때 사용할 수 있는 표현입니다. Now 역시 구어체에서는 By the way처럼 이야기의 주제를 바꿀 때, 또는 글의 흐름을 바꿀 때 사용하는 단어로 자주 활용됩니다.

01 그건 그렇고, 주제는 어떤 것을 선택했니? By the way, what topic did you choose?

02 그건 그렇고, 내가 어제 네가 쓴 에세이를 읽어 보았다. By the way, I read your essay yesterday.

03 그건 그렇고, 너 이 단어 의미를 기억하고 있니? By the way, do you remember the meaning of this word?

04 그건 그렇고, 너 에세이는 다 썼니? By the way, are you finished with your essay?

05 그건 그렇고, 너 언제쯤 끝낼 수 있겠니? By the way, when do you think you'll be finished?

Step 2

01 그건 그렇고, 주제는 어떤 것을 선택했니?

T: When you write your essay, you should organize your ideas.

S: I think I understand how to do that.

T: 그건 그렇고, 주제는 어떤 것을 선택했니?

S: I'm going to write about my hometown.

02 그건 그렇고, 너 에세이는 다 썼니?

T: Do you have your homework?

S: Yes. Here it is.

T: 그건 그렇고, 너 에세이는 다 썼니?

S: Not yet. I'll be finished by tomorrow.

교사: 에세이를 쓸 때는 네 생각을 정리해야 해.
학생: 어떻게 하는지 알 것 같아요.
교사: By the way, what topic did you choose?
학생: 제 고향에 대해서 쓸 생각입니다.

교사: 숙제 가지고 있니?
학생: 네. 여기 있습니다.
교사: By the way, are you finished with your essay?
학생: 아직요. 내일 끝내려고요.

교실영어핵심패턴233-064.mp3

★ Pattern 064

Like I said before, ...

내가 전에도 말했듯이, ~

한번 말해서 듣는 아이들은 그렇게 많지 않죠. Like I said before는 이전에 이야기했던 것에 대해 다시 한 번 언급할 때 사용하는 패턴입니다. 여기서 like는 as와 유사한 뜻의 접속사로 쓰였습니다. like는 보통 형용사, 동사, 또는 전치사로 많이 쓰이지만, 미국의 구어체에서는 like를 as 대신 쓰기도 합니다. 이 패턴은 As I told you before와 유사한 표현이에요.

Step 1

01 전에도 말했듯이, 월요일에 시험을 보겠다. — Like I said before, **the test will be on Monday.**

02 내가 전에도 말했듯이, 발음을 연습하는 건 아주 중요하다. — Like I said before, **it's important to practice pronunciation.**

03 전에도 말했듯이, 영어를 배우는 것은 인내가 필요해. — Like I said before, **learning English takes patience.**

04 내가 전에도 말했듯이, 숙제는 87쪽이다. — Like I said before, **the homework is on page 87.**

Step 2

01 전에도 말했듯이, 월요일에 시험을 보겠다.

S: When is the test?

T: 전에도 말했듯이, 월요일에 시험을 보겠다.

S: What time?

T: Again, it will be at the beginning of class.

02 내가 전에도 말했듯이, 숙제는 87쪽이다.

S: What are we supposed to do tonight?

T: 내가 전에도 말했듯이, 숙제는 87쪽이다.

S: Oh, I'm sorry I forgot.

T: No problem. Just don't forget to do your homework.

학생: 시험이 언제죠?
교사: Like I said before, the test will be on Monday.
학생: 몇 시에요?
교사: 다시 말하는데, 수업 시작하면서 바로 볼 거야.

학생: 저희 오늘 밤에 뭐 해야 돼요?
교사: Like I said before, the homework is on page 87.
학생: 아, 죄송해요. 잊어버리고 있었어요.
교사: 괜찮아. 숙제하는 건 잊어버리지 마라.

교실영어핵심패턴233-065.mp3

★ Pattern 065

Take care to...

~하도록 유의하세요

시험 보기에 앞서 주의 사항을 전달하거나 숙제를 낼 때, 또는 학교 생활 전반에 대한 유의 사항을 설명할 때 사용할 수 있는 패턴입니다. take care to...는 '~하도록 각별히 신경 쓰다'라는 뜻으로, to 다음에는 동사원형이 나옵니다. take 대신 give를 사용해도 마찬가지 뜻이에요.

Step 1

01 그 단어의 철자를 정확히 쓰도록 해라. Take care to **spell the word correctly.**

02 제시간에 끝내도록 해라. Take care to **finish on time.**

03 맞는 동사를 사용하도록 해라. Take care to **use the correct verb.**

04 설명을 잘 읽어 보도록 해라. Take care to **read the instructions.**

05 모든 단어들을 다 받아쓸 수 있도록 해라. Take care to **write down every word.**

Step 2

01 설명을 잘 읽어 보도록 해라.

T: 설명을 잘 읽어 보도록 해라.

S: They seem pretty easy.

T: But if you do the exercise wrong, you'll get a zero*.

S: All right. I'll read them again.

02 모든 단어들을 다 받아쓸 수 있도록 해라.

T: I'm going to read a story. You should write what I say.

S: That doesn't sound too hard.

T: 모든 단어들을 다 받아쓸 수 있도록 해라.

S: Every word?

교사: Take care to read the instructions.
학생: 아주 쉬워 보이는데요.
교사: 그럼에도 불구하고 네가 그 연습문제를 틀린다면 넌 0점이야.
학생: 알겠습니다. 다시 읽어 볼게요.

교사: 내가 스토리를 읽을 테니까 너희들은 내가 말하는 것을 써야 한다.
학생: 그렇게 어려울 것 같지는 않은데요.
교사: Take care to write down every word.
학생: 모든 단어를요?

Tip!

시험을 엉망으로 볼 경우 선생님은 학생들에게 You'll get a zero.라고 말할 수 있습니다. 같은 표현으로 You'll fail., 혹은 You'll flunk.가 있는데 여기서 fail과 flunk는 모두 '낙제하다'라는 의미예요.

Part 2

읽고, 듣고, 쓰고, 말하고, 토론하고… 수업할 때 꼭 필요한 교실영어 패턴

영어 실력을 향상시키기 위해서는 무엇을 어떻게 가르쳐야 할까요? 전문가들이 말하는 영어 실력 향상 교수법은 다음과 같습니다:

1) 패턴 연습과 더불어 활동 중심으로 학습해야 한다.
2) 언어의 4가지 기능을 고루 학습해야 한다.
3) 학생이 중심이 되는 수업 분위기가 제공되어야 한다.
4) 교사는 가급적 다양한 청각, 시각 자료를 활용해야 한다.
5) 짝이나 그룹으로 함께 하는 과제로 협동 학습을 강조해야 한다.

Part 2에서는 말하기, 듣기, 작문과 문법 등의 설명뿐 아니라 청각과 시각을 활용한 학습 방법, 그리고 짝이나 그룹 활동, 롤 플레이, 게임 등의 다양한 활동 등을 수업에 적용할 때 사용할 수 있는 교실영어 패턴들을 제공하였습니다. 교실영어의 백미! 지금부터 시작하겠습니다.

The correct answer is...

정답은 ~입니다

아리랑 TV에서 하는 슈퍼 퀴즈든 미국에서 하는 Jeopardy든 영어 퀴즈가 나오면 항상 등장하는 패턴이 The correct answer is...입니다. 물론, 수업 시간에도 교사가 이 패턴을 이용해 학생들에게 문제의 정답을 알려줄 수 있겠죠. 참고로, 오답은 incorrect answer, 또는 wrong answer라고 합니다.

01 정답은 여러분 책 속에 있습니다. The correct answer is **in your book.**

02 정답은 논란의 여지가 있습니다. The correct answer is **debatable.**

03 정답은 George Washington입니다. The correct answer is **George Washington.**

04 정답은 이탈리아입니다. The correct answer is **Italy.**

05 정답은 방금 들은 내용입니다. The correct answer is **what we just heard.**

01 정답은 George Washington입니다.

T: Who was the first president of the United States?
S1: Was it Abraham Lincoln?
S2: Was it Bill Clinton?
T: 정답은 George Washington입니다.

02 정답은 이탈리아입니다.

T: What country's capital city is Rome?
S: France.
T: Sorry. 정답은 이탈리아입니다.
S: Oh, I knew that!

교사: 미국의 초대 대통령이 누구였죠?
학생1: Abraham Lincoln인가요?
학생2: Bill Clinton인가요?
교사: The correct answer is George Washington.

교사: 로마가 수도인 나라가 어디죠?
학생: 프랑스입니다.
교사: 미안해요. The correct answer is Italy.
학생: 아, 알고 있었는데!

교실영어핵심패턴233-067.mp3

Grades are announced...

성적은 ~에 발표됩니다

학생들의 최대 관심사인 성적이 언제, 어떤 방법으로 발표되는지 알려줄 때 쓰는 패턴입니다. 미래시제를 써서 Grades will be announced...라고 해도 되지만 사실 관계를 다루므로 간단히 현재시제로 Grades are announced...라고 해도 상관없습니다.

01 성적은 다음 수업 시간에 발표됩니다. — Grades* are announced **at the next class.**

02 성적은 학기 끝나고 2주 후에 발표됩니다. — Grades are announced **two weeks after the semester.**

03 성적은 결과가 모두 나온 다음에 발표됩니다. — Grades are announced **when all results are in.**

04 성적은 부모님께 전화로 통보됩니다. — Grades are announced **to your parents by phone.**

Step 2

01 성적은 다음 수업 시간에 발표됩니다.

T: Grades will be out in a week.

S: How will we know what we earned?

T: 성적은 다음 수업 시간에 발표됩니다.

S: Oh! No!

02 성적은 결과가 모두 나온 다음에 발표됩니다.

S: When will we get our scores?

T: 성적은 결과가 모두 나온 다음에 발표됩니다.

S: So, we have to wait for the late entries?

T: Sorry, but yes.

교사: 성적이 일주일 안에 나올 거예요.
학생: 몇 점 받았는지 어떻게 알 수 있어요?
교사: Grades are announced at the next class.
학생: 아! 안 돼요!

학생: 저희 점수는 언제 나와요?
교사: Grades are announced when all results are in.
학생: 그럼 늦게 참가한 사람들을 기다려야 하나요?
교사: 유감스럽지만 그래요.

Tip!
기말고사 점수는 final grades, 중간고사 점수는 midterm grades라고 하죠. 성적표는 report card, 또는 transcript 라고 합니다.

★ Pattern 068

Who wants to recite...?

누가 ~을 낭송해 볼래요?

교실에서 '누가 한번 …해 볼래?'라고 뭔가 시킬 학생을 찾을 때는 Who wants to...? 패턴으로 말하면 됩니다. recite는 일반적인 상황보다는 영어 시간에 주로 많이 쓰는 단어로, 다른 사람들 앞에서 '시나 문학 작품의 일부를 낭송하다'라는 의미입니다. 주로 '시를 연습하여 낭송하거나 암송하다'라는 의미로 recite poetry, recite a poem 등으로 사용해요.

Step 1

01 누가 첫 번째 시를 낭송할래요? Who wants to recite **the first poem?**

02 누가 이 시를 낭송해 볼래요? Who wants to recite **this poem?**

03 누가 자작시를 낭송해 볼래요? Who wants to recite **their own poetry?**

04 누가 이 시의 마지막 부분을 낭송해 볼래요? Who wants to recite **the last part of the poem?**

05 누가 다음 절을 낭송할래요? Who wants to recite **the next stanza*?**

Step 2

01 누가 이 시를 낭송해 볼래?

T: 누가 이 시를 낭송해 볼래?
S: It looks too difficult.
T: It's not so bad. The words are easy.
S: Okay, I'll try.

02 누가 다음 절을 낭송해 볼래?

T: This is a lovely poem.
S: He is my favorite poet.
T: 누가 다음 절을 낭송해 볼래?
S: Allow me.

교사: Who wants to recite this poem?
학생: 시가 너무 어려워 보여요.
교사: 그렇게 어렵지 않아. 단어들이 쉽단다.
학생: 좋아요. 제가 해볼게요.

교사: 정말 좋은 시구나.
학생: 그는 제가 제일 좋아하는 시인이에요.
교사: Who wants to recite the next stanza?
학생: 제가 할게요.

Tip!
stanza는 시의 '연'을 말합니다. '시'는 일반적으로 poetry라고 하지만 verse로 표현하기도 합니다. verse는 각운, 두운 등의 rhyme을 가진 '운문'을 말해요. '자유시'는 free verse라고 하고 '비가(悲歌)'는 elegy라고 합니다.

Let's suppose...

~라고 가정해 보죠

학생들에게 수업 내용을 설명할 때 이해를 돕기 위해 여러 가지 상황을 가정해서 이해를 시킬 때가 있겠죠. 예를 들면, '실패를 가정하다', 또는 '~했다고 가정하다'처럼 어떤 상황을 가정해 보자고 할 때 Let's think...보다는 Let's suppose...가 더 정확한 표현입니다. think는 그냥 '생각하다'이고, suppose는 '~을 근거로 가정하여 생각하다'라는 뜻이니까요.

Step 1

01 우리가 전쟁 중이라고 가정해 보죠. Let's suppose we're at war.

02 우리가 고대 로마에 살았다고 가정해 보죠. Let's suppose we lived in ancient Rome.

03 불이 났다고 가정해 보죠. Let's suppose we have a fire.

04 우리가 낙제한다고 가정해 보죠. Let's suppose we fail.

05 다른 행성에 생명체가 있다고 가정해 보죠. Let's suppose there's life on other planets.

Step 2

01 우리가 전쟁 중이라고 가정해 보죠.

T: Is killing another person ever acceptable?

S: No, never.

T: 우리가 전쟁 중이라고 가정해 보죠.

S: Even then, it's wrong.

02 우리가 낙제한다고 가정해 보죠.

T: I hope you're prepared for next week's test.

S: 우리가 낙제한다고 가정해 보죠. What will happen to our grades?

T: It's better not to find out.

S: That makes me nervous!

교사: 다른 사람을 죽이는 것이 용납될 수 있을까요?
학생: 절대 안 됩니다.
교사: Let's suppose we're at war.
학생: 그렇다 하더라도 그건 잘못입니다.

교사: 다음주 시험 준비는 잘하고 있겠지.
학생: Let's suppose we fail.
저희 성적은 어떻게 되나요?
교사: 모르는 게 약이겠지.
학생: 그렇게 말씀하시니까 긴장돼요!

교실영어핵심패턴233-070.mp3

★ Pattern 070

Imagine what it was like... ~가 어땠을지 상상해 보세요

과거의 어떤 상황에 처했다면 그 느낌과 기분이 어떨지 상상해 보라고 할 때 쓰는 표현입니다. 좀 어렵게 느껴지는 패턴이라 그냥 포기해 버리는 경우가 많은데 절대 포기하지 말고 익숙해질 때까지 외워 두면 쓸모가 많습니다.

Step 1

01 서부 개척자가 어땠을지 상상해 보세요. Imagine what it was like **to be a western pioneer.**

02 전기 없이 사는 게 어땠을지 상상해 보세요. Imagine what it was like **to live without electricity.**

03 가난한 사람들은 어땠을지 상상해 보세요. Imagine what it was like **for the poor.**

04 암흑시대에는 어땠을지 상상해 보세요. Imagine what it was like **in the Dark Ages.**

05 다이애나 비에겐 어땠을지 상상해 보세요. Imagine what it was like **for Princess Diana.**

Step 2

01 가난한 사람들은 어땠을지 상상해 봐.

S: The flood destroyed so many homes.

T: 가난한 사람들은 어땠을지 상상해 봐.

S: Yes, but everyone suffers, rich or poor.

T: I suppose that's true.

02 암흑시대에는 어땠을지 상상해 봐.

S: I can't believe we only have these slow computers to use.

T: 암흑시대에는 어땠을지 상상해 봐.

S: I guess it must have been pretty hard.

T: You should be thankful!

학생: 홍수로 아주 많은 주택이 파괴됐어요.
교사: Imagine what it was like for the poor.
학생: 맞아요, 하지만 부자건 가난하건 모든 사람이 고통을 받았어요.
교사: 그 말이 맞는 것 같구나.

학생: 우리가 이렇게 느려빠진 컴퓨터만 가지고 있다니 믿을 수가 없어요.
교사: Imagine what it was like in the Dark Ages.
학생: 너무 힘들었을 것 같아요.
교사: 그러니 감사하며 살아야 돼!

교실영어핵심패턴233-071.mp3

★ Pattern 071

Raise your hand if...

~하면 손을 드세요

학생이 교사에게 도움을 요청하거나 필요한 것이 있을 때 손을 들어 의사 표현을 해달라고 할 경우가 있는데, 이럴 때 사용할 수 있는 패턴입니다. raise는 '들어올리다'라는 뜻이죠. if 뒤에는 손을 드는 이유를 넣으면 됩니다. Put your hand up...도 비슷한 의미의 패턴이에요.

Step 1

01 도움이 필요하면 손을 드세요. Raise your hand if **you need help.**

02 질문이 있으면 손을 드세요. Raise your hand if **you have any questions.**

03 시험이 끝난 사람은 손을 드세요. Raise your hand if **you've finished the test.**

04 화장실에 가고 싶으면 손을 드세요. Raise your hand if **you need to use the bathroom.**

05 확실하게 이해가 안 되면 손을 드세요. Raise your hand if **this is unclear.**

Step 2

01 시험이 끝난 사람은 손을 드세요.

T: The test will take 45 minutes.

S: What if we finish early?

T: 시험이 끝난 사람은 손을 드세요.

S: Okay.

02 확실하게 이해가 안 되면 손을 드세요.

T: You're sure you understand my instructions?

S: We understand.

T: 확실하게 이해가 안 되면 손을 드세요.

S: No, it's very clear.

교사: 시험 시간은 45분입니다.
학생: 일찍 끝나면 어쩌죠?
교사: Raise your hand if you've finished the test.
학생: 알겠습니다.

교사: 제 설명 다들 이해했나요?
학생: 이해했습니다.
교사: Raise your hand if this is unclear.
학생: 아니에요, 확실하게 이해됐어요.

Tip!
선생님이 출석을 부를 때 호명이 되면 뭐라고 대답하면 좋을까요? 우리는 Yes., 또는 Yes, here I am. 등으로 말하기가 쉬운데 이때는 간단히 Here.라고 말하면 됩니다. 또한 출석 외에 질문에 답을 하도록 호명이 되었을 때는 Yes?, 또는 Yes, sir (ma'am).이라고 하면 돼요.

교실영어핵심패턴233-072.mp3

It's important to consider... ~을 고려해 보는 것은 중요합니다

think는 '생각하다'라는 아주 단순한 의미인데 반해, consider는 어떤 상황을 고려하고 심사숙고한다는 의미입니다. 즉 어떤 일에 대해 결정을 내리기 위해 think about something carefully한다는 의미죠. 타동사 consider 뒤에는 목적어로 명사나 동명사가 올 수 있고 「의문사 + to부정사」 등도 올 수 있습니다.

01 모든 가능성을 고려해 보는 것이 중요합니다. It's important to consider **all possibilities.**

02 대안을 고려해 보는 것이 중요합니다. It's important to consider **the alternatives.**

03 지구 기후변화에 대해 고려해 보는 것이 중요해요. It's important to consider **global climate change.**

04 시험을 볼 때 시간을 어떻게 운영할지를 고려해 보는 게 중요합니다. It's important to consider **how to manage your time during the test.**

05 어떤 주제로 에세이를 쓸지 생각해 보는 것이 중요해요. It's important to consider **your choice for the essay topic.**

01 모든 가능성을 고려해 보는 것이 중요해.

T: Do you think there is life on other planets, Bill?

S: No, I don't.

T: 모든 가능성을 고려해 보는 것이 중요해.

S: Maybe.

02 지구 기후변화에 대해 고려해 보는 것이 중요해.

T: Don't you care if the polar ice caps melt?

S: No, it's just a frozen wasteland.

T: 지구 기후변화에 대해 고려해 보는 것이 중요해.

S: You say that, but I don't believe in it.

교사: Bill, 다른 행성에도 생명체가 있다고 생각하나?
학생: 아뇨, 없다고 생각합니다.
교사: It's important to consider all possibilities.
학생: 아마도요.

교사: 극지방의 빙하가 녹는 것에 대해 걱정이 안 되니?
학생: 네, 거긴 쓸모없는 언 땅에 불과하잖아요.
교사: It's important to consider global climate change.
학생: 선생님은 그렇게 말씀하시지만 저는 생각이 다른데요.

교실영어핵심패턴233-073.mp3

★ Pattern 073

Your theory is...

네 이론은 ~야

theory는 학문적인 '이론, 학설'이란 일반적인 뜻 외에도 개인적인 '견해'나 '지론, 의견'을 뜻하기도 합니다. 이 패턴은 교사로서 학생들의 발표나 발언에 대해 코멘트를 할 때 쓰면 유용해요. is 다음에는 이론이 어떤지 설명하는 내용을 넣으면 됩니다.

01 네 이론은 틀렸어. Your theory is **flawed.**

02 네 생각도 선생님 생각과 비슷하구나. Your theory is **similar to mine.**

03 네 이론이 최고야. Your theory is **the best.**

04 네 생각대로 해봐도 좋을 것 같구나. Your theory is **worth trying.**

05 네 이론은 조금만 손보면 괜찮아. Your theory is **okay if you change it a little.**

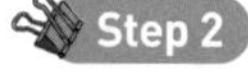

01 네 이론이 최고야.

T: I want to talk about your ideas further.
S: Why?
T: Because I think 네 이론이 최고야.
S: Wow! I had no idea.

02 네 생각대로 해봐도 좋을 것 같구나.

S: I think if we practice these words every day, we will learn them easily.
T: 네 생각대로 해봐도 좋을 것 같구나.
S: I will start today!
T: Okay. Here's the first word.

교사: 네 아이디어에 대해 좀 더 얘기해 보고 싶은데.
학생: 왜요?
교사: 왜냐하면 내 생각엔 your theory is the best.
학생: 와! 몰랐어요.

학생: 제 생각에는 우리가 이 단어들을 매일 연습하면 쉽게 배울 수 있을 것 같아요.
교사: Your theory is worth trying.
학생: 오늘부터 시작해 볼게요!
교사: 좋아. 첫 번째 단어다.

교실영어핵심패턴233-074.mp3

★ Pattern 074

True or false: ...

~가 맞을까요, 틀릴까요?

학생들과 맞추기 게임 등을 할 때 자주 쓰는 표현인데요. True or false 다음에 Tomatoes are fruit.처럼 명제가 되는 문장을 덧붙여서 사용하면 됩니다. 학생이 답을 맞추면 Right.이나 Yes.라고 하거나 문장으로 That's right/it/correct.라고 하면 됩니다. 반대로, 틀렸다면 Not really.나 Not exactly. 등으로 대답해 주세요.

Step 1

01 고양이가 포유류인 게 맞을까요, 틀릴까요? True or false: Cats are mammals.

02 토마토가 과일이라는 게 맞을까요, 틀릴까요? True or false: Tomatoes are fruit.

03 어떤 고기들은 날 수 있다는 게 맞을까요, 틀릴까요? True or false: Some fish can fly.

04 가장 높은 산이 에베레스트 산이라는 게 맞을까요, 틀릴까요? True or false: The highest mountain is Mt. Everest.

05 지구가 평평하다는 게 맞을까요, 틀릴까요? True or false: The earth is flat.

Step 2

01 토마토가 과일이라는 게 맞을까요, 틀릴까요?

T: Let's take a quiz.
S: Okay. What's the first question?
T: 토마토가 과일이라는 게 맞을까요, 틀릴까요?
S: Hmm. That's a difficult one.

02 지구가 평평하다는 게 맞을까요, 틀릴까요?

T: 지구가 평평하다는 게 맞을까요, 틀릴까요?
S: It looks flat.
T: True, but remember, it's a planet.
S: Oh yeah. The earth is not flat. It's a sphere.

교사: 퀴즈를 낼게요.
학생: 좋아요. 첫 번째 질문이 뭐예요?
교사: True or false: Tomatoes are fruit.
학생: 음. 어려운데요.

교사: True or false: The earth is flat.
학생: 평평한 것 같은데요.
교사: 맞긴 맞는데 지구는 행성이라는 걸 기억하세요.
학생: 아, 맞다. 지구는 평평한 게 아니라 구 모양입니다.

There has never been...

~한 것은 없었습니다

There has never been 다음에 more... than ... 같은 비교급을 넣어서 사용하는 패턴으로 '지금까지 ~한 적이 없었다'라는 뜻입니다. been 다음에 원급 명사가 연결되면 그냥 '~한 적은 없었다'라는 뜻이고, 비교급 명사가 연결되면 '…보다 더 ~한 것은 없었다'라는 뜻이 되니까 구분해서 익혀 두세요.

01 이것에 대한 논쟁은 한 번도 없었습니다. There has never been **an argument about this.**

02 미국 역사에서 링컨보다 더 중요한 대통령은 없었습니다. There has never been **a more important president than Lincoln.**

03 테레사 수녀님보다 더 인간애가 넘치는 사람은 없었습니다. There has never been **a better humanitarian than Mother Teresa.**

04 유재석보다 더 웃긴 코미디언은 없었습니다. There has never been **a funnier comedian than Yoo Jae Seok.**

05 반에서 만점이 나온 적은 한 번도 없었습니다. There has never been **a perfect score in class.**

01 테레사 수녀보다 더 인간애가 넘치는 분은 없었습니다.

T: Have you heard of Mother Theresa?
S: Yes, she helped the poor, didn't she?
T: 테레사 수녀보다 더 인간애가 넘치는 분은 없었습니다.
S: I'd like to learn more about her.

02 유재석보다 더 웃긴 코미디언은 없었어.

S1: I just love Yoo Jae Seok.
S2: 유재석보다 더 웃긴 코미디언은 없었어.
S1: Well, I don't know if I agree with that.
S2: Name one person who's funnier.

교사: 테레사 수녀를 들어본 적 있어요?
학생: 네, 가난한 사람들을 도왔던 분 아닌가요?
교사: There has never been a better humanitarian than Mother Teresa.
학생: 그분에 대해 좀 더 알고 싶어요.

학생1: 난 유재석이 정말 좋아.
학생2: There has never been a funnier comedian than Yoo Jae Seok.
학생1: 글쎄, 그 의견에는 동의할 수 있을지 모르겠네.
학생2: 더 웃긴 사람 있으면 말해 봐.

교실영어핵심패턴233-076.mp3

★ Pattern 076

No cheating...

~ 커닝은 안 돼

시험 시간에 하는 부정 행위를 cheating이라고 하는데, 앞에 no를 붙여서 No cheating...이라고 하면 '~ 커닝은 안 돼'라는 뜻이 됩니다. 우리가 흔히 쓰는 cunning은 영어로 '교활한, 간사한'이라는 뜻일 뿐 우리말이 뜻하는 '부정 행위'란 의미는 없으니 주의하세요.

01 시험 볼 때 커닝은 안 된다. No cheating on the test.

02 커닝하지 마라. 걸리면 낙제다. No cheating or you will flunk.

03 커닝은 용납할 수 없어. No cheating will be tolerated.

04 이번엔 커닝하면 안 된다. No cheating this time.

05 내 사전에 커닝은 없어. No cheating is my policy.

01 시험 볼 때 커닝은 안 된다.

T: Remember the "golden rule."
S: The "golden rule?"
T: You know. 시험 볼 때 커닝은 안 된다.
S: Don't worry. I will never cheat.

02 커닝은 용납할 수 없어.

T: If I catch you cheating, you will fail.
S: Automatically?
T: 커닝은 용납할 수 없어.
S: Wow, you're a tough teacher*!

교사: "골든 룰"을 잊지 마세요.
학생: "골든 룰"이라뇨?
교사: 여러분도 알잖아요. No cheating on the test.
학생: 걱정 마세요. 절대로 커닝 안 해요.

교사: 커닝하다 들키면 낙제다.
학생: 자동으로요?
교사: No cheating will be tolerated.
학생: 와, 선생님 엄청 깐깐하시네요!

Tip! tough teacher에서 tough는 우리말의 '터프한', '까다로운', '어려운'이란 뜻이에요.

The test will cover...

시험 범위는 ~입니다

학교 생활에서 빠질 수 없는 것이 바로 시험이죠. 시험 범위를 알려줄 때 유용한 말이 바로 동사 cover입니다. 어떤 범위에 '걸치다, 미치다', 또는 어떤 분야나 영역을 '포함하다'라는 뜻이거든요. 타동사로 쓰이므로 cover 뒤에는 목적어로 명사가 필요합니다. 목적어 자리에 시험 범위에 해당하는 명사를 쓰면 돼요.

01 시험 범위는 이번 학기에 다룬 내용 전부입니다. The test will cover **the entire semester.**

02 시험 범위는 3, 4, 5과야. The test will cover **chapters 3, 4, and 5.**

03 시험은 12세기에 관한 부분입니다. The test will cover **the 12th century.**

04 시험 범위에 과제물도 포함됩니다. The test will cover **our papers.**

05 많은 자료의 내용이 시험에 포함됩니다. The test will cover **a lot of material.**

Step 2

01 시험 범위는 이번 학기에 다룬 내용 전부입니다.

S: How should we study for the test?
T: 시험 범위는 이번 학기에 다룬 내용 전부입니다.
S: That's a lot of material.
T: Yes, but you should know it by now.

02 시험 범위는 3, 4, 5과야.

S1: Are you ready for the exam?
S2: No. Do you know which chapters we're covering?
S1: 시험 범위는 3, 4, 5과야.
S2: I guess that's not so bad.

학생: 시험 공부는 어떻게 해야 하나요?
교사: The test will cover the entire semester.
학생: 양이 장난 아니게 많은데요.
교사: 그렇긴 하지만, 지금쯤이면 다 알아야 하는 범위예요.

학생1: 시험 준비 다 됐니?
학생2: 아니. 어느 과가 범위에 들어가는지 알아?
학생1: The test will cover chapters 3, 4, and 5.
학생2: 아주 많은 건 아니네.

교실영어핵심패턴233-078.mp3

★ Pattern 078

Please follow...

~을 따라하세요

follow에는 다른 사람이 하는 것을 '그대로 따라하다'라는 뜻도 있고 누군가의 지시나 충고에 따라 '~을 하다'라는 뜻도 있습니다. 이 패턴은 단어나 문장을 읽어 주면서 그대로 따라 읽으라고 할 때, 또는 게임이나 activity 등을 설명에 따라 해보라고 할 때 사용할 수 있습니다.

Step 1

01 설명을 따라하세요. Please follow **the instructions.**

02 예문을 따라해 보세요. Please follow **the example.**

03 저를 따라해 보세요. Please follow **my lead.**

04 패턴을 따라하세요. Please follow **the pattern.**

05 유형을 따라하세요. Please follow **the form.**

Step 2

01 설명을 따라하세요.

T: Now begin the exercise.

S: I don't know what to do.

T: 설명을 따라하세요.

S: But they're in English!

02 예문을 따라해 보세요.

T: Now try to say your own sentence.

S: How can I do that?

T: 예문을 따라해 보세요.

S: Oh, that's not too hard.

교사: 이제 연습문제를 풀어 보세요.
학생: 어떻게 해야 하는지 모르겠어요.
교사: Please follow the instructions.
학생: 그렇지만 영어로 쓰여 있는데요!

교사: 이제 여러분 자신의 문장으로 말해 보도록 하세요.
학생: 어떻게 해야 하는데요?
교사: Please follow the example.
학생: 아, 그렇게 어렵지 않네요.

교실영어핵심패턴233-079.mp3

★ Pattern 079

Can everyone see...?

다들 ~가 보이죠?

칠판을 사용하거나 프로젝터와 같은 시각 자료를 이용할 때 학생들에게 잘 보이는지 확인하기 위해 쓸 수 있는 표현입니다. Is there anyone who can't see...?(혹시 ~ 안 보이는 학생 있니?) 패턴을 이용해 물어볼 수도 있죠. see에는 '보다' 이외에 '알다, 이해하다'의 의미도 있어서 Can everyone see...? 하면 '다들 ~을 알겠니?'라는 뜻으로 쓰일 수 있습니다.

Step 1

01 다들 칠판 보이니? Can everyone see **the blackboard?**

02 다들 화면 보이니? Can everyone see **the screen?**

03 다들 이 그래프가 보이죠? Can everyone see **this graph?**

04 다들 이 그림이 보이죠? Can everyone see **this picture?**

05 다들 이게 어떻게 된 건지 알겠니? Can everyone see **how this works?**

Step 2

01 다들 이 그래프가 보이죠?

T: 다들 이 그래프가 보이죠?

S: I can't see it, Mrs. Wilber.

T: Move closer. It shows the distribution of your grades.

S: I'm not so sure I want to see that.

02 다들 이 그림이 보이죠?

T: 다들 이 그림이 보이죠? What is it?

S: I think it's a cucumber.

T: No, you were close. It's a "zucchini."

S: What's a zucchini?

교사: Can everyone see this graph?
학생: Wilber 선생님, 전 볼 수가 없어요.
교사: 좀 더 가깝게 와 보세요. 여러분들의 성적 분포를 보여 주는 겁니다.
학생: 저는 별로 보고 싶지 않은 것 같아요.

교사: Can everyone see this picture? 이게 뭘까요?
학생: 오이 같은데요.
교사: 아니지만, 거의 비슷해요. 이건 주키니예요.
학생: 주키니가 뭐죠?

*zucchini : 오이랑 비슷하게 생긴 서양 호박

★ Pattern 080

Would you care for...?

~을 원하나요?

care for는 '~을 좋아하다, ~을 바라다'라는 뜻으로 Would you care for...?라고 하면 '~을 드릴까요?' 정도의 의미입니다. 학생들이 특정한 어떤 것이 필요한지, 혹은 그것을 원하는지 의향을 물어볼 때 사용하는 패턴이에요. 비슷한 표현에는 Would you like...?가 있습니다.

Step 1

01 생각할 시간이 더 필요하니? Would you care for* **a few more minutes to think?**

02 간식을 줄까? Would you care for **a snack?**

03 제안을 하나 할까? Would you care for **a suggestion?**

04 힌트 하나 줄까? Would you care for **a hint?**

05 도와줄까? Would you care for **some help?**

Step 2

01 생각할 시간이 더 필요하니?

T: Can you answer the question?

S: Hmm...

T: 생각할 시간이 더 필요하니?

S: Yes, please.

02 힌트 하나 줄까?

S: Hmm. I'm not sure what the past tense of "go" is.

T: 힌트 하나 줄까?

S: Yes, please.

T: It rhymes with "rent."

교사: 질문에 대답할 수 있어?
학생: 음…
교사: Would you care for a few more minutes to think?
학생: 네, 그렇게 해주세요.

학생: 음. go의 과거형이 뭔지 잘 모르겠어요.
교사: Would you care for a hint?
학생: 네, 그렇게 해주세요.
교사: rent와 운율이 비슷해.

Tip!

Would you care for...?에는 '~을 드시겠어요?'라는 뜻도 있습니다. 예를 들면, Would you care for coffee?는 '커피 드시겠어요?'라는 말이고, Would you care for something to drink?라고 하면 '뭐 마실 것 좀 드릴까요?'라는 뜻이 됩니다.

교실영어핵심패턴233-081.mp3

★ Pattern 081

That's the way...

그게 바로 ~야

way 다음에 절이 연결되어 '그런 식으로 ~한다', 또는 '그게 ~하는 방식이다'라는 뜻을 나타냅니다. 학생들이 선생님이 의도하던 결과를 보여 줬을 때 '그래, 바로 그거야'라고 말하면서 긍정적인 피드백을 줄 때 이 표현을 사용해요. 예를 들면, That's the way I like it.이라고 하면 '내가 원하는 게 바로 그거야'라는 뜻이고, That's the way it should be. 하면 '그래, 그래야지'라는 뜻이 되죠.

Step 1

01 그게 바로 네가 해야 할 일이야. That's the way you have to do it.

02 그게 바로 미국식 표현이야. That's the way they say it in America.

03 그게 내가 좋아하는 거야. That's the way I like it.

04 그런 식으로 해야지. That's the way it works.

05 그게 바로 선생님께서 우리에게 보여 주셨던 거야. That's the way the teacher showed us.

Step 2

01 그게 바로 네가 해야 할 일이야.

S: It's difficult to write all the answers to these questions.

T: 그게 바로 네가 해야 할 일이야.

S: I know that, but I don't have to like it.

T: Stop complaining!

02 그게 바로 미국식 표현이야.

T: Any questions?

S: I understand "lift" but I don't understand "elevator."

T: 그게 바로 미국식 표현이야.

S: How strange!

학생: 이 질문들에 다 답을 쓰기가 쉽지 않아요.
교사: That's the way you have to do it.
학생: 그건 알지만, 그렇다고 좋아해야 한다는 건 아니잖아요.
교사: 불평 그만해!

교사: 질문 있니?
학생: 저는 lift는 이해가 가는데 elevator가 이해가 안 가요.
교사: That's the way they say it in America.
학생: 이상하네요!

Can someone...?

누가 ~해줄래?

일방적으로 '이거 해봐요!'라고 시키지 않고 '~해 볼 사람?' 하고 자발적으로 참여하도록 유도할 때 쓸 수 있는 표현입니다. 혹시나 하는 불확실성보다는 긍정적인 호응을 기대할 때 주로 사용하죠. 선생님의 주목을 받고 싶은 학생이라면 이럴 때 '저요!' 하고 손을 번쩍 들겠죠.

01 누가 이 의자들 좀 옮겨 줄래? — Can someone* **carry these chairs?**

02 저 펜을 나한테 건네줄 수 있는 사람? — Can someone **hand me that pen?**

03 그 질문에 답할 수 있는 사람? — Can someone **answer the question, please?**

04 칠판에 나와서 문제를 풀 수 있는 사람? — Can someone **come to the board and solve the problem?**

05 말리가 어디 있는지 말해 볼 사람? — Can someone **tell me where Mali is?**

01 누가 이 의자들 좀 옮겨 줄래?

T: Let's rearrange the classroom so we can watch this English movie.
S: Okay. That sounds great!
T: 누가 이 의자들 좀 옮겨 줄래?
S: I can do it.

02 말리가 어디 있는지 말해 볼 사람?

T: 말리가 어디 있는지 말해 볼 사람?
S1: Is it in South America?
T: Sorry. Wrong continent.
S2: I know! Mali is in Africa!
T: That's right!

Tip!
흔히 any는 의문문과 부정문에 쓰고, some은 긍정문에 쓴다는 원칙이 있는데 의문문에 왜 someone이 쓰였을까요? 의문문에 some을 쓰면 긍정의 대답을 기대한다는 의미랍니다.

교사: 이 영어 영화 보려면 교실을 재배치해야지.
학생: 네. 신난다!
교사: Can someone carry these chairs?
학생: 제가 할게요.

교사: Can someone tell me where Mali is?
학생1: 남미인가요?
교사: 미안하구나. 그 대륙이 아닌데.
학생2: 저요! 말리는 아프리카에 있어요!
교사: 맞았어!

I'm still waiting for...

난 아직 ~을 기다리고 있단다

학생들에게 질문을 한 후 답변을 기다리거나, 과제를 내주고 제출하기를 기다리는 상황에서 쓸 수 있는 패턴입니다. 「wait for + 명사」는 '~을 기다리다', 「wait for + 명사 + to부정사」는 '~가 …하길 기다리다'라는 뜻이 돼요.

Step 1

01 난 아직 네 대답을 기다리고 있다. I'm still waiting for **your answer.**

02 난 아직 네가 숙제를 제출하기를 기다리고 있어. I'm still waiting for **you to give me your homework.**

03 나는 여전히 너의 답변을 기다리고 있어. I'm still waiting for **your response.**

04 난 네가 끝내기를 기다리고 있어. I'm still waiting for **you to finish.**

Step 2

01 난 아직 네 대답을 기다리고 있어.

T: What's the answer to number 7?
S: Let me think.
T: Well?
S: Hmm.
T: 난 아직 네 대답을 기다리고 있어.

02 난 아직 네가 숙제를 제출하기를 기다리고 있어.

S: Goodbye, Mr. Smith.
T: 난 아직 네가 숙제를 제출하기를 기다리고 있어.
S: Oh! I forgot. Here it is.
T: Thank you. Goodbye!

교사: 7번 문제 답이 뭐지?
학생: 잠깐만요.
교사: 말해 볼까?
학생: 음.
교사: I'm still waiting for your answer.

학생: Smith 선생님, 안녕히 계세요.
교사: I'm still waiting for you to give me your homework.
학생: 아! 깜빡했어요. 여기 있습니다.
교사: 고맙다. 잘 가라!

Write your name...

~에 이름을 쓰세요

시험 볼 때 가장 중요한 게 뭘까요? 맞습니다. 답안지에 이름을 쓰는 거죠? 시험을 잘 봐서 100점을 맞아도 답안지에 이름을 쓰지 않으면 아무 소용 없으니까요. 각자의 물건에 이름을 쓰게 하거나, 시험 볼 때 이름을 썼는지 확인할 때 쓸 수 있는 표현입니다.

01 과제물 위에 이름을 쓰세요. Write your name **at the top of your paper.**

02 표지에 이름을 쓰세요. Write your name **on the cover.**

03 시험지에 이름 쓰는 거 잊지 마세요. **Don't forget to** write your name **on the test.**

04 그 여행을 가고 싶으면 명단에 이름을 쓰세요. Write your name **on the list if you want to go on the trip.**

05 쓰고 싶은 주제 옆에 이름을 쓰세요. Write your name **next to the topic you want to write about.**

Step 2

01 그 여행을 가고 싶으면 명단에 이름을 쓰세요.

T: Next week there will be a special trip to the zoo!

S: That sounds terrific!

T: 그 여행을 가고 싶으면 명단에 이름을 쓰세요.

S: I'll do it right now!

02 쓰고 싶은 주제 옆에 이름을 쓰세요.

T: You must choose one of these topics for your essay.

S1: I want to write about history.

S2: I want to write about art.

T: 쓰고 싶은 주제 옆에 이름을 쓰세요.

교사: 다음주에는 동물원으로 소풍을 갈 거예요.
학생: 신난다!
교사: Write your name on the list if you want to go on the trip.
학생: 지금 당장 쓸게요!

교사: 에세이를 쓰려면 이 주제들 중 하나를 선택해야 해요.
학생1: 저는 역사에 대해서 쓰고 싶어요.
학생2: 저는 예술에 대해서 쓰고 싶어요.
교사: Write your name next to the topic you want to write about.

교실영어핵심패턴233-085.mp3

Pattern 085

Listen carefully...

잘 듣고 ~

listen은 '듣다'라는 뜻이고 carefully는 '신중하게'라는 뜻이잖아요. 따라서 중요한 설명을 하려고 하거나 집중해서 들어야 할 때 이 패턴을 쓰면 좋아요. 특히, 청취 수업에서 많이 사용되는 표현이기도 합니다. 이 패턴을 응용해서 '잘 보고 ~하세요'라고 말할 때는 Look (at) ~ carefully...라고 하면 됩니다.

01 잘 듣고 빈칸을 채우세요. — Listen carefully and fill in the blanks.

02 잘 듣지 않으면 뭘 해야 할지 모를 거예요. — If you don't listen carefully, you won't know what to do.

03 잘 듣지 않으면 혼동할 수 있어요. — Listen carefully or you will get confused.

04 이야기를 집중해서 들으세요. — Listen carefully to the story.

05 잘 듣고 질문에 답하세요. — Listen carefully and then try to answer the questions.

01 잘 듣지 않으면 뭘 해야 할지 모를 거예요.

T: Now it's time to practice listening.
S1: Oh, this is going to be easy.
S2: Yeah, I can understand everything!
T: 잘 듣지 않으면 뭘 해야 할지 모를 거예요.

02 잘 듣고 질문에 답하세요.

S: How do we do this exercise?
T: 잘 듣고 질문에 답하세요.
S: Should we write the answers?
T: No, just discuss them with your partner.

교사: 이제 듣기 연습할 시간입니다.
학생1: 아, 이건 쉬울 것 같은데요.
학생2: 맞아, 다 알아들을 수 있어요!
교사: If you don't listen carefully or you won't know what to do.

학생: 이 연습문제 어떻게 푸는 거예요?
교사: Listen carefully and then try to answer the questions.
학생: 답을 써야 하나요?
교사: 아니, 그냥 짝과 답에 대해 논의하세요.

교실영어핵심패턴233-086.mp3

★ Pattern 086

Write this down...

이것을 받아 적으세요

write down은 '받아 적다'라는 뜻의 동사구입니다. 말 그대로 상대방이 부르는 것을 받아 적는 것을 의미해요. 여기서 this나 that 같이 대명사가 올 경우에는 write this down처럼 중간에 넣어 주세요. 숙제나 준비물을 받아 적게 하거나, 수업 내용을 받아 적게 할 때 사용할 수 있는 표현입니다.

Step 1

01 그건 중요한 거니까 받아 적으세요. Write this down because it's important.

02 이것을 받아 적고 나서 연습해 보세요. Write this down and then practice saying it.

03 나중에 잊지 않도록 이걸 받아 적으세요. Write this down or you won't remember it later.

04 잊어버리지 않게 받아 적어라. Write this down so you don't forget.

05 제가 말한 대로 받아 적으세요. Write this down as I say it.

Step 2

01 그건 중요한 거니까 받아 적으세요.

T: Are you listening?

S: Yes, sir.

T: 그건 중요한 거니까 받아 적으세요.

S: I'm ready.

02 잊어버리지 않게 받아 적도록 하세요.

S: What chapter are we supposed to read?

T: Chapter 16.

S: I can never remember the homework!

T: 잊어버리지 않게 받아 적도록 하세요.

교사: 듣고 있나요?
학생: 네, 선생님.
교사: Write this down because it's important.
학생: 준비됐습니다.

학생: 몇 과를 읽어야 하죠?
교사: 16과다.
학생: 숙제를 기억 못하겠어요!
교사: Write this down so you don't forget.

교실영어핵심패턴233-087.mp3

★ Pattern 087

Keep working...

계속해서 ~하세요

「keep + 동사원형 + -ing」는 '계속 ~하다'라는 뜻으로, keep working 하면 '하던 일을 계속하다'라는 의미입니다. 수업 시간에 학생들이 문제를 푸는 동안 잠시 교실을 비워야 할 경우 선생님 없다고 장난하지 말고 문제를 계속 풀라고 말할 때 바로 이 패턴을 사용할 수 있습니다.

01 벨이 울릴 때까지 계속하세요. — Keep working until the bell rings.

02 Sally를 도와주는 동안 계속하세요. — Keep working while I help Sally.

03 내가 그만하라고 말할 때까지 계속하세요. — Keep working until I tell you to stop.

04 다음 연습문제를 준비하는 동안 계속하세요. — Keep working while I prepare the next exercise.

05 정신 흩트리지 말고 계속해라. — Keep working and don't be distracted.

Step 2

01 벨이 울릴 때까지 계속해.

S: How much longer do we have to write?

T: 벨이 울릴 때까지 계속해.

S: Oh no! That's another hour!

T: That's not too long.

02 Sally를 도와주는 동안 계속해.

T: Is anyone having problems with this exercise?

S: I'm a little confused*.

T: Okay. Sally를 도와주는 동안 계속해.

S: Thank you.

학생: 얼마나 더 오래 글을 써야 하죠?
교사: Keep working until the bell rings.
학생: 안 돼요! 그럼 또 한 시간이잖아요!
교사: 그렇게 길지 않은데 뭐.

교사: 이 연습문제 푸는 데 어려운 사람 있니?
학생: 제가 좀 헷갈립니다.
교사: 알았다. Keep working while I help Sally.
학생: 감사합니다.

Tip!
'제가 좀 헷갈립니다'라는 I'm a little confused. 와 유사한 표현들에는,
- I'm a little lost.
- This is a little over my head.
- You've lost me.
등이 있습니다.

교실영어핵심패턴233-088.mp3

★ Pattern 088

As you listen, ...

들으면서 ~하세요

CD, 테이프, 동영상 등을 보거나 들으면서 학습할 때 사용할 수 있는 표현입니다. While listening...이나 While you listen...도 유사한 표현이에요. '들으면서 답안지에 표시하세요'라는 말은 While you listen, mark your answer sheets.라고 하면 됩니다.

Step 1

01 들으면서 남자가 하는 말을 이해할 수 있는지 봅시다. — As you listen, **see if you can understand what the man says.**

02 들으면서 노트에 들은 대로 적으세요. — As you listen, **copy what you hear in your notebook.**

03 들으면서 여자의 발음에 집중하세요. — As you listen, **pay attention to the woman's pronunciation.**

04 들으면서 이어지는 질문들을 생각해 보세요. — As you listen, **think about the following questions.**

Step 2

01 들으면서 남자가 하는 말을 이해할 수 있는지 보자.

T: Now we are going to do a listening exercise.

S: What should we do?

T: 들으면서 남자가 하는 말을 이해할 수 있는지 보자.

S: I hope he doesn't speak too quickly.

02 들으면서 노트에 들은 대로 적어.

T: This is a dictation exercise.

S: What's a dictation exercise?

T: 들으면서 노트에 들은 대로 적어.

S: Oh, I understand.

교사: 이제 듣기 연습을 해보자.
학생: 뭘 하면 되나요?
교사: As you listen, see if you can understand what the man says.
학생: 그 사람이 말을 너무 빨리 하지 않아야 할 텐데.

교사: 받아쓰기 연습 시간이야.
학생: 받아쓰기 연습이 뭐예요?
교사: As you listen, copy what you hear in your notebook.
학생: 아, 알겠습니다.

🎧 교실영어핵심패턴233-089.mp3

★ Pattern 089

Repeat after me...

~ 따라 읽으세요

선생님이 하는 대로 따라 읽으라고 할 때 쓸 수 있는 표현입니다. line by line, word by word 같이 따라 읽는 단위를 나타내는 표현, 또는 at a normal speed, slowly, naturally와 같이 읽는 속도를 나타내는 표현들을 사용해서 다양하게 응용이 가능합니다.

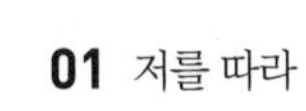

Step 1

01 저를 따라 읽으세요: 'go, went, gone.' — Repeat after me: 'go, went, gone.'

02 한 줄씩 따라 읽으세요. — Repeat after me line by line.

03 저를 따라 읽으세요: 'To be or not to be.' — Repeat after me: 'To be or not to be.'

04 천천히 따라 읽으세요. — Repeat after me slowly.

05 문단의 의미를 생각하면서 저를 따라 읽으세요. — Repeat after me while thinking about the meaning of the paragraph.

Step 2

01 한 줄씩 따라 읽어.

T: Let's practice pronunciation.

S: What should we say?

T: 한 줄씩 따라 읽어.

S: That's too difficult!

02 나를 따라 읽어.

T: It's time to memorize some verbs. Are you ready?

S: Yes, ma'am.

T: 나를 따라 읽어. 'go, went, gone.'

S: Go, went, gone.

교사: 발음을 연습해 보자.
학생: 뭘 읽어야 하죠?
교사: Repeat after me line by line.
학생: 너무 어려워요!

교사: 동사들을 외워 볼 시간이다. 준비 됐니?
학생: 네, 선생님.
교사: Repeat after me: 'go, went, gone.'
학생: Go, went, gone.

★ Pattern 090

First of all, ...

먼저, ~

여러 가지 활동을 순차적으로 설명할 때, 또는 수업할 내용을 순서대로 소개할 때 사용할 수 있는 표현입니다. 많은 것 중에 가장 중요한 것, 또는 제일 우선순위를 둬야 하는 것이 무엇인지를 설명할 때도 유용한 표현이에요.

Step 1

01 무엇보다도 새로운 언어를 배우는 것은 재미있어야 해.	First of all, learning a new language should be fun.
02 먼저 알파벳 읽기를 연습하자.	First of all, let's practice saying the alphabet.
03 먼저 새로운 단어를 발음하는 방법을 기억해야 해.	First of all, try to remember how to pronounce the new word.
04 먼저 이 새로운 단어들을 외워야 해.	First of all, we need to memorize these new words.
05 먼저 네가 무엇을 이야기하고 싶은지를 생각해.	First of all, think about what you want to say.

Step 2

01 무엇보다도 새로운 언어를 배우는 것은 재미있어야 해.

S: English is too difficult. What should we do?

T: 무엇보다도 새로운 언어를 배우는 것은 재미있어야 해.

S: How can we have fun in English class?

T: Let's try creating a story!

02 먼저 이 새로운 단어들을 외워야 해.

T: Today we are going to read a story.

S: That sounds difficult.

T: 먼저 이 새로운 단어들을 외워야 해.

S: That will make it easier.

학생: 영어가 너무 어려워요. 어떡하죠?
교사: First of all, learning a new language should be fun.
학생: 어떻게 영어 수업을 재미있게 하죠?
교사: 이야기를 하나 만들어 보자!

교사: 오늘은 이야기를 하나 읽으려고 한다.
학생: 어려울 것 같은데요.
교사: First of all, we need to memorize these new words.
학생: 그러면 조금 쉬워지겠네요.

교실영어핵심패턴233-091.mp3

★ Pattern 091

Please explain...

~을 설명해 보세요

explain은 '설명하다'라는 뜻으로 토론 수업 등에서 학생이 제시한 의견을 좀 더 구체적으로 설명해 보라고 할 때 사용할 수 있는 표현입니다. 학생이 수업 중 이해가 안 되는 부분이나 더 알고 싶은 부분을 설명해 달라고 요청할 때도 사용할 수 있고요. explain 다음에는 explain의 목적어 역할을 하는 명사나 '어떻게'에 해당하는 부사가 옵니다. why 절이 오면 '~한 이유', 또는 '왜 ~했는지'의 뜻이 돼요.

Step 1

01 네 답을 설명해 봐라. Please explain **your answer.**

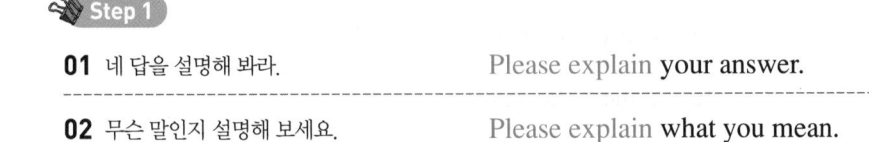

02 무슨 말인지 설명해 보세요. Please explain **what you mean.**

03 왜 늦었는지 설명해 봐. Please explain **why you were late.**

04 이 연습문제를 설명해 주세요. Please explain **this exercise.**

05 규칙을 다시 설명해 주세요. Please explain **the rule again.**

Step 2

01 네 답을 설명해 봐라.

T: What do you think, Bobby?

S: I think pizza is the best food.

T: 네 답을 설명해 봐라.

S: Well, it's delicious and it's easy to eat.

02 이 연습문제를 설명해 주세요.

T: Do the exercise on page 34.

S: 이 연습문제를 설명해 주세요.

T: Just fill in the blanks.

S: Oh, now I understand.

교사: 넌 어떻게 생각하니, Bobby?
학생: 제 생각엔 피자가 최고의 음식 같아요.
교사: Please explain your answer.
학생: 음, 피자는 맛있고 먹기가 쉬우니까요.

교사: 34쪽에 있는 연습문제를 풀어 보세요.
학생: Please explain this exercise.
교사: 빈칸을 채우면 되는 거야.
학생: 아, 이제 알겠습니다.

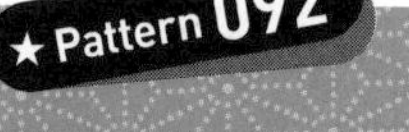

Next, ...

다음은, ~

한 활동을 마치고 다음 활동으로 넘어갈 때 사용할 수 있는 표현입니다. 특히, 토론 수업이나 프레젠테이션 수업을 진행할 때 많이 쓰이는 패턴입니다. Next 다음에는 살펴볼 내용이나 할 일에 대해서 미리 간단하게 설명해 주는 문장이 나옵니다.

01 다음은, 짧은 영화를 보겠어요. Next, we're going to watch a short film.

02 다음은, 답을 추측해 보세요. Next, try to guess the answer.

03 다음은, 답을 적어 보세요. Next, write down your answer.

04 다음은, 책을 펴 보세요. Next, I'd like you to open your books.

05 다음은, 짝꿍과 연습해 보세요. Next, practice with a partner.

01 다음은, 답을 추측해 보세요.

T: First, make sure you understand the question.
S: It looks pretty easy to me.
T: 다음은, 답을 추측해 보세요.
S: That's a little harder!

02 다음은, 책을 펴 주세요.

T: 다음은, 책을 펴 주세요.
S: What page?
T: Page 34, please.
S: Thank you.

교사: 먼저, 질문을 이해하고 있는지 확인하세요.
학생: 쉬워 보이는데요.
교사: Next, try to guess the answer.
학생: 그건 조금 어렵네요!

교사: Next, I'd like you to open your books.
학생: 몇 쪽이요?
교사: 34쪽을 펴 주세요.
학생: 감사합니다.

교실영어핵심패턴233-093.mp3

This is the last...

이게 마지막 ~예요

last는 '마지막'이라는 뜻이잖아요. 수업 시간에 몸을 비비 꼬는 아이들에게 '이게 마지막 문제니까 조금만 참자.'라고 말할 때 쓸 수 있는 패턴입니다. 또, 아이들에게 주의를 줄 때도 활용할 수 있는 패턴입니다. '이번이 마지막 경고다. 다시는 그러지 말아라.'라는 말은 This is the last warning. Don't do it again.이라고 합니다.

01 이게 이번 년도 마지막 시험이다. — This is the last **test of the year.**

02 이게 시험 보기 전에 질문할 수 있는 마지막 기회야. — This is the last **opportunity to ask questions before the test.**

03 오늘이 수업 마지막 날이구나. — This is the last **day of class.**

04 이번이 마지막 기회다. — This is the last **chance.**

05 이번이 마지막 경고다. — This is the last **warning.**

01 이게 이번 년도 마지막 시험이다.

T: 이게 이번 년도 마지막 시험이다.

S1: That's wonderful!

S2: Don't get too excited. It's going to be difficult.

S1: You're right.

02 오늘이 수업 마지막 날이구나.

T: 오늘이 수업 마지막 날이구나.

S: Now it's time for summer vacation*!

T: Don't forget everything you have learned.

S: Don't worry. We won't.

교사: This is the last test of the year.
학생1: 아싸!
학생2: 너무 신나하지는 마. 어려울 거야.
학생1: 네 말이 맞아.

교사: This is the last day of class.
학생: 이제 여름방학이다!
교사: 배운 것 잊지 버리지 말아라.
학생: 걱정 마세요. 잊지 않을게요.

Tip!
우리가 일반적으로 '휴가' 또는 '방학'이라고 할 때는 vacation을 많이 사용합니다. 반면 break은 봄방학처럼 짧은 '휴가'를 뜻합니다. 또한, holiday는 법령이나 관습에 의해 특별히 휴일로 지정된 날을 말하며, 월차 등의 '휴일' 또는 '비번'은 day off를 주로 사용합니다.

교실영어핵심패턴233-094.mp3

★ Pattern 094

Let's move on to...

~로 넘어가 봅시다

수업 중 하나의 활동을 마치고, 다음 활동으로 넘어가자고 할 때 유용한 표현입니다. 특히, 토론 수업이나 프레젠테이션 수업을 진행할 때 정말 자주 쓰는 패턴이에요. 다음 발표자로 넘어갈 때, 또는 새로운 주제로 넘어갈 때, chapter나 슬라이드를 넘기거나 대화 주제를 바꿀 때에도 사용할 수 있죠. **Let's go to ~**도 마찬가지 상황에서 많이 사용되는 패턴입니다.

01 7과로 넘어가자. Let's move on to **chapter 7.**

02 새로운 주제로 넘어가자. Let's move on to **a new topic.**

03 다음 연습문제로 넘어가자. Let's move on to **the next exercise.**

04 재미있는 부분으로 넘어가자. Let's move on to **the fun part.**

05 네 과제로 넘어가자. Let's move on to **your homework.**

01 7과로 넘어가자.

T: 7과로 넘어가자.

S: I'm sorry, but I don't understand chapter 6 yet.

T: Okay. Let's review.

S: Thank you, sir.

02 재미있는 부분으로 넘어가자.

S: This exercise is really difficult.

T: 그럼 재미있는 부분으로 넘어가자.

S: What's the fun part?

T: Lunch time!

교사: Let's move on to chapter 7.
학생: 죄송한데요, 저는 아직 6과가 이해가 안 돼요.
교사: 좋아. 다시 복습해 보자.
학생: 감사합니다, 선생님.

학생: 이 연습문제 너무 어려워요.
교사: Let's move on to the fun part.
학생: 재미있는 부분이 뭔데요?
교사: 점심 시간!

★ Pattern 095

What do you think about...? ~에 대해 어떻게 생각하니?

학생들의 의견을 묻거나 참여를 유도할 때 사용할 수 있는 표현입니다. 예를 들면, 토론 수업 시간에 주제에 대해 의견을 물을 때 What do you think about this topic?이라고 주제에 대한 학생의 의견을 물으면서 참여를 유도할 수 있는 거죠.

Step 1

01 이 과제에 대해 어떻게 생각해? What do you think about **this assignment?**

02 시험에 대해 어떻게 생각해? What do you think about **the test?**

03 Bob의 의견에 대해 어떻게 생각하니? What do you think about **Bob's opinion?**

04 이 연습문제에 대해 어떻게 생각해? What do you think about **this exercise?**

05 이 수업에 대해서 어떻게 생각해? What do you think about **this class?**

Step 2

01 Bob의 의견에 대해 어떻게 생각하니?

T: Bob의 의견에 대해 어떻게 생각하니?

S: I disagree.

T: What's your opinion?

S: I think soccer is the best sport.

02 이 연습문제에 대해 어떻게 생각해?

T: 이 연습문제에 대해 어떻게 생각해?

S: It's difficult, but helpful.

T: Good. We're going to do another one like it tomorrow.

S: Oh no!

교사: What do you think about Bob's opinion?
학생: 저는 동의하지 않아요.
교사: 네 의견은 뭔데?
학생: 저는 축구가 최고의 운동 같습니다.

교사: What do you think about this exercise?
학생: 어렵지만, 도움이 되는 것 같아요.
교사: 좋아. 우리 내일 이거랑 비슷한 걸 하나 더 할 거야.
학생: 안 되는데!

교실영어핵심패턴233-096.mp3

★ Pattern 096

Does anyone have...?

누구 ~ 있는 사람?

'누구 ~를 가지고 있는 사람?'이라고 물어볼 때 이 패턴을 사용합니다. 동사 have 뒤에 다양한 명사를 넣어 활용할 수 있어요. Does anyone 뒤에는 have뿐만 아니라 의미상 다양한 동사를 연결할 수도 있습니다. 예를 들면, Does anyone know...?(누구 ~ 아는 사람?), 또는 Does anyone see...?(누구 ~ 본 사람?) 같이 말이죠.

Step 1

01 질문 있는 사람? Does anyone* have **a question?**

02 개를 키워 본 경험 있는 사람? Does anyone have **experience with dogs?**

03 나눌 게 있는 사람? Does anyone have **something to share?**

04 이의 있는 사람? Does anyone have **an objection?**

05 연필 하나 더 갖고 있는 사람? Does anyone have **an extra pen?**

Step 2

01 질문 있는 사람?

T: The test will cover chapters 3 through 5.
S: I don't feel ready for this exam.
T: Let's review then. 질문 있는 사람?
S: I have a lot of questions, actually.

02 이의 있는 사람?

T: Let's talk about adverbs. 이의 있는 사람?
S: I don't.
T: All right then! What's an adverb?
S: Please explain it.

교사: 시험은 3과에서 5과까지입니다.
학생: 저는 아직 시험 준비가 안 되었는데요.
교사: 그럼 복습을 해보자. Does anyone have a question?
학생: 실은 제가 질문이 많습니다.

교사: 부사에 대해서 얘기해 보자. Does anyone have an objection?
학생: 없습니다.
교사: 그렇다면 됐어! 부사가 뭐지?
학생: 설명 좀 해주세요.

Tip!

'누구 ~ 있는 사람?'을 Who has...?로 하면 의미가 약간 달라져요. anyone이 '누구든 상관없이 아무나'라는 의미라면 who는 정확히 '누구'인지를 묻는 거거든요.

교실영어핵심패턴233-097.mp3

Can anyone tell me...?

누구 ~를 말해 볼 사람?

흔히 Can you tell me...? 패턴에는 익숙하지만 you 대신 anyone을 넣어 Can anyone tell me...?라고 하면 익숙하지 않아서 실수하기 쉬운 패턴입니다. 특정 학생을 지칭하지 않고 학생들 중 아무나 아는 사람이 대답해 달라고 할 때 쓸 수 있는 패턴이니까 교실에서 정말 요긴하겠죠?

01 지금 몇 시인지 누구 말해 볼 사람? Can anyone tell me **the time?**

02 difference의 철자를 말해 볼 사람? Can anyone tell me **the spelling of "difference"?**

03 누구 on과 above의 차이를 말해 볼 사람? Can anyone tell me **the difference between "on" and "above"?**

04 오늘 날짜를 영어로 말해 볼 사람? Can anyone tell me **today's date in English?**

05 오늘 몇 과를 공부해야 하는지 말해 줄 사람? Can anyone tell me **what chapter we are going to study today?**

Step 2

01 오늘 날짜를 영어로 말해 볼 사람?

T: 오늘 날짜를 영어로 말해 볼 사람?

S: March 11th, 2010.

T: You're close. It's the other month that starts with "M."

S: Ah, May 11th, 2010.

02 오늘 몇 과를 공부해야 하는지 말해 줄 사람?

T: 오늘 몇 과를 공부해야 하는지 말해 줄 사람?

S: I think we were going to review chapter 8.

T: Oh yes, that's right.

S: Should we form study groups?

교사: Can anyone tell me today's date in English?
학생: 2010년 3월 11일입니다.
교사: 거의 맞췄는데. M으로 시작하는 다른 달입니다.
학생: 아, 2010년 5월 11일입니다.

교사: Can anyone tell me what chapter we are going to study today?
학생: 8과를 복습할 차례인 것 같은데요.
교사: 아, 그렇구나.
학생: 스터디 그룹을 만들까요?

교실영어핵심패턴233-098.mp3

★ Pattern 098

I need you to...

여러분이 ~했으면 합니다

「I need you to + 동사원형」 패턴은 원어민이 많이 쓰는 표현입니다. need는 단지 '원하다, 바라다' 정도가 아니라 어떤 일이 굉장히 중요하거나 꼭 필요하기 때문에 반드시 해야 하는 일에 사용하잖아요. 따라서 선생님이 학생들에게 '이거 안 하면 혼난다, 이거 안 하면 맞는다' 정도의 뉘앙스를 가지고 뭔가를 요구할 때 I need you (guys) to... 패턴을 사용하면 됩니다. I want you guys to...도 이와 유사한 패턴이에요.

01 전 여러분들이 제시간에 왔으면 합니다. I need you to **be on time.**

02 전 여러분이 그만 얘기했으면 합니다. I need you to **stop talking.**

03 전 여러분이 저에게 주목했으면 합니다. I need you to **watch me carefully.**

04 전 여러분이 자신 있게 영어로 말했으면 합니다. I need you to **speak English with confidence.**

05 전 여러분이 다른 활동에도 좀 더 열심히 참여했으면 합니다. I need you to **actively involve yourself in other activities.**

01 난 너희들이 얘기를 그만했으면 좋겠구나.

T: Jeremy and Ben, 난 너희들이 얘기를 그만했으면 좋겠구나.

S: We're talking about our homework.

T: I realize that, but I need your attention right now.

S: Okay, Mrs. Anderson.

02 전 여러분이 제시간에 왔으면 합니다.

T: We're starting at 8:00 tomorrow.

S: Okay, Mrs. Anderson. Don't worry.

T: 전 여러분이 제시간에 왔으면 합니다.

S: All right. We will be there for sure.

교사: Jeremy와 Ben, I need you to stop talking.
학생: 저흰 숙제에 대해 얘기하고 있었는데요.
교사: 아는데, 지금은 집중을 했으면 좋겠다.
학생: 알겠습니다, Anderson 선생님.

교사: 내일은 8시에 시작할 거예요.
학생: 네, Anderson 선생님. 걱정 마세요.
교사: I need you guys to be on time.
학생: 알았어요. 꼭 제시간에 맞춰서 도착하겠습니다.

교실영어핵심패턴233-099.mp3

★ Pattern 099

Which one of you...?

여러분 가운데 ~는 누구죠?

의문사 which는 정해진 범위 내에서 '누가, 어느 것이'라는 뜻이죠. 그래서 which one of you 하면 '너희들 중 누가'라는 뜻이 됩니다. which one of you guys나 which of you라고 할 수도 있어요. 여러 명의 학생들 중 콕 집어서 어느 누구인지 물어볼 때 쓸 수 있는 패턴입니다.

Step 1

01 여러분 가운데 누가 이걸 썼죠? Which one of you* wrote this?

02 여러분 가운데 누가 사전을 갖고 있죠? Which one of you has the dictionary?

03 여러분 가운데 누가 그 일을 했죠? Which one of you did the work?

04 여러분 가운데 누가 제 도움이 필요하나요? Which one of you needs my help?

05 여러분 가운데 누가 정답을 알죠? Which one of you knows the answer?

Step 2

01 너희들 중 누가 이걸 썼지?

T: 너희들 중 누가 이걸 썼지?

S: Why do you ask?

T: It's quite good.

S: Oh. In that case, I wrote it!

02 너희들 중 누가 정답을 알고 있지?

T: Have you looked at the question?

S: Yes, we have.

T: 너희들 중 누가 정답을 알고 있지?

S: I do!

교사: Which one of you wrote this?
학생: 왜 그러시는데요?
교사: 너무 잘해서.
학생: 아, 그래서 물어보시는 거라면, 제가 썼어요!

교사: 다들 질문 봤니?
학생: 네, 봤어요
교사: Which one of you knows the answer?
학생: 제가 알아요!

Tip!
'우리 중에 누가'라면 which one of us, '그들 중의 누가'는 which one of them이 됩니다. 물론, which는 사물에도 쓸 수 있어서 which one of these cars라고 하면 '이 차들 중에 어느 것'이 되겠죠.

★ Pattern 100

The test is...

시험은 ~다

시험 보기 전에 시험 범위나 시험 유형, 시험 시간 등을 알려줄 때 자주 쓰는 패턴이에요. is 다음에 based on이 오면 '시험은 ~에서 출제된다'라는 뜻이 됩니다. test 대신 essay test, placement test, performance test 등을 사용하여 어떤 시험인지를 구체적으로 표현할 수 있어요.

Step 1

01 시험은 이번 학기에 우리가 공부한 곳에서 출제된다.	The test is based on what we've studied this semester.
02 시험은 8과에서 출제된다.	The test is based on chapter 8.
03 시험은 100점 만점이다.	The test is worth 100 points.
04 그 시험은 네 성적에 중요해.	The test is important part of your grade.
05 시험은 우리가 수업 시간에 공부한 연습문제들에서 출제된다.	The test is based on the exercises we've done in class.

Step 2

01 시험은 8과에서 출제된다.

T: The test is tomorrow, so don't forget to study.

S: What's on the test?

T: 시험은 8과에서 출제된다.

S: That's not too much information.

02 그 시험은 네 성적에 중요해.

T: We'll have a test next week.

S: I don't feel like studying.

T: You'd better!

S: Why?

T: 그 시험은 네 성적에 중요해.

교사: 내일이 시험이니까 다들 공부하는 거 잊지 마라.
학생: 시험 범위가 뭐예요?
교사: The test is based on chapter 8.
학생: 그것만으로는 부족해요.

교사: 우리 다음주에 시험 본다.
학생: 저는 공부하고 싶지 않은데요.
교사: 공부하는 게 나을 텐데.
학생: 왜요?
교사: The test is important part of your grade.

교실영어핵심패턴233-101.mp3

★ Pattern 101

Whose turn is it to...?

누가 ~할 차례죠?

whose는 의문대명사의 소유격으로 '누구의'라는 뜻이 있고, 소유격 관계대명사로는 '~의'라고 해석되잖아요. 하지만 이런 문법적인 접근보다는 Whose turn is it to...? 등과 같이 패턴으로 알아 두는 게 훨씬 많이 활용할 수 있는 비결입니다. 누구 차례인지 물어볼 때 아주 유용한데 to부정사를 연결하면 구체적으로 '네가 ~할 차례야'라는 의미가 돼요.

Step 1

01 누가 말할 차례죠? Whose turn is it to **speak?**

02 누가 모둠을 이끌 차례죠? Whose turn is it to **lead the group?**

03 누가 대답할 차례죠? Whose turn is it to **answer?**

04 누가 간식을 가져올 차례죠? Whose turn is it to **bring snacks?**

05 누가 이야기를 읽을 차례죠? Whose turn is it to **read a story?**

Step 2

01 누가 모둠을 이끌 차례죠?

T: Everyone, pull up a chair*.
S: Is it time for group discussion?
T: Yes.
S: 누가 모둠을 이끌 차례죠?

02 누가 이야기를 읽을 차례죠?

T: It's time to do some reading.
S: Great!
T: 누가 이야기를 읽을 차례죠?
S: It's mine!

교사: 다들 서로 가까이 앉으세요.
학생: 모둠 토의 시간인가요?
교사: 네.
학생: Whose turn is it to lead the group?

교사: 이제 독해를 할 시간입니다.
학생: 신난다!
교사: Whose turn is it to read a story?
학생: 저요!

Tip!
Everyone, pull up a chair.는 원어민에게서나 들어 볼 수 있는 구어적인 표현입니다. 비슷한 표현으로는 Have a seat., 혹은 Sit down., Take a load off. 등이 있습니다. 특히, Take a load off.는 편한 친구 사이에 격의 없이 쓰는 표현이니 유의해서 사용하세요.

교실영어핵심패턴233-102.mp3

★ Pattern 102

Without a doubt, ...

보나마나, ~

두말 필요 없이 당연하고 확신 있는 일에 사용하는 패턴으로, 교실에서 선생님이 설명할 때 많이 쓰게 되죠. 부사구라서 문장 중간이나 끝에도 올 수 있어요. 또 관사 없이 without doubt이라고만 쓸 수도 있습니다. 유사한 표현으로 needless to say, out of doubt, undoubtedly 등이 있으니 함께 알아 두세요.

Step 1

01	의심할 여지 없이 여러분은 성적을 올려야 합니다.	Without a doubt, you need to raise your grade.
02	의심할 여지 없이 이것은 내가 읽어 본 중 최고의 에세이다.	Without a doubt, this is the best paper I've read.
03	보나마나 넌 합격할 거야.	Without a doubt, you will pass.
04	결과는 보나마나예요.	Without a doubt, I know the result.
05	보나마나 저는 시험에 통과할 거예요.	Without a doubt, I will pass the test.

Step 2

01 의심할 여지 없이 내가 읽어 본 중 최고의 에세이야.

T: Daniel, I'm very impressed with your essay.

S: Thank you, Mr. Wilcox.

T: 의심할 여지 없이 내가 읽어 본 중 최고의 에세이야.

S: Wow! I'm flattered.

02 보나마나 넌 합격할 거야.

S: If I don't pass the test, Dad will kill me.

T: 보나마나 넌 통과할 거야.

S: How can you be so sure?

T: I know you did your best for the test.

교사: Daniel, 네가 쓴 에세이 정말 감명받았다.
학생: 감사합니다, Wilcox 선생님.
교사: Without a doubt, this is the best paper I've read.
학생: 와! 정말요!

학생: 시험에 통과하지 못하면 아빠가 날 죽일 거예요.
교사: Without a doubt, you will pass.
학생: 어떻게 그렇게 확신하세요?
교사: 네가 시험에 최선을 다했다는 걸 내가 알거든.

교실영어핵심패턴233-103.mp3

★ Pattern 103

Are there any...?

혹시 ~있나요?

There are... 패턴을 어순을 바꿔서 의문문 형식으로 만든 표현입니다. 존재의 유무를 묻는 Are there...?에 any를 넣으면, 불특정한 것의 존재 유무를 묻는 표현이 됩니다. 비슷한 표현으로 Do you have any...?가 있어요. '혹시 질문 있나요?'라고 물을 때 Are there any questions?라고 할 수도 있지만 Do you have any questions?라고 해도 좋습니다.

Step 1

01 혹시 지원자가 있나요? Are there any **volunteers?**

02 혹시 좋은 생각 있나요? Are there any **good ideas?**

03 혹시 결석한 학생 있나요? Are there any **absentees?**

04 혹시 시험지 남은 거 있나요? Are there any **test papers left?**

05 혹시 질문 있나요? Are there any **questions?**

Step 2

01 혹시 결석한 학생 있나?

T: Okay. Let's take the roll*. 혹시 결석한 학생 있나?

S: I don't think Johnny's here today.

T: Is he sick?

S: I'm not sure.

02 혹시 질문 있나요?

T: We will leave at 8:00 for the museum.

S: I'm so excited!

T: 혹시 질문 있나요?

S: Yes, should we bring a lunch?

교사: 좋아. 출석을 불러 보자. Are there any absentees?
학생: Johnny가 오늘 안 온 것 같은데요.
교사: 아픈가?
학생: 잘 모르겠습니다.

교사: 8시에 박물관으로 출발할 겁니다.
학생: 너무 신나요!
교사: Are there any questions?
학생: 네, 점심 싸와야 하나요?

Tip!
roll은 '출석부', 또는 '명부'를 뜻하는 단어입니다. 그래서 take the roll하면 '출석을 부르다'라는 의미가 돼요. call the roll이나 call the names도 비슷한 표현입니다.

★ Pattern 104

Who knows...?

~ 아는 사람?

Who는 주격 의문사이므로 다음에 did, knows 등의 동사가 바로 등장합니다. 다시 말해, Who did such a terrible thing?(누가 그런 끔찍한 짓을 했지?)처럼 who가 의문사이면서 주격이라 의문문인데도 어순 도치가 없습니다. 교실에서 질문을 던질 때 흔히 듣게 되는 '~ 아는 사람?'은 「Who knows + 명사」 패턴으로 말하면 돼요. know가 타동사이므로 목적어 자리에는 명사나 명사절이 옵니다.

Step 1

01 포유류가 뭔지 아는 사람? Who knows **what mammals are?**

02 지금 몇 시인지 아는 사람? Who knows **the time?**

03 정답 아는 사람? Who knows **the answer?**

04 Gilbert가 오늘 왜 결석했는지 아는 사람? Who knows **why Gilbert is not here today?**

05 오늘 공부할 내용이 뭔지 아는 사람? Who knows **what we are going to cover today?**

Step 2

01 지금 몇 시인지 아는 사람?

T: I wonder if we have time to finish this exercise.

S: It looks pretty long.

T: 지금 몇 시인지 아는 사람?

S: It's 2:45.

02 정답 아는 사람?

T: How do you spell "thorough?"

S: Hmm. That's a difficult word.

T: 정답 아는 사람?

S: I do. It's "T-H-O-R-O-U-G-H."

T: That's right!

교사: 이 연습문제를 끝낼 수 있는 시간이 될까.
학생: 문제가 꽤 길어 보이는데요.
교사: Who knows the time?
학생: 2시 45분입니다.

교사: thorough의 철자가 뭘까?
학생: 음. 단어가 어려워요.
교사: Who knows the answer?
학생: 저요. T-H-O-R-O-U-G-H입니다.
교사: 맞았어!

교실영어핵심패턴233-105.mp3

You should all...

여러분은 모두 ~해야 합니다

should는 '어떤 것을 하는 게 바람직하다, 그 일을 하는 게 좋다' 정도의 충고 표현으로 ought to와 비슷한 말입니다. 반면, must나 have to는 단지 좋은 정도가 아니라 하지 않으면 안 되는 반드시 해야 할 의무 사항에 사용해요.

01 여러분 모두 7과를 공부해야 합니다. You should* all **study chapter 7.**

02 여러분은 모두 일기를 써야 합니다. You should all **keep a diary.**

03 여러분 모두 시간을 좀 들여야 할 거예요. You should all **take your time.**

04 여러분 모두 시험 준비를 해야 합니다. You should all **prepare for the test.**

05 여러분 모두 제 지시를 따라야 합니다. You should all **follow my instructions.**

Step 2

01 여러분은 모두 일기를 써야 합니다.

T: Over the next week, please write about your daily life.
S: How should we do that?
T: 여러분은 모두 일기를 써야 합니다.
S: I see. We just write it down.

02 여러분 모두 시간을 좀 들여야 할 거예요.

T: This assignment is difficult.
S: You're not kidding.
T: 여러분 모두 시간을 좀 들여야 할 거예요.
S: No problem!

교사: 다음주 동안 여러분의 일상에 대해 써 보세요.
학생: 어떻게 해야 하죠?
교사: You should all keep a diary.
학생: 알겠습니다. 적어 둘게요.

교사: 이번 숙제는 어려워요.
학생: 정말 그러네요.
교사: You should all take your time.
학생: 문제없어요!

Tip!
'~하는 게 좋을 거야'라는 의미로 주로 해석되는 had better는 should와는 다르게 '어떤 일을 하지 않으면 재미없을 거다' 정도의 명령, 또는 협박성의 어감이 있으니 주의해서 사용하세요.

교실영어핵심패턴233-106.mp3

★ Pattern 106

I recommend...

난 ~을 추천합니다

학생들에게 좋은 교재나 학습 방법 등을 추천할 때 사용할 수 있는 패턴입니다. 타동사로서 단순 명사를 목적어로 취하기도 하지만 that절이 목적어로 올 때도 많습니다. 이때 that은 생략 가능하며 절 속의 동사는 반드시 「should + 동사원형」의 형태를 취합니다. should가 생략되고 동사원형만 남을 때도 많으니까 형태를 잘 숙지하고 사용하도록 하세요.

Step 1

01 구글을 검색해 보라고 권하고 싶네요. I recommend **you do a Google search.**

02 나는 스터디 그룹을 만들기를 추천합니다. I recommend **you form a study group.**

03 나는 영어로 일기를 써볼 것을 추천합니다. I recommend **you keep a diary in English.**

04 나는 이 책을 권해주고 싶구나. I recommend **you read this book.**

05 나는 영어사전을 사용할 것을 추천합니다. I recommend **you use an English dictionary.**

Step 2

01 구글을 검색해 보라고 권하고 싶네요.

T1: I can't find any information about "English Learning Programs."

T2: 구글을 검색해 보라고 권하고 싶네요.

T1: What should I search for?

T2: Just type in "English Learning Programs."

02 이 책을 권해 주고 싶구나.

S: I'm having trouble improving my vocabulary.

T: 이 책을 권해 주고 싶구나.

S: Will it help me?

T: Yes. It has a lot of good words in it.

교사1: English Learning Programs에 대한 정보를 찾을 수가 없네요.
교사2: I recommend you do a Google search.
교사1: 뭘 검색하죠?
교사2: 구글 창에 English Learning Programs을 쳐보세요.

학생: 제 단어 실력이 늘지 않아서 걱정이에요.
교사: I recommend you read this book.
학생: 도움이 될까요?
교사: 그럼. 그 책에 좋은 단어들이 꽤 많단다.

교실영어핵심패턴233-107.mp3

If you have a question, ...

질문이 있으면 ~

수업이 끝날 때 꼭 빠지지 말아야 할 게 바로 교사가 아이들로부터 질문을 받는 상황이죠. 교실 상황이건 일반 상황이건 영어회화에서 아주 많이 쓰이는 패턴입니다. 질문이 있을 때 어떻게 해야 할지를 알려주는 패턴으로, 구체적인 행동 지침은 question 뒤에 명령문 형태로 표현합니다. 주저 말고 물어보라고 할 때는 「Feel free + to부정사」나 「Don't hesitate + to부정사」로 표현하세요.

01 질문이 있으면 손을 드세요. If you have a question, **raise your hand.**

02 질문이 있으면 적어 놓으세요. If you have a question, **write it down.**

03 질문이 있으면 지금 물어보세요. If you have a question, **ask it now.**

04 질문이 있으면 저를 보세요. If you have a question, **see me.**

05 질문이 있으면 필기한 것을 확인하세요. If you have a question, **check your notes.**

01 질문이 있으면 적어 놓으세요.

T: Save your questions for the end of the class.
S: I'll never remember them.
T: 질문이 있으면 적어 놓으세요.
S: I guess that will work.

02 질문이 있으면 지금 물어보세요.

T: The test begins in two minutes.
S: I don't feel ready for it.
T: 질문이 있으면 지금 물어보세요.
S: How long is the test?

교사: 수업 끝날 때까지는 질문을 삼가세요.
학생: 그때까지 질문을 기억하지 못할 거예요.
교사: If you have a question, write it down.
학생: 그러면 되겠네요.

교사: 2분 뒤에 시험을 시작하겠습니다.
학생: 전 아직 준비가 안 된 것 같은데요.
교사: If you have a question, ask it now.
학생: 시험 시간은 얼마나 걸리나요?

교실영어핵심패턴233-108.mp3

★ Pattern 108

Is that what...?

이게 ~인가요?

학생이 의도하거나 원하는 것이 맞는지 확인할 때 사용할 수 있는 패턴입니다. 이 패턴에서 what은 관계대명사로 그 자체에 선행사를 포함하여 '~하는 것'의 뜻으로 쓰이며 명사절을 이끕니다.

Step 1

01 그게 네가 의도했던 거야? Is that what **you meant?**

02 이게 원하셨던 거예요? Is that what **you wanted?**

03 그게 네가 필요한 거니? Is that what **you need?**

04 이게 네가 생각했던 거니? Is that what **you had in mind?**

05 이게 우리가 하기로 했던 거예요? Is that what **we were supposed to do?**

Step 2

01 이게 원하셨던 거예요?

S: Here is the sentence we wrote, Mr. Smith.

T: Let me see it.

S: 이게 원하셨던 거예요?

T: Yes. This looks correct.

02 이게 네가 생각했던 거니?

T: You didn't study and you failed the test.

S: I'm sorry.

T: 이게 네가 생각했던 거니?

S: No, sir.

학생: Smith 선생님, 이게 저희가 썼던 문장이에요.
교사: 어디 보자.
학생: Is that what you wanted?
교사: 그래. 맞는 것 같은데.

교사: 공부를 하지 않더니 시험에 떨어졌구나.
학생: 죄송합니다.
교사: Is that what you had in mind?
학생: 아니에요, 선생님.

★ Pattern 109

How many of you...?

여러분 가운데 ~인 사람이 몇 명이나 되죠?

How many...?는 너무 잘 아는 패턴이죠? 여기에 of you가 붙어서 How many of you...?라고 말하면 '여러분들 가운데 몇 명'이라는 의미가 됩니다. 이 패턴을 조금 변형하여 you 대신 us를 넣어 How many of us...?라고 하면 '우리 가운데 몇 명이나 ~'라는 뜻이 되고 How many of them...? 하면 '그들 중 몇 명이나 ~'라는 뜻이 되죠.

Step 1

01 여러분 중에 시간이 더 필요한 사람이 몇 명이나 되죠? — How many of you **need more time?**

02 여러분 중에 숙제를 끝낸 사람이 몇 명이나 되죠? — How many of you **completed the assignment?**

03 여러분 가운데 발표하지 않은 사람이 몇 명이나 되죠? — How many of you **haven't given a presentation?**

04 여러분 가운데 아직 시험지 못 받은 사람이 몇 명이죠? — How many of you **haven't got a test paper yet?**

Step 2

01 너희들 중에 시간이 더 필요한 사람이 몇 명이나 되지?

T: Don't forget. Your essays are due on Friday.
S: What? I can't possibly be done by then.
T: 너희들 중에 시간이 더 필요한 사람이 몇 명이나 되지?
S: We all do!

02 너희들 중에 숙제를 끝낸 사람이 몇 명이나 되지?

T: 너희들 중에 숙제를 끝낸 사람이 몇 명이나 되지?
S: I did, Ms. Peterson.
T: Did you find it difficult?
S: Not particularly.

교사: 잊지 마. 너희들 에세이 금요일이 마감이다.
학생: 네? 그때까지 못하는데요.
교사: How many of you need more time?
학생: 저희 모두요!

교사: How many of you completed the assignment?
학생: 저는 끝냈습니다, Peterson 선생님.
교사: 어려웠니?
학생: 특별히 어려운 거 없었어요.

Take your time...

시간을 갖고 ~하세요/ ~할 시간을 갖도록 하세요

학생들에게 어떤 일을 건성으로 하지 말고 시간을 충분히 들여 꼼꼼하게 하라고 할 때 이 패턴을 사용하세요. 그냥 Take your time!이라고 하면 '천천히 하세요. 서두를 것 없어요'라는 뜻이 돼요. time 뒤에는 '~하는 데'의 의미로 「in + 동명사」 형태가 오며 여기서 in은 생략되기도 합니다.

Step 1

01 시간을 들여서 실수하지 않도록 해라. Take your time **and try not to make any mistakes.**

02 설문지를 작성할 시간을 갖도록 하세요. Take your time **completing the questionnaire.**

03 문장을 쓸 땐 시간을 충분히 들여야지. Take your time **when writing sentence.**

04 짝을 정하는 시간을 갖도록 하세요. Take your time **in choosing a partner.**

05 그룹 토론하는 시간을 갖도록 하세요. Take your time **in group discussion.**

Step 2

01 시간을 들여서 실수하지 않도록 해라.

S: I'm really worried about this test.

T: 시간을 들여서 실수하지 않도록 해라.

S: What if I don't have enough time?

T: Don't worry. You've got plenty of time.

02 문장을 쓸 땐 시간을 충분히 들여야지.

S: I can't write this sentence correctly.

T: 문장을 쓸 땐 시간을 충분히 들여야지.

S: Yes, sir. Is this right?

T: Excellent! You did it!

학생: 이번 시험 때문에 정말 걱정이에요.
교사: Take your time and try not to make any mistakes.
학생: 시간이 부족하면요?
교사: 걱정 마. 시간은 충분하니까.

학생: 이 문장을 정확히 못 쓰겠어요.
교사: Take your time when writing sentence.
학생: 네, 선생님. 이게 맞아요?
교사: 잘했다! 해냈구나!

★ Pattern 111

I need a volunteer to...

~할 지원자가 필요해요

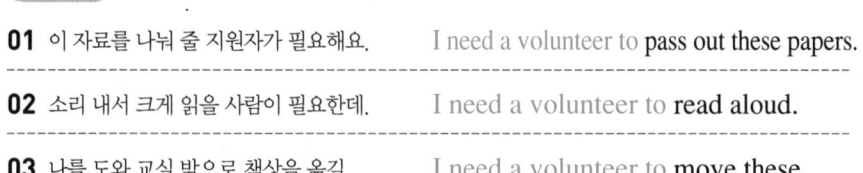

교실에서 학생들의 크고 작은 도움이 필요할 때 유용한 패턴입니다. volunteer에는 대가 없이 어떤 일을 해주는 '자원봉사자'라는 뜻과 시키지 않아도 자발적으로 하겠다고 나서는 '지원자'라는 두 가지 뜻이 있는데 여기서는 '지원자'가 더 적절하겠죠?

Step 1

01 이 자료를 나눠 줄 지원자가 필요해요. — I need a volunteer to **pass out these papers.**

02 소리 내서 크게 읽을 사람이 필요한데. — I need a volunteer to **read aloud.**

03 나를 도와 교실 밖으로 책상을 옮길 지원자가 필요해요. — I need a volunteer to **move these desks out of the classroom.**

04 나를 도와줄 지원자가 필요해요. — I need a volunteer to **help me.**

05 오버헤드 프로젝트를 설치해 줄 지원자가 필요합니다. — I need a volunteer to **set up the overhead projector.**

Step 2

01 이 자료를 나눠 줄 사람이 필요한데.

T: 이 자료를 나눠 줄 사람이 필요한데.

S: I'll do it, Mrs. Carlson.

T: Make sure everyone gets a green sheet and a yellow sheet.

S: No problem.

02 소리 내서 크게 읽을 사람이 필요해요.

T: 소리 내서 크게 읽을 사람이 필요해요.

S: I'm too shy to read.

T: Don't worry. You'll do fine!

S: All right. I'll try.

교사: I need a volunteer to pass out these papers.
학생: Carlson 선생님, 제가 하겠습니다.
교사: 다들 녹색 종이와 노란색 종이 받았는지 확인하세요.
학생: 알겠습니다.

교사: I need a volunteer to read aloud.
학생: 너무 부끄러워서 못 읽겠어요.
교사: 걱정 마. 넌 잘할 거야!
학생: 알겠습니다. 해볼게요.

★ Pattern 112

Let's look at...

~을 살펴봅시다

학생들과 어떤 문제에 대해 살펴볼 때 쓸 수 있는 패턴으로, 문제를 어떻게, 어떤 시각으로 봐야 할지를 표현해 줍니다. 여기서 look은 '보다'라는 의미보다 '생각하다, 살펴보다'라는 의미로 이해하는 게 더 빠릅니다. 같은 패턴으로 Let's think about...이 있는데 '~에 관하여 생각해 봅시다'라는 뜻으로 Let's think about this another way. 라고 하면 '이것에 대해 다른 방식으로 생각해 봅시다'라는 말이 되죠.

Step 1

01 이것을 다른 방식으로 봅시다. Let's look at this another way.

02 네 숙제를 보자. Let's look at your homework.

03 네 에세이를 좀 살펴보자. Let's look at your essay.

04 이것을 좀 더 꼼꼼하게 살펴봅시다. Let's look at this more carefully.

05 이 과가 끝나는대로 이것을 다시 살펴보도록 합시다. Let's look at this right after we finish this chapter.

Step 2

01 네 숙제 좀 보자.

T: 네 숙제 좀 보자.

S: How did I do?

T: I think you're confused. There are many mistakes.

S: Can you explain it to me?

02 네 에세이를 좀 살펴보자.

S: I think I'm confused about the writing assignment.

T: 네 에세이를 좀 살펴보자.

S: What do you think?

T: It looks fine. I think you understand.

교사: Let's look at your homework.
학생: 어때요?
교사: 네가 헷갈린 것 같구나. 실수를 많이 했네.
학생: 제게 설명을 해주실 수 있으세요?

학생: 작문 과제가 헷갈리는 거 같아요.
교사: Let's look at your essay.
학생: 어떤 것 같으세요?
교사: 괜찮은데. 네가 다 이해하고 있는 것 같네.

교실영어핵심패턴233-113.mp3

★ Pattern 113

Can you be more...?

좀 더 ~하면 좋겠는데

자기 차례를 못 기다리고 방방 뛰며 조급해하는 학생에게 Can you be more patient?(좀 더 기다려 주면 좋겠는데.)라고 말할 수 있습니다. 이렇게 Can you be more...?는 학생들의 부족한 면을 지적할 때 사용할 수 있는 패턴입니다. more 다음에는 학생들에게 요망되는 자질의 형용사를 넣어 주면 돼요.

Step 1

01 좀 더 구체적으로 말해 주면 좋겠는데. Can you be more **specific**?

02 좀 더 분명하게 말씀해 주시겠어요? Can you be more **clear***?

03 좀 더 이해해주면 좋겠는데. Can you be more **understanding**?

04 좀 더 열심히 했으면 좋겠는데. Can you be more **enthusiastic**?

05 좀 더 진지하면 좋겠는데. Can you be more **serious**?

Step 2

01 좀 더 구체적으로 말해 주면 좋겠는데.

S: I need more information about tomorrow's assignment.

T: 좀 더 구체적으로 말해 주면 좋겠는데.

S: Yes, which writing exercises should we work on?

T: You should complete exercises 1through 45.

02 좀 더 분명하게 말씀해 주시겠어요?

T: Do you understand what to write about?

S: 좀 더 분명하게 말씀해 주시겠어요?

T: Yes. Just write about a member of your family.

S: Oh, now I understand.

학생: 내일 과제물에 대해 정보가 더 필요합니다.
교사: Can you be more specific?
학생: 네, 우리가 어떤 작문 연습을 해야 하죠?
교사: 문제 1번부터 45번까지 끝내야 해.

교사: 뭘 써야 할지 이해했나요?
학생: Can you be more clear?
교사: 알았어요. 그냥 여러분 가족 중 한 명에 대해서 쓰면 됩니다.
학생: 아, 이제 알겠습니다.

Tip!
* Can you be more clear?라는 표현은 '좀 더 분명하면 좋겠는데?'라는 의미로 clear 대신 simple을 넣어 Can you say that in a simpler way?, 또는 Can you simplify that?으로도 표현할 수 있습니다.

★ Pattern 114

Is this problem...?

이 문제가 ~한가요?

선생님이 내준 문제나 토의 안건, 기타 문제점 등에 대해 이야기할 때 사용할 수 있습니다. 수업 중에 내준 문제를 학생들이 힘들어 끙끙댈 때 problem 뒤에 그 문제에 대해 어떻게 생각하는지 물어볼 때 쓸 수 있는 거죠. 문제에 대해 어떻게 생각하는지는 hard, serious, complex, challenging, demanding 등의 단어로 표현할 수 있습니다.

01 이 문제를 해결할 수 있겠니? Is this problem **solvable?**

02 이 문제가 너무 어렵니? Is this problem **too difficult?**

03 이 문제가 복잡하니? Is this problem **complex?**

04 이 문제 많이 본 문제죠? Is this problem **familiar?**

05 이 문제가 헷갈리나요? Is this problem **confusing?**

01 이 문제를 해결할 수 있겠니?

S: We ran out of poster board for our projects.

T: 이 문제를 해결할 수 있겠니?

S: I think they have more poster board in the Arts room.

T: Why don't you go ask the art teacher?

02 이 문제가 너무 어렵니?

T: It seems some of you struggled with number 7.

S: That's for sure!

T: 이 문제가 너무 어렵니?

S: I think it's too advanced for us.

학생: 우리 과제물에 필요한 포스터 보드가 다 떨어졌어요.
교사: Is this problem solvable?
학생: 미술실에 포스터 보드가 좀 더 있는 것 같은데요.
교사: 미술 선생님께 여쭤 보는 게 어때?

교사: 여러분들 가운데 어떤 사람은 7번 문제로 고민을 하는 것 같은데.
학생: 네!
교사: Is this problem too difficult?
학생: 너무 수준이 높은 것 같아요.

This will be difficult...

이건 ~하기가 어려울 거예요

어려운 과제를 내주거나 이해하기 힘든 부분의 진도를 나가기 전에 학생들의 주의를 환기시키고 심리적으로 안정을 줄 때 쓰면 좋은 패턴입니다. difficult 다음에 to부정사를 연결하면 '~하기에 어려울 것이다'란 뜻이고, if 조건절 등이 연결되면 '~한다면 어려울 것이다'란 의미가 돼요.

01 이건 풀기 어려울 거예요. This will be difficult to solve.

02 이건 우리 모두에게 어려울 거예요. This will be difficult for all of us.

03 이건 설명하기 어려울 거예요. This will be difficult to explain.

04 이건 감당하기 어려울 거예요. This will be difficult to manage.

05 아무도 우릴 안 도와준다면 이건 어려울 거예요. This will be difficult if no one helps us.

01 이건 우리 모두에게 어려울 거예요.

T: We will have to share our room with the other English class.

S: But it's too small for 50 people!

T: I know. 이건 우리 모두에게 어려울 거예요.

S: Let's bring in some more chairs, then.

02 이건 설명하기 어려울 거야.

T: Your explanation is weak*.

S: You think so?

T: Yes. 이건 설명하기 어려울 거야.

S: I think I can do it.

교사: 우린 이 교실을 다른 영어 수업 반과 같이 써야 해요.
학생: 그렇지만 50명이 들어가기에는 너무 작은데요!
교사: 알아요. This will be difficult for all of us.
학생: 그럼 의자를 좀 더 가지고 오죠.

교사: 네 설명은 좀 부족해.
학생: 그렇게 생각하세요?
교사: 그래. This will be difficult to explain.
학생: 전 할 수 있을 것 같은데요.

Tip!
Your explanation is weak.은 상대방의 설명이 좀 부족하고 약할 때 쓰는 말입니다. 비슷한 표현으로는 I don't buy your explanation., 혹은 I don't follow your reasoning. 등이 있어요.

교실영어핵심패턴233-116.mp3

★ Pattern 116

Take a moment to...

잠시 ~하세요

어떤 일을 시작하기 전에 잠깐 빈 시간이 생겼거나 짬을 내어 시간을 갖고 어떤 행동을 하라고 지시할 때 사용되는 패턴입니다. take time은 '짬을 내다, 시간을 내다'라는 표현인데 time 대신 a moment를 써서 '잠깐만 시간을 내서 ~하다'라는 패턴이 된 거죠.

Step 1

01 잠시 여러분의 물건을 챙기세요. Take a moment to **collect your things.**

02 잠시 숨을 돌리세요. Take a moment to **catch your breath.**

03 잠시 너만의 시간을 가져 봐. Take a moment to **yourself.**

04 잠시 발표자에게 감사하는 시간을 갖도록 합시다. Take a moment to **thank our speaker.**

05 잠시 긴장을 푸세요. Take a moment to **relax.**

Step 2

01 잠시 너만의 시간을 가져 봐.

S: I get so nervous during oral exams.
T: You need to find a way to relax.
S: That's hard to do with all these people around.
T: 잠시 너만의 시간을 가져 봐.

02 잠시 긴장을 풀어.

S: I'm so nervous about my speech.
T: 잠시 긴장을 풀어.
S: I'm not sure I can.
T: Just take some deep breaths.

학생: 구두시험 보는 동안 너무 떨려요.
교사: 긴장을 풀 방법을 생각해 보렴.
학생: 주변에 이렇게 사람들이 많은데 그렇게 하는 건 힘들어요.
교사: Take a moment to yourself.

학생: 발표가 너무 긴장돼요.
교사: Take a moment to relax.
학생: 제가 할 수 있을지 모르겠어요.
교사: 심호흡을 좀 해봐.

The last thing I want you to do is... 여러분이 마지막으로 할 일은 ~입니다

여러 지시 사항을 설명하면서 마지막에 해야 할 일을 알려줄 때 사용할 수 있는 표현입니다. '마지막으로…'라고 말하면서 그날의 수업을 정리할 때에도 이 패턴을 활용할 수 있습니다. is 다음에는 보어가 될 수 있는 명사나 to부정사가 와요.

01 마지막으로 여러분이 할 일은 공부할 단어를 정리하는 것입니다.
The last thing I want you to do is to make a list of words to study.

02 마지막으로 여러분이 할 일은 59쪽에 있는 연습문제를 풀어 보는 거야.
The last thing I want you to do is to solve the exercise on page 59.

03 마지막으로 여러분이 해야 할 것은 내일 발표 계획을 세우는 것입니다.
The last thing I want you to do is to make a plan for tomorrow's presentation.

04 마지막으로 여러분이 할 일은 여러분이 쓸 에세이의 주제를 정하는 것입니다.
The last thing I want you to do is to choose a topic for your essay.

Step 2

01 마지막으로 너희들이 할 일은 59쪽에 있는 연습문제를 풀어 보는 거야.

T: 마지막으로 너희들이 할 일은 59쪽에 있는 연습문제를 풀어 보는 거야.
S: Do we have enough time?
T: Yes. It's a pretty short exercise.
S: Okay.

02 마지막으로 너희들이 할 일은 너희들이 쓸 에세이의 주제를 정하는 거야.

T: 마지막으로 너희들이 할 일은 너희들이 쓸 에세이의 주제를 정하는 거야.
S: I'm having trouble deciding.
T: You should write about something that interests you.
S: That's the problem. I'm interested in everything!

교사: The last thing I want you to do is to solve the exercise on page 59.
학생: 시간이 충분한가요?
교사: 그럼. 아주 짧은 연습문제야.
학생: 알겠습니다.

교사: The last thing I want you to do is to choose a topic for your essay.
학생: 결정하기가 너무 힘들어요.
교사: 네가 관심 있는 것에 대해 써 보렴.
학생: 그게 문제예요. 전 다 재밌거든요!

교실영어핵심패턴233-118.mp3

★ Pattern 118

That's because...

그건 ~하기 때문이에요

학생의 궁금증과 의문에 대해, 원인을 명쾌하게 집어 줄 때 쓰는 패턴이 바로 That's because...입니다. 비슷한 표현이면서 헷갈리는 표현이 That's why...인데, 이 패턴은 '그래서 ~합니다'라는 뜻이에요. because 다음에는 '원인'이 나오지만, why 다음에는 '결과'가 나온다는 점 유의하세요.

Step 1

01 그건 그 동사가 엉뚱한 데 있기 때문이야. That's because **the verb is in the wrong place.**

02 그건 우리가 내일 시험을 보기 때문이야. That's because **we have a test tomorrow.**

03 그건 네가 일찍 갔기 때문이야. That's because **you left early.**

04 그건 네 말이 너무 빨라서 그래. That's because **you're speaking too quickly.**

05 그건 너희들이 토론에 참가하지 않았기 때문이야. That's because **you didn't join us for a discussion.**

Step 2

01 그건 우리가 내일 시험을 보기 때문이야.

S: We are reviewing a lot today.

T: 그건 우리가 내일 시험을 보기 때문이야.

S: Oh! I forgot!

T: Then you'd better pay more attention to the class.

02 그건 네 말이 너무 빨라서 그래.

T: What's wrong?

S: I'm making a lot of mistakes.

T: 그건 네 말이 너무 빨라서 그래.

S: I'll try to slow down.

학생: 오늘은 복습을 엄청나게 많이 하네요.
교사: That's because we have a test tomorrow.
학생: 아! 깜박했어요!
교사: 그렇다면 수업에 좀 더 집중을 해야겠구나.

교사: 왜 그러니?
학생: 제가 실수를 너무 많이 해서요.
교사: That's because you're speaking too quickly.
학생: 천천히 하도록 노력할게요.

교실영어핵심패턴233-119.mp3

Which one do you...?

넌 어떤 게 ~하니?

which는 여러 개 중에서 어느 하나, 또는 일부를 고르는 선택의문문에 쓰는 의문사죠. 어느 것 하나에 대해 묻고자 한다면 which one을 사용하고, 한 개 이상을 염두에 두고 물어본다면 which ones라고 복수형으로 물어볼 수 있습니다. 또한 부정대명사 one 대신에 which person, which book 등 구체적인 명사를 넣어 물어볼 수도 있어요.

01 넌 어떤 걸 원하니? Which one do you **want?**

02 넌 어떤 게 필요해? Which one do you **need?**

03 어떤 걸 말하는 거니? Which one do you **mean?**

04 넌 어떤 게 가장 좋다고 생각하니? Which one do you **think is best?**

05 넌 어떤 게 더 이해가 잘 되니? Which one do you **understand better?**

01 어떤 걸 말하는 거니?

S: I don't understand this question.
T: 어떤 걸 말하는 거니?
S: Number 13.
T: I'll explain it to you.

02 넌 어떤 게 가장 좋다고 생각하니?

T: Did you read the three stories?
S: Yes, ma'am.
T: 넌 어떤 게 가장 좋다고 생각하니?
S: The one about the dragon.

학생: 전 이 문제가 이해가 안 갑니다.
교사: Which one do you mean?
학생: 13번 문제요.
교사: 내가 설명을 해줄게.

교사: 이야기 세 개 모두 읽었니?
학생: 네, 선생님.
교사: Which one do you think is best?
학생: 용에 대한 이야기요.

교실영어핵심패턴233-120.mp3

★ Pattern 120

I just wanted to let you guys... 나는 여러분들이 ~하게 해주고 싶었어요

you guys는 '너희들, 얘들아, 여러분' 등의 의미로 남녀 상관 없이 모여 있는 사람들을 캐주얼하게 부를 때 원어민들이 정말 많이 쓰는 말입니다. 이 패턴에서 「let + 목적어 + 동사원형」은 '~하도록 허용하다'라는 뜻으로, 뭔가 허용해 주고 싶은 것, 배려하고 싶은 것을 동사원형으로 표현하면 됩니다.

Step 1

01 내가 내일 학교에 오지 못할 것이라는 것을 여러분에게 알려주고 싶었어요.	I just wanted to let you guys **know that I'll be absent tomorrow.**
02 저는 여러분들이 잠시 동안 연습을 하게 하고 싶었어요.	I just wanted to let you guys **practice for a few minutes.**
03 저는 여러분을 잠시 쉬게 해주고 싶었어요.	I just wanted to let you guys **take a break.**
04 나는 여러분에게 시험 전에 잠시 시간을 주려고 했어요.	I just wanted to let you guys **have a few minutes before the test.**
05 나는 여러분에게 먼저 기회를 주고 싶었어요.	I just wanted to let you guys **try it first.**

Step 2

01 내가 내일 학교에 오지 못할 것이라는 것을 여러분에게 알려주고 싶었어요.

T: 내가 내일 학교에 오지 못할 것이라는 것을 여러분에게 알려주고 싶었어요.

S: Who will teach us?

T: There will be a substitute teacher.

S: I hope she's nice!

02 너희들에게 시험 전에 잠시 시간을 주려고 했어.

S: What are we going to do next?

T: 너희들에게 시험 전에 잠시 시간을 주려고 했어.

S: Test? What test?

T: Did you forget?

교사: I just wanted to let you guys know that I'll be absent tomorrow.
학생: 저흰 누가 가르치죠?
교사: 대체 선생님이 오실 겁니다.
학생: 좋은 분이면 좋겠어요.

학생: 저흰 다음에 뭐 해요?
교사: I just wanted to let you guys have a few minutes before the test.
학생: 시험이라고요? 무슨 시험이요?
교사: 잊어버렸니?

교실영어핵심패턴233-121.mp3

★ Pattern 121

Who's going to...?

누가 ~할 거야?

be going to...는 어떤 일이 가까운 미래에 곧 일어날 것이라는 것을 나타내어 '~할 것이다'라고 해석됩니다. 그래서 Who's going to...? 하면 '누가 ~하게 될까?'라는 뜻이 되는 거죠. 또한 주어의 의도나 의지를 표현하기도 해서 '누구 ~해 볼 사람?'이라는 뜻으로도 해석되기도 합니다.

01 누가 첫 번째로 할 거예요? Who's going to **be first?**

02 누가 그 상을 탈까? Who's going to **win the prize?**

03 그 문장 읽을 사람? Who's going to **read the sentence?**

04 여행 갈 사람? Who's going to **go on the trip?**

05 칠판 지울 사람? Who's going to **erase the board?**

01 누가 그 상을 탈까요?

T: The winner will get a new backpack!

S: 누가 그 상을 탈까요?

T: Whoever gets the highest score.

S: I hope I win!

02 칠판 지울 사람?

T: We're finished for the day.

S: Hurray! Time to play!

T: 칠판 지울 사람?

S: I will!

T: Thank you, Bobby.

교사: 우승자는 새 배낭을 받을 겁니다.
학생: Who's going to win the prize?
교사: 누구든 가장 높은 점수를 받는 사람이지.
학생: 저였으면 좋겠어요!

교사: 오늘은 여기까지.
학생: 와! 놀자!
교사: Who's going to erase the board?
학생: 제가 지울게요!
교사: 고맙다, Bobby.

Who is ready for...?

~할 준비가 된 사람?

be ready for는 '~할 준비가 되다'라는 뜻이죠. ready 대신 prepared를 사용하여 be prepared for라고 할 수도 있습니다. 시험이든 경기든 반별 대항 경기가 있을 때, Who is ready for...? 패턴을 이용해 지원자를 뽑을 수도 있겠죠? 한편, be ready for 다음에는 명사가 연결되지만, be ready to 다음엔 동사원형을 연결한다는 것에 유의하세요.

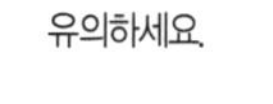

01 재미있게 놀 준비가 된 사람? Who is ready for **some fun?**

02 점심 준비된 사람? Who is ready for **lunch?**

03 다음 질문에 답할 준비가 된 사람? Who is ready for **the next question?**

04 여름방학 준비된 사람? Who is ready for **summer vacation?**

05 쪽지시험 볼 준비가 된 사람? Who is ready for **a quiz?**

01 다음 질문에 답할 준비가 된 사람?

T: That was a difficult question.

S: It sure was.

T: 다음 질문에 답할 준비가 된 사람?

S: I am!

02 쪽지시험 볼 준비가 된 사람?

T: 쪽지시험 볼 준비가 된 사람?

S: Oh no!

T: Don't worry. It's not too hard.

S: Good.

교사: 그 문제는 어려웠어요.
학생: 맞아요.
교사: Who is ready for the next question?
학생: 저요!

교사: Who is ready for a quiz?
학생: 안 돼요!
교사: 걱정 마라. 그렇게 어렵지 않으니까.
학생: 다행이네요.

★ Pattern 123

Feel free to...

주저말고 ~하도록 하세요

'주저말고 ~해'라는 뜻으로 학생들에게 적극적으로 수업에 참여하도록 유도할 때 사용할 수 있는 표현입니다. Feel free to는 보통 명령형으로 쓰이며, to 다음에는 동사원형이 와요.

Step 1

01 아무 때나 마음껏 질문하도록 해라. Feel free to ask a question at any time.

02 도움이 필요하면 나한테 맘껏 얘기해라. If you need some help, feel free to talk to me.

03 좀 더 도움이 필요하면 방과 후에 남아도 좋아. Feel free to stay after class if you need extra help.

04 이 부분의 연습문제는 사전을 맘껏 이용하도록 하세요. Feel free to use your dictionary for this part of the exercise.

05 패턴을 잊어버렸으면 주저말고 여러분 노트를 보도록 하세요. If you forget the pattern, feel free to look at your notes.

Step 2

01 아무 때나 마음껏 질문하도록 하세요.

T: Practice the new vocabulary with your partner.

S: What should we do if we get confused?

T: 아무 때나 마음껏 질문하도록 하세요.

S: Thanks, Mr. Smith.

02 좀 더 도움이 필요하면 방과 후에 남아도 좋아.

S: I don't understand this grammar exercise.

T: Have you read the instructions?

S: Yes, but it still isn't clear.

T: 좀 더 도움이 필요하면 방과 후에 남아도 좋아.

교사: 여러분 파트너와 새로운 단어를 연습하세요.
학생: 헷갈리면 어떡하죠?
교사: Feel free to ask a question at any time.
학생: Smith 선생님, 감사합니다.

학생: 저 이 문법 연습문제가 이해가 안 돼요.
교사: 설명은 읽었니?
학생: 네, 근데 아직도 완전히 이해가 안 되서요.
교사: Feel free to stay after class if you need extra help.

★ Pattern 124

Any questions...?

~ 질문 있나요?

학생들에게 질문이 있는지 물을 때 사용할 수 있는 표현입니다. 간단하게 Any question...?이라고 물을 수도 있고 Are there any questions?, 또는 Do you have any questions?라고 완전한 문장으로 물을 수도 있습니다.

01 끝내기 전에 질문 있나요? Any questions **before we finish?**

02 과제에 대해 질문 있나요? Any questions **about the assignment?**

03 시험에 무엇이 나올지에 대해 질문 있나요? Any questions **about what will be on the test?**

04 시험 보기 전에 질문 있나요? Any questions **before you take the test?**

05 이 글에 대해서 질문 있나요? Any questions **about the article?**

01 과제에 대해 질문 있니?

T: 과제에 대해 질문 있니?

S: How long should our essays be?

T: One page is long enough.

S: Oh good. That's not too long.

02 시험 보기 전에 질문 있니?

T: 시험 보기 전에 질문 있니?

S: Can we use our dictionaries?

T: Of course not!

S: This is going to be hard!

교사: Any questions about the homework?
학생: 에세이 양이 어느 정도 되어야 하나요?
교사: 한 페이지면 충분해.
학생: 와, 다행이다. 그 정도면 많이 길지 않네요.

교사: Any questions before you take the test?
학생: 사전 봐도 되나요?
교사: 당연히 안 되지!
학생: 이 시험 어렵겠는데요!

교실영어핵심패턴233-125.mp3

★ Pattern 125

Do you see...?

~을 알겠니?

수업 내용에 대한 이해도를 체크할 때, 또는 이해했는지 여부를 확인할 때 사용할 수 있는 표현입니다. Do you see...?는 '~가 보이니?'라는 뜻으로 물리적으로 보는 것을 의미하는 경우도 있지만 '이해돼?'라는 뜻으로도 쓰입니다.

Step 1

01 이게 얼마나 쉬운지 알겠어? Do you see **how easy it is?**

02 이 문장의 동사를 알겠니? Do you see **the verb in this sentence?**

03 네가 모르는 단어들이 있니? Do you see **any words you don't know?**

04 이 콤마가 어디에 와야 하는지 알겠니? Do you see **where the comma should go?**

05 이 질문의 답을 알겠니? Do you see **the answer to the question?**

Step 2

01 네가 모르는 단어들이 있니?

T: Have you finished reading the story?

S: Yes. I'm finished.

T: 네가 모르는 단어들이 있니?

S: No. I understand them all.

02 이 콤마가 어디에 와야 하는지 알겠니?

T: There is a problem with this sentence.

S: What's wrong with it?

T: 이 콤마가 어디에 와야 하는지 알겠니?

S: Oh, now I see. It should go right there.

교사: 이야기는 다 읽었니?
학생: 네. 다 읽었어요.
교사: Do you see any words you don't know?
학생: 아니요. 다 알겠던데요.

교사: 이 문장에 틀린 곳이 있구나.
학생: 뭐가 잘못된 거죠?
교사: Do you see where the comma should go?
학생: 아, 이제 알겠습니다. 바로 저기에 와야 하네요.

★ Pattern 126

Who would like to...?

누가 ~할래?

수업 시간에 선생님이 '이 문제 풀어 볼 사람?' 하고 물어보면 학생들은 약속이나 한 듯 눈을 내리깔고 선생님의 시선을 피하기 마련이죠. Who would like to...?는 학생들의 참여를 유도할 때 사용할 수 있는 표현입니다. Who wants to volunteer?, Who wants to try?도 이와 비슷한 표현이에요.

Step 1

01 누가 이 대화문을 읽어 볼래? Who would like to **perform this dialogue?**

02 누가 이 문단을 읽어 볼래? Who would like to **read this paragraph?**

03 누가 이 문제에 답해 볼래? Who would like to **answer this question?**

04 누가 이 예를 설명해 볼래? Who would like to **help me with this example?**

05 누가 칠판에 답을 적어 볼래? Who would like to **write the answer on the board?**

Step 2

01 누가 이 대화문을 읽어 볼래?

T: 누가 이 대화문을 읽어 볼래?
S1: I would!
T: Okay, who else?
S2: Me, too!

02 누가 이 문단을 읽어 볼래?

T: 누가 이 문단을 읽어 볼래?
S: I'll do it. Where should I start?
T: Start from the beginning.
S: Yes, ma'am. 'Once upon a time...'

교사: Who would like to perform this dialogue?
학생1: 저요!
교사: 그래, 또 누가 해볼래?
학생2: 저도 해볼게요!

교사: Who would like to read this paragraph?
학생: 제가 할게요. 어디서부터 읽을까요?
교사: 처음부터 읽으면 돼.
학생: 네, 선생님. '옛날 옛적에…'

교실영어핵심패턴233-127.mp3

That's not my idea of...

내 생각에 그건 ~가 아니야

'난 그렇게 생각하지 않아'라는 의미의 패턴 중에서도 아주 세련된 패턴에 속합니다. 학생들의 답에 부정적인 피드백을 줘야 할 때, 또는 학생이 교사가 생각하는 것과 다른 대답을 했을 때 '너 틀렸어'라고 말하기보다는 '글쎄, 내 생각엔 그게 아닌 것 같은데'라고 말하는 게 학생들의 정서에 더 좋잖아요. 바로 이런 말을 할 때 쓸 수 있는 패턴이에요.

01 내 생각엔 그건 좋은 답이 아니야. That's not my idea of **a good answer.**

02 내 생각에 그건 재미있는 연습문제가 아니야. That's not my idea of **an interesting exercise.**

03 내 생각엔 그건 높은 점수가 아니야. That's not my idea of **a high score.**

04 내 생각에 그건 어려운 연습문제가 아니야. That's not my idea of **a difficult exercise.**

05 내 생각엔 쉬운 시험이 아닌 것 같은데. That's not my idea of **an easy test.**

01 제 생각에 그건 재미있는 연습문제가 아니에요.

T: Now copy the paragraph on page 5.

S: 제 생각에 그건 재미있는 연습문제가 아니에요.

T: If you don't like it, maybe you'd prefer some extra homework.

S: No, thank you. This is fine!

02 내 생각엔 쉬운 시험이 아닌 것 같은데.

T: We're going to take a test tomorrow.

S: Is it easy?

T: 내 생각엔 쉬운 시험이 아닌 것 같은데.

S: Oh, God!

교사: 이제 5쪽에 있는 단락을 베껴 쓰세요.
학생: That's not my idea of an interesting exercise.
교사: 이게 싫으면, 숙제를 좀 더 하고 싶단 말이지.
학생: 아니에요, 선생님. 이게 좋아요!

교사: 내일 시험 치를 거야.
학생: 쉬운가요?
교사: That's not my idea of an easy test.
학생: 아, 죽었다!

★ Pattern 128

Turn to your partner and...

옆 짝꿍을 보고 ~하세요

turn to는 '시선, 얼굴 등을 ~쪽으로 돌리다'의 뜻입니다. 이 표현은 학생들에게 짝과 함께 활동할 내용에 대해 설명할 때 사용할 수 있어요. and 다음에는 turn to와 마찬가지로 주어가 생략된 명령문 형태가 연결됩니다. 짝과 연습을 한 후 서로 역할을 바꿔 다시 해보라고 할 때는 Change the roles and...라는 패턴을 활용할 수 있습니다.

Step 1

01 옆 짝꿍을 보고 질문 5개를 하세요. Turn to your partner and **ask him 5 questions.**

02 옆 짝꿍을 보고 여러분의 주말에 대해 이야기하세요. Turn to your partner and **talk about your weekend.**

03 옆 짝꿍을 보고 이 지문을 요약하세요. Turn to your partner and **summarize the passage.**

04 옆 짝꿍을 보고 이 문장을 연습하세요. Turn to your partner and **practice saying this sentence.**

05 옆 짝꿍을 보고 인터뷰를 하세요. Turn to your partner and **interview him.**

Step 2

01 옆 짝꿍을 보고 질문 5개를 하세요.

T: 옆 짝꿍을 보고 질문 5개를 하세요.
S: What should we ask about?
T: Anything you want to know.
S: I'm going to ask about soccer.

02 옆 짝꿍을 보고 이 지문을 요약하세요.

T: Do you understand what we have read?
S: I think so.
T: Then 옆 짝꿍을 보고 이 지문을 요약하세요.
S: That sounds difficult!

교사: Turn to your partner and ask him 5 questions.
학생: 뭐에 대해서 물어봐야 하나요?
교사: 알고 싶은 거 아무거나.
학생: 축구에 대해서 물어봐야지.

교사: 방금 읽은 내용이 이해가 되나요?
학생: 그런 것 같습니다.
교사: 그럼 turn to your partner and summarize the passage.
학생: 어렵겠다!

Pattern 129

Let's take turns...

돌아가면서 ~하자.

좀 더 많은 학생들이 수업에 참여하도록 하기 위해 교사는 많은 activity를 동원합니다. 게임을 하기도 하고, 역할극을 하기도 하죠. 또는 그룹 활동이나 짝 활동을 하기도 하고 번호 순서대로 학생들을 시키기도 합니다. take turns는 '교대로 ~하다', '번갈아 가면서 ~하다'라는 뜻으로 학생들에게 돌아가며 골고루 연습을 시킬 때 사용할 수 있는 표현이에요.

01 돌아가면서 읽도록 하자. Let's take turns* reading.

02 돌아가면서 이 단어들을 말해 보도록 하자. Let's take turns saying these words.

03 돌아가면서 질문을 하도록 합시다. Let's take turns asking questions.

04 돌아가면서 이 문장을 연습해 보도록 하자. Let's take turns practicing this sentence.

05 돌아가면서 답을 쓰도록 하자. Let's take turns writing the answers.

Step 2

01 돌아가면서 이 문장을 연습해 보도록 하죠.

T: 돌아가면서 이 문장을 연습해 보도록 하죠. Johnny, you're first.
S1: "I like pizza."
T: Very good. Now you, Sally.
S2: "I like pizza."

02 돌아가면서 답을 쓰도록 하자.

T: 돌아가면서 답을 쓰도록 하자.
S: Why?
T: That way you all get a chance to write.
S: Oh, I understand.

교사: Let's take turns practicing this sentence. Johnny가 먼저 해봐요.
학생1: I like pizza.
교사: 잘했어요. 다음은 Sally.
학생2: I like pizza.

교사: Let's take turns writing the answers.
학생: 왜요?
교사: 그래야 너희들 모두 써 볼 기회를 갖게 되니까.
학생: 네, 알겠습니다.

Tip!
take turns 다음에는 at이나 in이 생략되어 있어서 다음에 동명사가 따라 나옵니다.

★ Pattern 130

Watch closely...

~을 잘 보세요

Look carefully...와 유사한 표현으로, look, watch 모두 주의해서 본다는 뜻을 가지고 있습니다. 보고 풀어야 하는 연습문제의 지시문으로도 자주 등장하는 패턴으로, 주의 깊게 살펴보고 따라하거나 문제를 풀라고 할 때 쓸 수 있어요.

Step 1

01	자세히 보면 혀가 어떻게 움직이는지 알 수 있을 겁니다.	Watch closely and you'll see what my tongue does.
02	자세히 보면 저의 입의 모양을 볼 수가 있을 겁니다.	Watch closely and you'll see the shape of my mouth.
03	이것은 보기 어려우니 잘 보세요.	Watch closely because this is hard to see.
04	잘 보면 헤매지 않을 겁니다.	Watch closely so you don't get lost.
05	내 이가 입술에 어떻게 닿는지 잘 보세요.	Watch closely for the way my teeth touch my lips.

Step 2

01 자세히 보면 혀가 어떻게 움직이는지 알 수 있을 겁니다.

T: Try saying the word, "thorough."

S: That's difficult to say.

T: 자세히 보면 혀가 어떻게 움직이는지 알 수 있을 겁니다. "Thorough."

S: I see! It touches your upper teeth.

02 잘 보면 헤매지 않을 겁니다.

T: Let's watch this film with subtitles.

S: It's hard to follow.

T: 잘 보면 헤매지 않을 겁니다.

S: I'll have to learn to read faster.

교사: 단어를 말해 보세요, "thorough."
학생: 발음하기가 너무 어려워요.
교사: Watch closely and you'll see what my tongue does. "Thorough."
학생: 알겠습니다! 혀가 윗니에 닿네요.

교사: 자막을 보면서 이 영화를 보도록 하죠.
학생: 따라가면서 이해하기가 힘들어요.
교사: Watch closely so you don't get lost.
학생: 빨리 읽을 수 있게 공부해야겠어요.

This exercise requires you to... 이 문제는 ~을 해야 돼

영어 학습의 왕도가 반복 학습인 것은 맞지만, 자기가 지금 무엇을 하고 있는지도 모르고 무한 반복만 한다면 원하는 만큼의 학습 효과를 얻기가 힘들잖아요. 따라서 문제풀이에 앞서 문제의 핵심 포인트를 짚어 주거나 문제 푸는 방법을 설명해 줄 필요가 있을 텐데요. 이때 유용하게 쓸 수 있는 표현입니다.

01 이 연습문제는 정확한 단어들을 찾아야 해. — This exercise requires you to **find the correct words.**

02 이 연습문제는 동사의 형태를 정확하게 사용해야 합니다. — This exercise requires you to **use the proper verb form.**

03 이 연습문제는 내가 말한 것을 반복해야 합니다. — This exercise requires you to **repeat what I say.**

04 이 연습문제는 여러분이 이 문장들을 바꾸는 것입니다. — This exercise requires you to **change these sentences.**

05 이 연습문제는 우리가 어제 배웠던 문법을 사용해야 돼. — This exercise requires you to **use the grammar we learned yesterday.**

01 이 연습문제는 동사의 형태를 정확하게 사용해야 해.

S: I don't understand the assignment.

T: 이 연습문제는 동사의 형태를 정확하게 사용해야 해.

S: How will I know which one to use?

T: You can check the chart on page 88.

02 이 연습문제는 우리가 어제 배웠던 문법을 사용해야 돼.

T: 이 연습문제는 우리가 어제 배웠던 문법을 사용해야 돼.

S: But I was absent yesterday.

T: Then you will have to work with a partner.

S: Okay. I'll work with Sarah.

학생: 숙제가 이해가 안 돼요.
교사: This exercise requires you to use the proper verb form.
학생: 어떤 것을 써야 하는지 어떻게 알아요?
교사: 88쪽 표를 확인해 봐.

교사: This exercise requires you to use the grammar we learned yesterday.
학생: 근데 전 어제 결석했는데요.
교사: 그럼 네 짝꿍이랑 같이 해야겠구나.
학생: 알겠습니다. Sarah랑 같이 할게요.

Let's discuss...

~에 대해 토론해 보자

어떤 주제에 대해 찬반으로 나눠 서로 의견을 교환하는 토론 수업에 자주 쓰이는 표현입니다. 이 표현을 사용할 때는 discuss에 주의해야 하는데요. 흔히 with나 about을 discuss에 붙여서 함께 쓰는 경우가 많은데 discuss는 타동사이기 때문에 전치사와 함께 사용하지 않거든요. with나 about과 함께 써야 할 때는 have a discussion with someone, have a discussion about something으로 표현해야 한다는 것을 기억하세요.

01 이 문제에 대해 토론해 보자. Let's discuss this question.

02 이 주제에 대해 얘기해 보자. Let's discuss this topic.

03 이 글에 대해 토론해 봅시다. Let's discuss the article.

04 네가 한 실수에 대해 얘기해 보자. Let's discuss your mistake.

05 23쪽 문제에 대해 토론해 봅시다. Let's discuss the questions on page 23.

01 이 글에 대해 토론해 봅시다.

T: Did you read page 89?

S: Yes, ma'am.

T: Okay, then 이 글에 대해 토론해 봅시다.

S: I thought it was very interesting.

02 네가 한 실수에 대해 얘기해 보자.

S: I don't understand what I did wrong.

T: 네가 한 실수에 대해 얘기해 보자.

S: I think that would help.

T: Your first problem was pronunciation.

교사: 여러분 모두 89쪽 읽었나요?
학생: 네, 선생님.
교사: 좋아요, 그럼 let's discuss the article.
학생: 저는 아주 재밌다고 생각했어요.

학생: 제가 뭘 틀리게 했는지 모르겠어요.
교사: Let's discuss your mistake.
학생: 그러면 좋겠습니다.
교사: 첫 번째 문제는 발음이었어.

교실영어핵심패턴233-133.mp3

★ Pattern 133

If you get confused, ...

만일 헷갈리면, ~

단어의 의미, 철자, 문법 등 영어를 공부하다 보면 알쏭달쏭한 것이 참 많습니다. 이렇게 헷갈려하는 아이들에게 문제를 해결할 수 있는 방법을 알려줄 때 사용하는 표현입니다. 「get + 과거분사」는 '~한 상태가 되다'를 뜻하는 수동태 문형이에요. 수동형은 보통 「be + 과거분사」로 나타내는데, 구어에서는 흔히 동작의 의미를 강조하기 위해서 「get + 과거분사」를 사용합니다. get 외에 become이나 grow가 사용되기도 해요.

Step 1

01 만일 헷갈리면, 나한테 말하세요. If you get confused, **just tell me.**

02 만일 헷갈리면, 천천히 하도록 하세요. If you get confused, **try slowing down.**

03 만일 헷갈리면, 책을 찾아보세요. If you get confused, **check your book.**

04 헷갈리면, 짝꿍에게 도움을 청하세요. If you get confused, **ask your partner for help.**

05 헷갈리면, 내게 알려주세요. If you get confused, **let me know.**

Step 2

01 헷갈리면, 짝꿍에게 도움을 청하세요.

T: Try using the new grammar in a conversation with your partner.

S: That sounds hard.

T: 헷갈리면, 짝꿍에게 도움을 청하세요.

S: I may have to ask a lot!

02 헷갈리면, 내게 알려주세요.

T: Now read this story.

S: I'm not sure I can understand all of these words.

T: 헷갈리면, 내게 알려주세요.

S: Thank you, sir.

교사: 짝꿍이랑 회화를 연습하면서 새로운 문법을 사용하도록 하세요.
학생: 어려울 것 같아요.
교사: If you get confused, ask your partner for help.
학생: 저는 질문을 아주 많이 하게 될 것 같아요!

교사: 이제 이 이야기를 읽으세요.
학생: 이 단어들을 제가 다 알고 있는지 확신이 없어요.
교사: If you get confused, let me know.
학생: 감사합니다, 선생님.

교실영어핵심패턴233-134.mp3

★ Pattern 134

Can you think of...?

~이 뭐가 있을까?

선생님 주도하의 수업만 진행하기보다는 조금은 더디고 답답하더라도 '이런 경우가 뭐가 있을까?', '답이 뭘까?'라며 아이들 스스로 답을 찾아가도록 기다려 줘야 하겠죠? 이렇게 학생들의 참여를 유도하고 학생들의 의견을 물어볼 때 사용할 수 있는 패턴입니다.

Step 1

01 생각한 질문 없어? Can you think of **a good question to ask?**

02 또 다른 방법이 뭐가 있을까? Can you think of **any other ideas?**

03 이 문법을 암기할 좋은 방법이 뭐가 있을까? Can you think of **a good way to remember this grammar?**

04 새로운 문장엔 어떤 게 있을까? Can you think of **a new sentence?**

05 답을 알겠니? Can you think of **an answer?**

Step 2

01 생각한 질문 없니?

T: Any questions? 생각한 질문 없니?

S1: No. You explained everything very clearly.

S2: No, ma'am. We don't have any questions.

02 또 다른 방법이 뭐가 있을까?

T: What's a good way to learn new words?

S1: We can write a sentence using them.

T: Good. 또 다른 방법이 뭐가 있을까?

S2: We can make flashcards*.

교사: 질문 있는 사람? Can you think of a good question to ask?
학생1: 아니오. 선생님께서 전부 다 아주 명확하게 설명해 주셨어요.
학생2: 아뇨, 선생님. 질문 없습니다.

교사: 새로운 단어를 학습하려면 어떤 방법이 좋을까?
학생1: 그 단어들을 이용해서 문장을 써 보는 거요.
교사: 좋아. Can you think of any other ideas?
학생2: 단어 카드 만드는 거요.

Tip!
flashcards는 수업 시간에 교사가 단어, 숫자, 그림 등을 순간적으로 보여주는 연습용 카드를 말합니다. 또 체조 선수 등 운동선수들에게 경기 중에 점수를 줄 때 사용하는 '채점 카드'를 뜻하기도 해요.

교실영어핵심패턴233-135.mp3

Try to come up with...

~에 대해 생각해 보세요

come up with 하면 '따라잡다'라는 뜻을 제일 먼저 떠올리게 되는데, 여기서는 '~을 제안하다', 또는 '~을 생각해 내다'라는 뜻으로 쓰였습니다. 학생들의 수업 참여를 유도하는 표현으로 어떤 주제나 안건에 대해 의견이나 아이디어를 제시해 보라고 할 때 사용할 수 있는 패턴입니다.

Step 1

01 재미있는 얘깃거리를 생각해 보는 거야. Try to come up with **a funny story.**

02 좀 더 나은 방법을 생각해 봐. Try to come up with **a better idea.**

03 좋은 답변을 생각해 봐. Try to come up with **a good answer.**

04 그 문제의 해결 방안을 생각해 봐. Try to come up with **a solution to the problem.**

05 새로운 주제를 생각해 봐. Try to come up with **a new topic.**

Step 2

01 재미있는 얘깃거리를 생각해 보는 거야.

S: What's our homework tonight?

T: 재미있는 얘깃거리를 생각해 보는 거야.

S: A funny story? That sounds hard.

T: It's not so difficult.

02 새로운 주제를 생각해 봐.

S: I want to write about video games.

T: 새로운 주제를 생각해 봐.

S: Okay. How about sports?

T: I guess that's a little better.

학생: 저희 오늘 밤 숙제가 뭐예요?
교사: Try to come up with a funny story.
학생: 재미있는 얘기요? 어려울 것 같은데요.
교사: 그렇게 어렵지 않단다.

학생: 전 비디오 게임에 대해서 쓰고 싶습니다.
교사: Try to come up with a new topic.
학생: 알겠습니다. 스포츠는 어때요?
교사: 그게 좀 더 나은 것 같구나.

교실영어핵심패턴233-136.mp3

★ Pattern 136

Focus on...

~에 중점을 두세요

focus on은 '~에 주의를 집중하다'라는 뜻입니다. 활동 중에 특별히 신경 써야 할 부분에 대해 언급할 때, 또는 수업에 집중하지 못하고 주위가 산만한 아이들에게 집중하도록 주의를 줄 때에도 이 패턴을 사용할 수 있습니다. 이와 유사한 표현에는 Concentrate on...이 있으며, 두 표현 모두 on 다음에는 명사나 동명사가 와요.

Step 1

01 그 문장의 의미에 집중해 보세요. Focus on the meaning of the sentences.

02 말을 유창하게 하는 데 초점을 맞춰. Focus on speaking fluently.

03 정확하게 말하는 데 초점을 맞춰. Focus on speaking accurately.

04 단어들의 발음에 초점을 맞춰라. Focus on the pronunciation of the words.

05 그 단어를 정확하게 말하는 데 중점을 두세요. Focus on saying the word correctly.

Step 2

01 그 문장의 의미에 집중해 보세요.

T: Let's read this passage.

S: Do you have any advice for understanding it well?

T: Well, 그 문장의 의미에 집중해 보세요.

S: I'll try.

02 그 단어를 정확하게 말하는 데 중점을 두도록 해.

S: I make a mistake every time I say this word.

T: 그 단어를 정확하게 말하는 데 중점을 두도록 해.

S: What do you mean?

T: Don't worry about the meaning of the word. Just think about the sound.

교사: 이 지문을 읽어 봅시다.
학생: 지문의 내용을 잘 파악하는 방법에 대해 알려주세요.
교사: 음, focus on the meaning of the sentences.
학생: 해볼게요.

학생: 이 단어를 말할 때마다 실수를 해요.
교사: Focus on saying the word correctly.
학생: 무슨 말씀이세요?
교사: 단어의 뜻에 신경 쓰지 말고 발음만 생각하라는 거야.

🎧 교실영어핵심패턴233-137.mp3

The highest score was...

최고 점수는 ~였어요

시험을 본 다음에 점수에 관한 말이 빠질 수 없겠죠. 이때 '득점, 점수'라는 뜻의 score라는 단어를 사용할 수 있는데, 점수니까 높다, 낮다의 high, low로 수식할 수 있습니다. '시험 잘 봤니?'라고 물어볼 때는 How did you do on your test?라고 해요.

01 최고 점수는 Jimmy가 냈어요. The highest score* was Jimmy's.

02 최고 점수는 98점이었어요. The highest score was 98.

03 최고 점수가 겨우 50점이었대요. The highest score was only 50.

04 최고 점수가 형편없었어요. The highest score was pathetic.

05 최고 점수가 굉장해요. The highest score was impressive.

01 최고 점수가 겨우 50점이었대요.

T1: I heard everyone did poorly on the exam.
T2: How poorly?
T1: 최고 점수가 겨우 50점이었대요.
T2: Wow, did anyone pass?

02 최고 점수가 굉장해요.

S: How did we do on our essays, teacher?
T: Very well, Janet.
S: Who got the highest score?
T: I can't tell you, but 최고 점수가 굉장해요.

교사1: 다들 시험을 형편없이 봤다고 들었어요.
교사2: 얼마나 형편없는데요?
교사1: The highest score was only 50.
교사2: 와, 통과한 사람은 있나요?

학생: 선생님, 우리 에세이 시험 어땠어요?
교사: 아주 잘했어요, Janet.
학생: 누가 최고 점수인가요?
교사: 말해 줄 수는 없지만 the highest score was impressive.

Tip!
시험 점수는 test score, 토익 점수는 TOEIC score, 평균 시험 점수는 average test score, 만점은 perfect score라고 합니다. 그래서 '그는 SAT에서 만점을 받았다'라고 하면 He got a perfect score on the SAT. 라고 하는데, 시험 앞에 전치사 on을 쓰는 것도 함께 기억해 두세요.

교실영어핵심패턴233-138.mp3

★ Pattern 138

Notice...

~에 주의하세요

notice는 '유의하다, 주목하다'라는 뜻으로 각종 연습문제의 지문이나 문법 설명에 많이 등장하는 표현입니다. 문제를 풀거나 활동을 하면서 집중해야 하거나 주의해야 할 내용을 소개하는 표현이죠. notice는 지각동사이기 때문에 목적격 보어로는 원형 부정사가 오며, 「to + 동사원형」 형태가 목적격 보어 자리에 오면 수동의 의미로 쓰이게 됩니다. Notice that...처럼 that절이 목적어로 쓰일 수도 있어요.

Step 1

01 이 두 단어들의 철자에 주의하세요. Notice the spelling of these two words.

02 이 문장의 구조에 주의하세요. Notice the structure of this sentence.

03 이 동사의 시제에 주의하세요. Notice the tense of this verb.

04 이 단어 쓰는 방법에 유의하기 바랍니다. Notice the way this word is used.

05 이 단어 발음에 주의하세요. Notice the pronunciation of this word.

Step 2

01 이 두 단어들의 철자에 주의하세요.

T: 이 두 단어들의 철자에 주의하세요.

S: "chicken" and "kitchen."

T: Sometimes they can be confusing.

S: That's true.

02 이 문장의 구조에 주의하세요.

T: 이 문장의 구조에 주의하세요.

S: It looks very complicated.

T: You will understand it after I explain it.

S: I hope so.

교사: Notice the spelling of these two words.
학생: "chicken" and "kitchen."
교사: 가끔 이 단어들이 헷갈릴 수 있습니다.
학생: 맞아요.

교사: Notice the structure of this sentence.
학생: 아주 복잡해 보여요.
교사: 내 설명을 듣고 나면 이해가 될 겁니다.
학생: 그랬으면 좋겠어요.

교실영어핵심패턴233-139.mp3

Pattern 139 Are we going to talk about...? ~에 대해서 이야기해 볼까요?

학생들과 상담을 할 때, 또는 어떤 학습 주제에 대해 이야기를 시작하려 할 때 사용할 수 있는 패턴입니다. 의문문이지만 상대방의 대답을 기대한다기보다는 '~에 대해서 이야기해 보자'라는 의미로 제안의 성격을 띱니다. Let's talk about..., Why don't we talk about...?도 이와 비슷한 표현이에요.

Step 1

01 우리 문법에 대해서 이야기해 볼까? Are we going to talk about **grammar?**

02 우리 시험 얘기를 좀 해볼까? Are we going to talk about **the test?**

03 우리 네 에세이에 대해서 얘기 좀 해볼까? Are we going to talk about **your essay?**

04 우리 이 이야기의 세부 내용에 대해서 이야기해 볼까? Are we going to talk about **the details of the story?**

05 저희 다른 재미있는 것에 대해 얘기하면 안 돼요? Are we going to talk about **something interesting?**

Step 2

01 우리 시험 얘기를 좀 해볼까?

T: 우리 시험 얘기를 좀 해볼까?
S1: Yes.
S2: How long will we have to take it?
T: 30 minutes.

02 저희 다른 재미있는 것에 대해 얘기하면 안 돼요?

S: 저희 다른 재미있는 것에 대해 얘기하면 안 돼요?
T: Okay. We are going to talk about grammar!
S: That's not interesting.
T: Sometimes it is.

교사: Are we going to talk about the test?
학생1: 네.
학생2: 시험 시간이 얼마나 돼요?
교사: 30분.

학생: Are we going to talk about something interesting?
교사: 좋아. 우리 문법 얘기를 좀 해보자!
학생: 그건 재미있는 게 아니잖아요.
교사: 재미있을 때도 있단다.

★ Pattern 140

Who can solve...?

누가 ~를 풀어 볼래?

수업 중 학생들에게 문제를 풀어 볼 기회를 줄 때 쓸 수 있는 패턴입니다. 동사 solve는 '풀다, 해결하다'라는 뜻이죠. 그래서 목적어로 주로 problem을 많이 사용하여 solve a problem, solve problems와 같이 표현합니다. 이 외에도 riddle, quiz, puzzle, mystery 등이 목적어로 올 수 있어요.

01 누가 이 문제를 풀어 볼래? Who can solve this problem?

02 누가 이 퍼즐을 풀어 볼래? Who can solve this puzzle?

03 누가 이 미스테리를 풀어 볼래? Who can solve the mystery?

04 누가 우리의 딜레마를 풀어 볼래? Who can solve our dilemma?

05 누가 이 논쟁을 해결해 볼래? Who can solve this argument?

01 누가 이 문제를 풀어 볼래?

T: Today's challenge question is on the board.
S: Holy cow! It looks tough.
T: 누가 이 문제를 풀어 볼래?
S: Marcus is probably the only one who can.

02 누가 이 논쟁을 해결해 볼래?

S1: Jenny thinks "ain't" is a real word in the English language.
T: Is it?
S2: I think "ain't" is a slang word*.
T: 누가 이 논쟁을 해결해 볼래?

교사: 오늘의 도전 문제가 칠판에 있다.
학생: 이런! 너무 어려워 보여요.
교사: Who can solve this problem?
학생: Marcus밖에는 풀 사람이 없을 거예요.

학생1: Jenny는 ain't가 진짜 영어 단어라고 생각한대요.
교사: 그래?
학생2: 내 생각에 ain't는 속어인데.
교사: Who can solve this argument?

Tip!
slang은 일상 회화에서 많이 사용되지만 표준어로 인정되지 않는 '속어'를 뜻합니다. 또한 학생이나 기자 등 특정 무리에서만 사용하는 특별한 용어를 말할 때 slang이라는 단어를 사용하기도 해요.

Part 3

꾸중, 칭찬, 격려 등 학생들의 마음 읽기에 꼭 필요한 교실영어 패턴

선생님들이 바라는 바람직한 수업 분위기는 무엇일까요? 학생들이 적극적으로 참여하는 활기찬 수업 분위기겠죠? 선생님들의 적절한 피드백과 보상은 학생들을 동기화 시키고 그들의 적극적인 참여를 유도하게 됩니다. 스티커나 선물 등의 물질적인 보상뿐 아니라 안아 주기, 칭찬하기 등의 감정적, 또는 언어적인 피드백도 중요한 보상이 될 수 있습니다.

선생님들이 제공하는 긍정적인 피드백은 학생들에게 성취에 대한 만족감과 자신감을 제공하여 강력한 학습 동기를 유발하게 됩니다. 한편, 부정적인 피드백은 학생들이 자신의 학습 성취도를 파악하고 학업 성적을 향상시키기 위해 무엇을 해야 하는지 알게 해주죠.

Part 3에서는 이렇게 칭찬과 꾸중, 격려 등 학생들과의 감정적 소통에 사용할 수 있는 패턴들을 제시하였습니다. 선생님들의 격려에 힘을 내고 칭찬에 신바람 난 우리 아이들 모습을 떠올리면서 Part 3 패턴들을 하나하나 반복해 보세요.

★ Pattern 141

I'm sorry I can't...

미안하지만 ~할 수가 없어요

학생들을 지도하다 보면 학생들이 이런저런 요구나 부탁을 해올 때가 많은데 그런 상황에서 거절할 때 유용하게 쓸 수 있는 패턴입니다. 비슷한 표현으로는 I'm afraid I can't...가 있어요. 또 '~해서 미안해요'라는 뜻의 「I'm sorry + to 부정사」도 함께 알아 두세요.

Step 1

01 더 구체적으로 알려주지 못해서 미안하구나. I'm sorry I can't **be more specific.**

02 힌트를 더 주지 못해서 미안하구나. I'm sorry I can't **give you any more hints.**

03 시험을 연기해 주지 못해서 미안하구나. I'm sorry I can't **push back*** **the test.**

04 더 자세히 설명해 주지 못해서 미안하구나. I'm sorry I can't **explain it more clearly.**

05 더 잘하지 못해서 죄송해요. I'm sorry I can't **do better.**

Step 2

01 더 구체적으로 알려주지 못해서 미안하구나.

T: Tomorrow's test will cover chapter 7.

S: Which part of chapter 7?

T: 더 구체적으로 알려주지 못해서 미안하구나.

S: I guess we'll have to study all of it.

02 더 잘하지 못해서 죄송해요.

T: You said it wrong again.

S: 더 잘하지 못해서 죄송해요.

T: You'll get it if you practice a little more.

S: I hope so.

교사: 내일 시험 범위는 7과다.
학생: 7과 어떤 부분요?
교사: I'm sorry I can't be more specific.
학생: 7과 전체를 공부해야겠네요.

교사: 또 틀렸구나.
학생: I'm sorry I can't do better.
교사: 네가 조금만 더 연습하면 할 수 있을 거야.
학생: 저도 그랬으면 좋겠어요.

Tip!
push back을 직역하면 '뒤로 밀어내다'이지만 여기에서는 날짜 등을 '뒤로 미루다'라는 뜻으로 쓰였습니다.

★ Pattern 142

Let's try to...

~하도록 노력하자

수업이라는 게 교사 혼자 아등바등한다고 될 일이 아니죠. '이렇게 해!, 저렇게 해!'라고 명령형으로 지시하기보다 때로는 Let's try to... 패턴을 이용해 학생들의 자발적인 협조를 독려하는 것도 중요합니다. 「try + to부정사」는 뭔가를 하려고 '애쓰다, 노력하다'라는 뜻이에요. 참고로, 「try + 동명사」는 어떤 일을 '시험 삼아 한번 해보다'라는 뜻으로 쓰입니다.

Step 1

01 우리 숙제를 일찍 끝내도록 하자. Let's try to **finish our homework early.**

02 모든 질문에 정확하게 답하도록 노력하자. Let's try to **answer all of the questions correctly.**

03 우리가 할 수 있는 한 빨리 쓰도록 노력하자. Let's try to **write as quickly as we can.**

04 우리 사전을 사용하지 않도록 노력하자. Let's try to **avoid using our dictionaries.**

05 좀 더 명확하게 말하려고 노력하자. Let's try to **speak more clearly.**

Step 2

01 우리 숙제를 일찍 끝내도록 하자.

T: Your homework is page 22.
S1: 우리 숙제를 일찍 끝내도록 하자.
S2: Why?
S1: Then we can play video games.

02 우리 사전을 사용하지 않도록 노력하자.

T: 우리 사전을 사용하지 않도록 노력하자.
S: Why?
T: We'll be able to read faster that way.
S: Oh, I see.

교사: 숙제는 22쪽이다.
학생1: Let's try to finish our homework early.
학생2: 왜?
학생1: 그래야 비디오 게임하고 놀지.

교사: Let's try to avoid using our dictionaries.
학생: 왜요?
교사: 그렇게 해야 더 빨리 읽을 수 있을 테니까.
학생: 아, 그렇군요.

★ Pattern 143

I'm sorry to say that...

유감스럽게도 ~이구나

학생들에게 안 좋은 소식을 전달할 때 쓸 수 있는 패턴입니다. 학생들이 실망하거나 속상해할 만한 내용을 that 다음에 문장으로 만들어 넣으면 됩니다. 반대로, 좋은 소식일 때는 sorry 대신 happy, glad, pleased를 사용하세요. 예를 들면, I'm happy to say that...이라고 하면 '~라고 전하게 되어 기쁘다'라는 말이 됩니다.

Step 1

01 유감스럽게도 아무도 시험을 통과하지 못했다. I'm sorry to say that **no one passed the test.**

02 유감스럽게도 다시 시도해 봐야겠구나. I'm sorry to say that **you will have to try again.**

03 유감스럽게도 넌 수업 끝나고 남아야 할 것 같구나. I'm sorry to say that **you will have to stay after class.**

04 유감스럽게도 숙제가 조금 어려울 거야. I'm sorry to say that **the homework will be a little difficult.**

05 유감스럽게도 우리가 배워야 할 단어가 좀 많단다. I'm sorry to say that **we have many more words to learn.**

Step 2

01 유감스럽게도 아무도 그 시험을 통과하지 못했다.

T: 유감스럽게도 아무도 그 시험을 통과하지 못했다.

S: Maybe it was too hard.

T: Maybe you didn't study enough.

S: I guess that's possible.

02 유감스럽게도 우리가 배워야 할 단어가 좀 많단다.

S: That's it. I memorized all of the words from chapter 2.

T: 유감스럽게도 우리가 배워야 할 단어가 좀 많단다.

S: Learning English is going to take a long time.

T: That's true.

교사: I'm sorry to say that no one passed the test.
학생: 너무 어려웠던 것 같아요.
교사: 공부를 충분히 하지 않았겠지.
학생: 그런 것도 같아요.

학생: 다했어요. 2과에 나온 단어들을 전부 외웠어요.
교사: I'm sorry to say that we have many more words to learn.
학생: 영어를 배운다는 건 시간이 정말 오래 걸려요.
교사: 그래 맞다.

교실영어핵심패턴233-144.mp3

You should try to...

~하려고 노력해 봐

선생님뿐 아니라 부모님들도 많이 사용하는 표현으로, 보통 '노력해야지!', '~해 봐!'라는 뜻으로 쓰입니다. 조동사 should는 '~해야 한다'로 해석되지만 반드시 지키지 않으면 안 되는 규정이나 원칙을 나타내는 must나 have to와는 달리 '~하는 게 바람직하다'라는 정도의 의미를 갖습니다.

01 넌 가능한 한 명확하게 말하려고 노력해야 돼.	You should try to **speak as clearly as possible.**
02 하루에 한 단어씩 외우려고 노력해 봐.	You should try to **memorize one word a day.**
03 좀 더 조심해야겠구나.	You should try to **be more careful.**
04 넌 실수를 하지 않으려고 노력해야 돼.	You should try to **avoid making mistakes.**
05 넌 좀 더 빨리 쓰려고 노력해야 돼.	You should try to **write more quickly.**

01 하루에 한 단어씩 외우려고 노력해 봐.

S: Do you have any advice about how to learn vocabulary?

T: 하루에 한 단어씩 외우려고 노력해 봐.

S: That doesn't sound like much work.

T: No, but over the year, you will learn a lot.

02 좀 더 조심해야겠구나.

T: Here is your corrected homework.

S: Oh no! I forgot to do number 3.

T: 좀 더 조심해야겠구나.

S: I will next time.

학생: 단어 공부를 어떻게 해야 하는지 알려주세요.
교사: You should try to memorize one word a day.
학생: 그렇게 많은 일은 아닌 것 같은데요.
교사: 많지 않지. 그렇지만 1년만 지나면 넌 꽤 많은 단어를 알게 될 거야.

교사: 네 숙제 교정한 거 여기 있다.
학생: 이런! 제가 3번 문제를 잊어버리고 안 했네요.
교사: You should try to be more careful.
학생: 다음부터 조심할게요.

교실영어핵심패턴233-145.mp3

★ Pattern 145

You should have...

~했어야지

「You should have + p.p.」는 '~했어야 했는데 하지 않았다'는 뜻으로 어떤 일이나 동작을 행하지 않은 데 대해 가볍게 나무라거나 아쉬워하는 말입니다. 지각할 것 같으면 미리 전화를 했어야 하고, 시험이 있으면 공부를 열심히 했어야 하는 거죠. 즉 과거 일에 대한 아쉬움이나 안타까움을 나타내는 표현입니다. 반대로, 하지 말았어야 할 행동을 했다면 「You should have not + p.p.」를 사용합니다.

01 공부를 좀 더 열심히 했어야지. You should have **studied harder.**

02 숙제를 했어야지. You should have **done your homework.**

03 좀 더 집중을 했어야지. You should have **paid more attention.**

04 좀 더 일찍 잤어야지. You should have **gone to bed earlier.**

05 아침을 먹었어야지. You should have **eaten breakfast.**

01 좀 더 열심히 공부했어야지.

S: I got a terrible grade!

T: 좀 더 열심히 공부했어야지.

S: I did my best!

T: I think you can do better.

02 좀 더 집중을 했어야지.

T: Okay, let's start the exercise.

S: I don't understand what to do.

T: 좀 더 집중을 했어야지.

S: I'm sorry.

학생: 형편없는 점수를 받았어요!
교사: You should have studied harder.
학생: 최선을 다했는데요!
교사: 넌 더 잘할 수 있어.

교사: 자, 연습문제를 풀어 보자.
학생: 뭘 해야 하는지 모르겠어요.
교사: You should have paid more attention.
학생: 죄송합니다.

I'm sure that...

분명히 ~

틀림없는 사실이라고 못박아 말할 때 쓸 수 있는 패턴입니다. that 뒤에 오는 말이 엄포를 놓는 내용이라면 각오하라는 의미가 되고, 격려하거나 주의를 주는 내용이라면 명심하라는 말이 될 수 있습니다. sure 대신 certain을 사용하여 I'm certain that...이라고 해도 같은 의미예요.

01	난 네가 결국 이해하게 될 거라고 확신해.	I'm sure that **you will understand eventually.**
02	분명히 넌 잘할 거야.	I'm sure that **you will do fine.**
03	분명히 그 시험은 쉬울 거야.	I'm sure that **the test will be easy.**
04	내가 장담하는데 우린 시간이 충분할 거야.	I'm sure that **we will have enough time.**
05	내가 장담하는데 아무도 그 표를 원하지 않을 거야.	I'm sure that **no one else wants the ticket.**

01 난 네가 결국 이해하게 될 거라고 확신해.

S: This exercise is impossible.
T: 난 네가 결국 이해하게 될 거라고 확신해.
S: I don't know about that.
T: Just keep trying and you'll get it.

02 분명히 그 시험은 쉬울 거야.

T: Don't forget about the test tomorrow.
S1: 분명히 그 시험은 쉬울 거야.
S2: You always say that.
S1: And I'm always right!

학생: 이 연습문제를 푸는 건 불가능해요.
교사: I'm sure that you will understand eventually.
학생: 전 잘 모르겠어요.
교사: 계속 노력하면 알게 될 거야.

교사: 내일 시험 있는 거 잊지 마라.
학생1: I'm sure that the test will be easy.
학생2: 넌 항상 그렇게 말하잖아.
학생1: 항상 내 말이 맞잖아!

교실영어핵심패턴233-147.mp3

★ Pattern 147

I told you guys to...

너희들 ~하라고 했지

일이 있어 잠깐 교무실에 다녀왔는데 수업 준비도 안 하고 떠들고 있거나, 교실 정리를 시키고 30분 후 돌아왔는데 상태가 그대로일 때, 혹은 과제물 마감이 오늘까지인 줄 몰랐다고 어설픈 변명을 늘어놓는 학생들을 따끔하게 혼내 줄 때 쓰면 좋은 패턴입니다. '내가 ~하라고 했지'라는 뜻으로, to 다음에는 시켰던 내용을 동사원형으로 넣으면 됩니다.

01 내가 너희들 공부하라고 했지. I told you guys to **study.**

02 너희보고 커닝하지 말라고 했지. I told you guys to **stop cheating.**

03 내가 너희들 조용히 하라고 했지. I told you guys to **be quiet.**

04 내가 너희들 사전을 그렇게 자주 보면 안 된다고 했지. I told you guys to **stop using your dictionaries so much.**

05 너희들 영어로 이야기하라고 말했는데. I told you guys to **speak English.**

01 내가 너희들 공부하라고 했지.

S: This test looks very difficult.

T: 내가 너희들 공부하라고 했지.

S: We did, but maybe not enough.

T: I warned you!

02 내가 너희들 조용히 하라고 했지.

T: 내가 너희들 조용히 하라고 했지.

S: We're sorry!

T: It's okay. Just try to be better.

S: Yep!

학생: 이 시험이 아주 어려워 보여요.
교사: I told you guys to study.
학생: 공부는 했는데 충분하지 않았던 것 같아요.
교사: 난 경고했다!

교사: I told you guys to be quiet.
학생: 죄송해요!
교사: 괜찮아. 그냥 좀 더 잘해 보렴.
학생: 알겠습니다!

There's no time to...

~할 시간 없어요

일상생활에서 자주 쓰는 패턴 중 하나로 '~할 시간 없어'라며 시간이 부족함을 나타냅니다. 주로 시간이 없으니까 그 행동을 중지하고 더 시급하고 중요한 일에 몰두하라고 재촉할 때 사용하죠. There's no time to lose. 하면 '꾸물거릴 시간이 없다'는 말입니다. 즉 서둘러야 된다는 소리겠죠. There's no time to waste.도 비슷한 표현이에요.

01 긴장할 시간이 없다니까. There's no time to **be nervous.**

02 설명할 시간이 없어요. There's no time to **explain.**

03 불평불만할 시간이 없어요. There's no time to **complain.**

04 낭비할 시간이 없어요. There's no time to **waste.**

05 지금 공부할 시간이 없어요. There's no time to **study now.**

01 긴장할 시간이 없어.

T: It's time to do your presentation.
S: I'm scared to speak in front of the class.
T: 긴장할 시간이 없어.
S: I guess you're right.

02 지금 공부할 시간이 없어.

T: Let's begin the quiz.
S: Can I have a few more minutes to study?
T: 지금 공부할 시간이 없어.
S: Oh no!

교사: 네가 발표할 시간이다.
학생: 앞에 나가서 발표하는 게 겁나 죽겠어요.
교사: There's no time to be nervous.
학생: 선생님 말씀이 맞네요.

교사: 쪽지시험 보자.
학생: 조금만 더 공부하면 안 돼요?
교사: There's no time to study now.
학생: 이런!

교실영어핵심패턴233-149.mp3

★ Pattern 149

If you try to...

네가 ~하려고 한다면

If가 들어간 조건문 패턴으로 학생들을 지도하면서 조언해 줄 때 요긴한 표현입니다. 앞서 설명한 바 있듯이, 「try + to 부정사」는 '~하려고 애쓰다', 「try + 동명사」는 '시험 삼아 한번 ~해보다'라는 의미를 가집니다.

Step 1

01 네가 천천히 말하려고 한다면 실수를 덜 할 거야. — If you try to speak slowly, you'll make fewer mistakes.

02 매일 조금씩 공부를 한다면 네가 벼락치기를 하지 않아도 되겠지. — If you try to study a little bit every day, you won't have to cram*.

03 네가 정시에 온다면 아무것도 놓치지 않을 거야. — If you try to be on time, you won't miss anything.

04 주제를 이해하려고 한다면 좀 더 쉬울 거예요. — If you try to understand the main idea, it will be easier.

05 단어들을 외우다 보면 그렇게 힘들지 않다는 것을 알게 될 거야. — If you try to memorize the words, you'll see it isn't too hard.

Step 2

01 매일 조금씩 공부를 한다면 네가 벼락치기를 하지 않아도 되겠지.

S: I'm having a hard time preparing for tomorrow's test.

T: Why?

S: There's so much to study.

T: 매일 조금씩 공부를 한다면 네가 벼락치기를 하지 않아도 되겠지.

02 요지를 이해하려고 한다면 더 쉬울 거야.

T: Let's do some listening practices.

S: It's so hard to understand all the details.

T: 요지를 이해하려고 한다면 더 쉬울 거야.

S: Okay. I'll try to do that.

학생: 내일 있을 시험을 준비하는 게 너무 힘들어요.
교사: 왜?
학생: 공부할 게 너무 많아서요.
교사: If you try to study a little bit every day, you won't have to cram.

교사: 듣기 연습을 해보자.
학생: 세세한 것까지 다 알아듣기가 너무 힘들어요.
교사: If you try to understand the main idea, it will be easier.
학생: 알겠습니다. 그렇게 해 볼게요.

Tip!

cram은 좁은 곳에 '밀어 넣다'라는 뜻으로 우리가 흔히 시험을 앞두고 '벼락치기를 하다'라고 할 때 사용하는 단어입니다. cram은 명사로도 쓰이는데, 예를 들면, cram school이라고 하면 '입시 학원'을 뜻합니다.

교실영어핵심패턴233-150.mp3

It doesn't mean...

~라는 건 아니야

어떤 상황을 설명하고 나서 혹시라도 있을 수 있는 오해의 소지를 없애기 위해 덧붙일 수 있는 말이 바로 It doesn't mean... 패턴입니다. 뒤에 절이 연결되어 '그렇다고 ~라는 뜻은 아니다'라고 분명하게 짚고 넘어갈 때 쓸 수 있는 말이죠.

01 네가 절대 이해 못할 거라는 것은 아니야. It doesn't mean **you'll never understand.**

02 네가 이 과목에 낙제할 거란 말은 아니야. It doesn't mean **you'll fail the class.**

03 네가 똑똑하지 않다는 말은 아니야. It doesn't mean **you're not smart.**

04 네가 말을 잘할 수 있다는 뜻은 아니야. It doesn't mean **you can speak well.**

05 네가 그것을 할 수 없다는 말은 아니야. It doesn't mean **you can't do it.**

01 네가 절대 이해 못할 거라는 것은 아니야.

S: This exercise is impossible.
T: Why do you say that?
S: I just can't understand it.
T: 네가 절대 이해 못할 거라는 것은 아니야.

02 네가 이 과목에서 낙제할 거란 말은 아니야.

T: Here are your test scores.
S1: Oh no! I've got an F.
S2: Don't worry. 네가 이 과목에서 낙제할 거란 말은 아니야.
S1: I hope not!

학생: 이 연습문제를 푼다는 건 불가능해요.
교사: 왜 그런 말을 하니?
학생: 문제가 도저히 이해가 안 돼요.
교사: It doesn't mean you'll never understand.

교사: 여기 너희들 시험 점수가 나왔다.
학생1: 이런! F를 받았어.
학생2: 걱정 마. It doesn't mean you'll fail the class.
학생1: 나도 그랬으면 좋겠다!

교실영어핵심패턴233-151.mp3

★ Pattern 151

Don't be afraid of...

~을 겁내지 마

'~을 무서워하지 마', 또는 '~을 겁내지 마'라는 뜻으로, 주저하는 학생들에게 어떤 일을 과감하게 하라고 주문할 때 사용할 수 있는 표현입니다. of 다음에는 명사나 동명사가 와요.

01 조금 힘든 일이라고 겁내지 마. Don't be afraid of **a little hard work.**

02 질문하는 것을 겁내지 말아요. Don't be afraid of **asking questions.**

03 영어로 말하는 것을 겁내지 마세요. Don't be afraid of **speaking English.**

04 실수하는 것을 겁내지 마라. Don't be afraid of **making a mistake.**

05 날 무서워하지 마세요. Don't be afraid of **me.**

Step 2

01 조금 힘든 일이라고 겁내지 마.

T: Now we will all memorize this dialogue.

S: That sounds difficult.

T: 조금 힘든 일이라고 겁내지 마.

S: I guess I'm kind of lazy.

02 질문하는 걸 겁내면 안 돼.

T: If you didn't understand, why didn't you ask a question?

S: I was too shy.

T: 질문하는 걸 겁내면 안 돼.

S: I won't next time.

교사: 이제 우리 모두 이 대화를 외울 거야.
학생: 어려울 것 같은데요.
교사: Don't be afraid of a little hard work.
학생: 제가 좀 게으른가 봐요.

교사: 네가 이해를 못했다면 왜 질문을 안 했니?
학생: 너무 부끄러워서요.
교사: Don't be afraid of asking questions.
학생: 다음번엔 안 그럴게요.

★ Pattern 152

I don't care...

~에 대해 신경 안 써

그야말로 이렇게 되든 저렇게 되는 '신경 안 쓴다'는 의미입니다. 그냥 I don't care.라고도 많이 쓰지만 I don't care if...라고 하면 '~인지 아닌지 신경 안 쓴다'라는 뜻이 됩니다. 또 전치사 about을 붙여서 I don't care about...이라고 하면 '~에 대해서 신경 안 쓴다'라는 말이 돼요.

Step 1

01 난 네가 이 연습문제에서 실수를 해도 신경 안 쓴다. — I don't care if you make a mistake on this exercise.

02 난 두어 개의 작은 실수들은 신경 안 써. — I don't care about a couple of small mistakes.

03 네가 시간이 없다고 해도 나는 상관 안해. — I don't care if you don't have time.

04 난 네가 뭘 생각하든 신경 안 쓴다. — I don't care what you think.

05 난 네가 뭘 말하든 신경 안 쓴다. — I don't care what you say.

Step 2

01 난 두어 개의 작은 실수들은 신경 안 써.

T: Let's talk about your essay.

S: I'll never be able to write a perfect essay*.

T: 난 두어 개의 작은 실수들은 신경 안 써.

S: That's good to hear.

02 네가 시간이 없다고 해도 나는 상관 안해.

T: You have 2 minutes to finish.

S: That's not enough time!

T: Just work quickly. 네가 시간이 없다고 해도 나는 상관 안해.

S: Yes, sir.

교사: 네가 쓴 에세이에 대해 얘기해 보자.
학생: 저는 절대 완벽한 에세이는 못 쓸 거예요.
교사: I don't care about a couple of small mistakes.
학생: 그 말씀을 들으니 안심이네요.

교사: 2분 남았다.
학생: 시간이 부족해요!
교사: 빨리 하기나 해. I don't care if you don't have time.
학생: 알겠습니다, 선생님.

Tip!

essay, report, paper는 어떻게 다를까요? 에세이는 글을 쓰는 사람의 생각이나 의견을 담은 글이고, report는 책이나 인터넷 등 다른 매체에서 찾은 정보를 바탕으로 쓴 글, 그리고 paper는 essay와 report를 통틀어서 가리키는 말로 흔히 학교 수업에 관련된 글이라고 보면 됩니다.

★ Pattern 153

I like your...

난 너의 ~가 마음에 들어

직역하면 '난 너의 ~를 좋아해'인데 보통은 '~가 좋네'라는 뜻으로 상대방의 어떤 점을 콕 집어 칭찬할 때 씁니다. 예를 들면, 학생이 My name is Kim Yuna.라고 자기소개를 하면, '이름 참 예쁘구나'라는 의미로 I like it.이라고 말할 수 있습니다. 옷이나 머리 스타일을 칭찬할 때도 쓸 수 있고, I like your bag.이라고 가방을 칭찬하면서 학생들과 친해질 수도 있겠죠.

Step 1

01 난 네 답변이 마음에 들어. I like your **answer.**

02 난 너의 그런 열정이 마음에 들어. I like your **enthusiasm.**

03 난 너의 그런 태도가 마음에 들어. I like your **attitude.**

04 난 너의 그 아이디어가 마음에 들어. I like your **idea.**

05 난 네가 생각하는 방식이 마음에 들어. I like your **way of thinking.**

Step 2

01 난 너의 그런 태도가 마음에 들어.

T: Let's learn some new words.
S: Hurray! I love learning new words!
T: 난 너의 그런 태도가 마음에 들어.
S: Thank you.

02 좋은 생각 같아.

T: Try to think of a topic for your presentation.
S1: Let's talk about soccer.
S2: 좋은 생각 같아.
S1: Thanks!

교사: 새로운 단어들을 배워 보자.
학생: 신난다! 전 새로운 단어들을 배우는 게 너무 좋아요!
교사: I like your attitude.
학생: 감사합니다.

교사: 여러분의 발표 주제에 대해서 생각해 보세요.
학생1: 축구에 대해서 얘기하자.
학생2: I like your idea.
학생1: 고마워!

No wonder...

~한 게 당연하지

It is no wonder that에서 It is와 that이 생략된 형태입니다. No wonder는 발생한 상황이나 일이 놀랄 것도 없는 당연한 일이라는 뜻으로, 본인의 잘못으로 인한 인과응보의 결과라며 학생들을 지적할 때 사용할 수 있는 표현입니다. 반대로, '~는 이상한 일이다'라고 할 때는 It is a wonder that...이라고 해요.

01 네가 높은 점수를 받지 못한 게 당연하구나. No wonder you didn't get a high score.

02 네가 그 수업을 이해할 수 없는 게 당연하지. No wonder you can't understand the lesson.

03 네가 집중 못하는 게 당연하지. No wonder you can't concentrate.

04 낙제하는 게 당연하네. No wonder you're flunking.

05 그가 네 말을 이해 못하는 게 당연하지. No wonder he doesn't understand you.

01 네가 높은 점수를 받지 못한 게 당연하구나.

T: You did a terrible job on the test.

S: I didn't study for it.

T: 네가 높은 점수를 받지 못한 게 당연하구나.

S: I'll do better next time.

02 그가 네 말을 이해 못하는 게 당연하지.

T: Have you met the new foreign student?

S: I tried to speak English to him, but he doesn't understand me.

T: 그가 네 말을 이해 못하는 게 당연하지. He's from Germany!

S: Oh! I feel so silly!

교사: 시험을 엉망으로 봤구나.
학생: 공부를 안 했어요.
교사: No wonder you didn't get a high score.
학생: 다음번엔 잘하겠습니다.

교사: 너 새로 온 외국 학생 만나 봤니?
학생: 영어로 얘기를 해봤는데 제 말을 이해하지 못하더라고요.
교사: No wonder he doesn't understand you. 독일에서 왔거든.
학생: 아이구! 이런 바보!

교실영어핵심패턴233-155.mp3

★ Pattern 155

May I suggest...?

~하는 게 어때?

학생들에게 제안을 할 때 사용합니다. 명령문을 사용해서 '~해라' 하고 명령하기보다는 학생의 선택을 존중한다는 의미에서 '~하면 어떻겠니?'의 May I suggest...?를 쓰는 것이 좀 더 부드럽겠죠? 학생이 과제나 다른 문제를 해결하는 데 있어 어디서부터 어떻게 시작해야 할지 난감해할 때 이 패턴을 활용해 부드럽게 조언해 주세요.

Step 1

01 짝이랑 연습을 해보는 게 어때요? May I suggest **that you practice with a partner?**

02 제가 다른 답을 말해 볼까요? May I suggest **a different answer?**

03 우리가 그것을 다르게 해보면 어떨까요? May I suggest **that we do it differently?**

04 여러분의 아이디어를 적어 보는 게 어때요? May I suggest **that you write down your ideas?**

05 네가 조금만 더 열심히 공부하면 어떨까? May I suggest **that you study a little harder?**

Step 2

01 짝이랑 연습을 해보는 게 어때?

S: I'm having a hard time learning these words.

T: 짝이랑 연습을 해보는 게 어때?

S: How will that help?

T: It will be more fun.

02 아이디어를 적어 보는 게 어때요?

T: The presentation is tomorrow. Are you ready?

S: I'm having a hard time preparing tomorrow's speech.

T: 아이디어를 적어 보는 게 어때요?

S: That sounds like a good idea.

학생: 전 이 단어들 배우는 게 정말 어려워요.
교사: May I suggest that you practice with a partner?
학생: 그게 어떻게 도움이 되죠?
교사: 더 재미있을 거야.

교사: 내일이 발표 날이에요. 다들 준비됐나요?
학생: 발표 준비하는 게 너무 힘들어요.
교사: May I suggest that you write down your ideas?
학생: 그게 좋겠네요.

★ Pattern 156

It's very ~ of you to ...

…하다니 너무 ~하구나

상대방의 성품 등을 이야기할 때, 또는 감사의 표시를 할 때 많이 사용되는 패턴입니다. very 다음에 다양한 형용사를 사용하여 활용할 수 있는데, 가장 많이 쓰이는 형용사에는 nice, kind, wise 등이 있습니다. 또한 to 다음에는 동사 원형이 오며, 이 to부정사가 문장의 진짜 주어라는 것도 잊지 마세요.

Step 1

01 저를 특별히 도와주시다니 너무 감사드려요. It's very **kind** of you to **give me extra help.**

02 지금 숙제를 하다니 아주 현명하구나. It's very **wise** of you to **do your homework now.**

03 수업을 빠지다니 너무 바보 같구나. It's very **foolish** of you to **skip class.**

04 새로운 단어들을 다 받아 적다니 너 너무 똑똑하구나. It's very **smart** of you to **write down all the new words.**

05 노트를 잊어버리다니 너무 바보 같구나. It's very **silly** of you to **forget your notebook.**

Step 2

01 저를 특별히 도와주시다니 너무 감사드려요.

T: Do you understand the homework?

S: No. I'm still a little confused.

T: Why don't you stay after class and I'll explain it again?

S: 저를 특별히 도와주시다니 너무 감사드려요.

02 지금 숙제를 하다니 아주 현명하구나.

T: Why are you still here? Class is over.

S: I'm going to finish this assignment.

T: 지금 숙제를 하다니 아주 현명하구나.

S: I want to have fun later!

교사: 숙제 이해하지?
학생: 아니요. 아직 좀 헷갈려요.
교사: 내가 다시 설명할 테니 수업 끝나고 남을래?
학생: It's very kind of you to give me extra help.

교사: 왜 아직 여기 있니? 수업도 끝났는데 말이야.
학생: 이 과제물을 끝내려고요.
교사: It's very wise of you to do your homework now.
학생: 나중에 놀고 싶어서요!

★ Pattern 157

There's no excuse for...

~에는 변명의 여지가 없어

잘못을 따끔하게 혼낼 때나 어떤 일에 대해 여지를 주지 않고자 할 때 쓸 수 있는 패턴입니다. for 뒤에 오는 행동이나 일에 대해서 용납하지 않겠다는 뜻이죠. for 다음에는 명사나 동명사를 쓰고, '~하지 않는 이유'라고 하려면 -ing 앞에 not을 붙여 줍니다.

Step 1

01 그런 말도 안 되는 대답에 변명의 여지가 없어요. There's no excuse for such a foolish answer.

02 이런 행동에 대해선 용서할 수 없어. There's no excuse for this behavior.

03 준비하지 않은 것에 대해선 변명의 여지가 없습니다. There's no excuse for not being prepared.

04 숙제를 제시간에 제출하지 않은 것에 대해서는 변명의 여지가 없다. There's no excuse for not handing in your homework on time.

05 이런 형편없는 성적은 용납할 수 없어요. There's no excuse for such low scores.

Step 2

01 숙제를 제시간에 제출하지 않은 것에 대해서는 변명의 여지가 없다.

T: It's time to turn in your homework.
S: I don't have mine.
T: Why not?
S: I left it at the library*!
T: 숙제를 제시간에 제출하지 않은 것에 대해서는 변명의 여지가 없다.

02 이렇게 형편없는 성적은 용납할 수 없어요.

T: You all did very poorly on your tests.
S: It was too hard!
T: 이렇게 형편없는 성적은 용납할 수 없어요.
S: I guess we'll have to study harder next time.

교사: 숙제를 제출해야 할 시간이다.
학생: 저는 없는데요.
교사: 왜 없지?
학생: 도서관에 두고 왔어요.
교사: There's no excuse for not handing in your homework on time.

교사: 여러분 모두 시험 성적이 아주 저조합니다.
학생: 너무 어려웠어요!
교사: There's no excuse for such low scores.
학생: 다음번에는 우리 모두 더 열심히 하겠습니다.

Tip!
library(도서관)와 관련된 표현들을 살펴볼까요? 도서관에서 책을 출납할 때(check out) 사용하는 도서관 회원증은 library card라고 하며, 대출한 책이 기한을 넘겼을 때는 overdue라는 표현을 사용합니다. 또한 컴퓨터를 통해 이용할 수 있는 전자 도서 목록은 OPAC(Online Public Access Catalog)라고 해요.

교실영어핵심패턴233-158.mp3

★ Pattern 158

The worst part is...

최악은 ~다

학생들을 지도하다 보면 매번 야단을 칠 수도 없고 보통 참고 참았다 한꺼번에 혼을 내는 경우가 많죠. 그러다 보면, 그 동안의 잘못을 거론하며 '이것도 잘못했고, 저것도 잘못했는데 그 중에서도 네가 제일 잘못한 건 이거야'라고 말하게 됩니다. 이럴 때 사용할 수 있는 패턴이 바로 The worst part is...예요. 이 패턴은 The worst part is가 하나의 의미 단위이므로 is에서 끊어 읽어 줘야 한다는 것도 알아 두세요.

Step 1

01 최악은 우리가 내일 시험까지 있다는 거지.	The worst part is **we have a test tomorrow, too.**
02 가장 잘못한 건 네가 노력도 하지 않았다는 거지.	The worst part is **you didn't even try.**
03 가장 잘못한 건 네가 숙제도 안 했다는 거야.	The worst part is **you didn't do your homework, too.**
04 최악은 여전히 우리가 이 연습문제를 풀어야 한다는 거야.	The worst part is **we still have to do this exercise.**

Step 2

01 최악은 우리가 내일 시험까지 있다는 거야.

T: Your essays have many mistakes. You need to write them again.

S1: Oh no! This is terrible.

S2: I know.

S1: 최악은 우리가 내일 시험까지 있다는 거야.

02 가장 잘못한 건 네가 숙제도 안 했다는 거야.

T: Andy, you're late again. I'm going to take 5 points off of your grade.

S: I'm sorry, sir.

T: 가장 잘못한 건 네가 숙제도 안 했다는 거야.

S: I'm sorry.

교사: 너희들 에세이가 실수투성이구나. 다시 써야겠다.
학생1: 오, 이런! 큰일났다.
학생2: 알아.
학생1: The worst part is we have a test tomorrow, too!

교사: Andy, 너 또 늦었구나. 네 점수에서 5점을 깎아야겠다.
학생: 죄송합니다, 선생님.
교사: The worst part is you didn't do your homework, too.
학생: 죄송해요.

★ Pattern 159

This is the best...

이게 최고의 ~예요

칭찬할 때 사용할 수 있는 패턴입니다. 선생님에게 이런 칭찬을 듣는다면 아마도 학생은 세상에서 최고가 된 것 같은 기분이 들겠죠? This is the best 다음에 이어지는 I've ever 구문은 '이제까지, 지금까지'의 뜻을 나타냅니다. 예를 들면, You are the best student I've ever taught.라고 하면 '너는 내가 지금까지 가르친 학생 중에서 가장 우수한 학생이다'라는 의미가 돼요.

Step 1

01 이게 내 최고 점수야. This is the best grade I've ever made!

02 이게 우리가 풀어 본 연습문제 중에 최고야. This is the best exercise we've ever done!

03 지금까지 썼던 에세이 중에서 최고구나. This is the best essay you've ever written!

04 이 반이 내가 가르쳤던 반 중에 최고의 반이야. This is the best class I've ever taught!

05 지금까지 중에 최고로 재미있어요. This is the best time I've ever had!

Step 2

01 이게 지금까지 썼던 에세이 중에서 최고구나.

T: 이게 지금까지 썼던 에세이 중에서 최고구나.

S: Thank you.

T: Why is it so good?

S: I spent a long time on it.

02 지금까지 중에 최고로 재미있어요.

T: Now we're going to play another game.

S: 지금까지 중에 최고로 재미있어요.

T: I told you that English could be fun!

S: And you were right!

교사: This is the best essay you've ever written!
학생: 감사합니다.
교사: 어떻게 이렇게 잘 썼지?
학생: 오랜 시간을 들여서 썼어요.

교사: 이제 우리 다른 게임을 하자.
학생: This is the best time I've ever had!
교사: 내가 영어도 재미있을 수 있다고 그랬잖아.
학생: 선생님 말씀이 맞았어요!

교실영어핵심패턴233-160.mp3

★ Pattern 160

Please stop...

~좀 그만해

상대방의 행동을 저지하고 싶을 때 사용하는 패턴입니다. stop 다음에는 동사의 ing형이 짝꿍처럼 따라옵니다. stop을 명령형으로 쓰게 되면 듣는 사람을 움찔하게 할 만큼 강한 어조를 띠기 때문에 아주 긴박한 상황이 아니라면 보통 please를 문장의 앞이나 뒤에 붙여서 사용해요.

Step 1

01 불평 그만해. Please stop complaining.

02 사전 좀 그만 봐라. Please stop using your dictionary so often.

03 하고 있는 일 멈춰 봐라. Please stop what you are doing.

04 그렇게 큰 소리로 이야기하면 안 돼. Please stop talking so loudly.

05 대답하기 전에 생각 좀 해. Please stop and think before you answer.

Step 2

01 불평 그만해.

S1: This exercise is boring.

S2: I agree. Let's do something fun*.

T: 불평 그만해. It's time to study.

S1: Yes, sir.

02 그렇게 큰 소리로 이야기하면 안 돼.

T: 그렇게 큰 소리로 이야기하면 안 돼.

S: Why?

T: Because it's time to work on your reading.

S: Oh, I'm sorry.

학생1: 이 연습문제는 지루해.
학생2: 나도 동감이야. 재미있는 것 좀 하지.
교사: Please stop complaining.
이제 공부할 시간이다.
학생1: 네, 선생님.

교사: Please stop talking so loudly.
학생: 왜요?
교사: 왜냐하면 너희들이 책을 읽어야 할 시간이니까.
학생: 아, 죄송합니다.

Tip!
친구들을 만나면 '우리 뭐 재미난 거 하자'라고 아이디어를 내는 사람이 꼭 있죠. 영어로는 Let's do something... 패턴을 이용해서 Let's do something interesting. 이라고 할 수 있습니다.

The best way to~ is ...

~하는 가장 좋은 방법은 …이다

학생들은 언제나 영어를 정복할 수 있는 지름길을 묻습니다. 그럴 땐 There is no royal road, but the best way to learn English is to study hard.(지름길은 없어. 영어를 배우는 가장 좋은 방법은 열심히 하는 것 뿐이야.)라고 말해 줘야겠죠? The best way 다음에 to부정사를 사용하면 '~하는 가장 좋은 방법'이라는 뜻이 됩니다.

01 영어를 배우는 가장 좋은 방법은 많이 말해 보는 것이다. — The best way to **learn English** is **to speak a lot.**

02 단어를 외우는 가장 좋은 방법은 여러 번 말해 보는 거야. — The best way to **remember words** is **to say them many times.**

03 좋은 성적을 받기 위한 가장 좋은 방법은 열심히 공부하는 것이다. — The best way to **get a good grade** is **to study hard.**

04 이해하기 가장 좋은 방법은 잘 듣는 것이다. — The best way to **understand** is **to listen carefully.**

Step 2

01 영어를 배우는 가장 좋은 방법은 영어로 많이 말해 보는 거란다.

S1: I study a lot, but my English doesn't get better.

S2: Me too. What should we do?

T: 영어를 배우는 가장 좋은 방법은 영어로 많이 말해 보는 거란다.

S2: Okay.

02 단어를 외우는 가장 좋은 방법은 여러 번 말해 보는 거야.

T: "Fast" means "quick."

S: I can never remember new words.

T: 단어를 외우는 가장 좋은 방법은 여러 번 말해 보는 거야.

S: Okay. Fast, fast, fast, fast...

학생1: 전 공부를 열심히 하는데, 영어 실력이 늘지 않아요.
학생2: 저도 그래요. 어떻게 해야 할까요?
교사: The best way to learn English is to speak a lot.
학생2: 알겠습니다.

교사: Fast의 뜻은 quick이야.
학생: 저는 새로운 단어가 외워지질 않아요.
교사: The best way to remember words is to say them many times.
학생: 알겠습니다. Fast, fast, fast, fast...

Let's put a little more effort into... ~에 조금만 더 노력하자

공부를 하다 보면 생각만큼 성적이 오르지 않아서 낙담하는 경우가 많습니다. 실망하고 있는 아이에게 포기하지 말고 조금만 더 노력해 보자고 말하며 다독일 때 바로 이 표현을 사용할 수 있습니다. put an effort into...는 '~을 위해 노력하다'라는 뜻으로 effort 앞에 다양한 수식어를 넣어 말할 수 있어요. a little more를 붙이면 '조금만 더 노력하자'는 뜻이 되고, a lot of를 붙이면 '~을 위해 많은 노력을 하자'라는 의미가 됩니다.

01 조금만 더 열심히 이 문법을 공부하도록 하자. — Let's put a little more effort into **learning this grammar.**

02 이 에세이를 쓰는 데 조금만 더 노력하자. — Let's put a little more effort into **writing this essay.**

03 이 연습문제를 끝내는 데 조금만 더 노력하자. — Let's put a little more effort into **finishing this exercise.**

04 이 시험을 통과하기 위해 조금만 더 노력하자. — Let's put a little more effort into **passing this test.**

01 조금만 더 열심히 이 문법을 공부하도록 하자.

S: We should play a game now!

T: 조금만 더 열심히 이 문법을 공부하도록 하자.

S: But I'm tired of grammar!

T: Don't worry. We're almost finished.

02 이 연습문제를 끝내는 데 조금만 더 노력하자.

S: It's almost time to go home.

T: Yes, but 이 연습문제를 끝내는 데 조금만 더 노력하자.

S: Okay, I'll do number 8.

T: That's a good attitude!

학생: 우리 이제 게임해요!
교사: Let's put a little more effort into learning this grammar.
학생: 그렇지만 전 문법이 지겨워요!
교사: 걱정 마라. 거의 다 끝났다.

학생: 집에 갈 시간이 거의 다 됐어요.
교사: 그래, 그런데 let's put a little more effort into finishing this exercise.
학생: 알겠습니다, 제가 8번을 풀게요.
교사: 암, 그래야지!

★ Pattern 163

It would be wise to... ~하는 게 좋을 것 같구나

선생님이나 부모님들이 아이들에게 가장 많이 하는 경고성 권고가 바로 '열심히 공부하는 게 좋을 텐데'이죠. 또 매일 크고 작은 일들로 싸움이 잦은 아이들에게 '네가 먼저 사과하는 게 좋을 것 같은데'라고 말할 때에도 이 패턴을 사용합니다. 직역하면 '~하는 게 현명할 텐데'라는 뜻으로, '나중에 후회하지 않으려면'이라는 뜻이 내포되어 있어요. wise 대신에 better 등을 넣어서 다양하게 활용이 가능한 패턴입니다.

Step 1

01 시험 공부를 하는 게 좋을 것 같구나. It would be wise to **study for the test.**

02 내일은 늦지 않는 게 좋을 것 같은데. It would be wise to **be on time tomorrow.**

03 이 단어를 외우는 게 좋을 것 같은데. It would be wise to **memorize this vocabulary.**

04 숙제를 제때에 내는 게 좋을 텐데. It would be wise to **turn in your homework on time.**

05 오늘 저녁에는 6과를 복습하는 게 좋을 것 같구나. It would be wise to **review*** **chapter 6 tonight.**

Step 2

01 내일은 늦지 않는 게 좋겠구나.

S: I'm sorry I was late again.
T: 내일은 늦지 않는 게 좋겠구나.
S: I understand. I'll be here on time.
T: I hope so.

02 오늘 저녁에는 6과를 복습하는 게 좋을 것 같구나.

T: 오늘 저녁에는 6과를 복습하는 게 좋을 것 같구나.
S: Why?
T: Because I might give you a quiz tomorrow.
S: Thanks for the hint!

Tip! 영어로 '복습'을 review라고 합니다. 그러면 예습은 영어로 뭘까요? preview라고 하기 쉬운데 prepare 동사를 써서 prepare tomorrow's lesson, 또는 check out new material 정도로 말하면 됩니다.

학생: 또 늦어서 죄송합니다.
교사: It would be wise to be on time tomorrow.
학생: 무슨 말씀인지 알겠어요. 늦지 않게 오겠습니다.
교사: 그랬으면 좋겠구나.

교사: It would be wise to review chapter 6 tonight.
학생: 왜요?
교사: 왜냐하면 내일 쪽지시험을 볼지도 모르거든.
학생: 힌트 주셔서 감사합니다!

★ Pattern 164

There are so many reasons why... ~해야 할 이유는 아주 많아

공부 안 할 핑계거리를 찾아 헤매는 학생들이 '그걸 왜 해야 하는데요?'라고 하루에도 몇 번씩 물어봅니다. 이런 아이들에게 '네가 그걸 해야 할 이유는 아주 많아'라고 말할 때 이 패턴을 사용합니다. reasons why는 '~한 이유'라는 뜻으로 이때 why는 생략할 수 있으며, reasons for which라고 바꿔 표현할 수 있다는 것도 알아 두세요.

Step 1

01 네가 이 문법을 공부해야 하는 이유는 아주 많지.
There are so many reasons why you need to learn this grammar.

02 네가 사전을 이용해야 할 이유는 아주 많아.
There are so many reasons why you should use your dictionary.

03 네가 숙제를 해야 하는 이유야 아주 많지.
There are so many reasons why you need to do homework.

04 우리가 이 주제에 대해 토론을 해야 하는 이유는 아주 많아.
There are so many reasons why we should discuss this topic.

Step 2

01 네가 숙제를 해야 하는 이유야 아주 많지.

T: 네가 숙제를 해야 하는 이유야 아주 많지.
S: Like what?
T: Well, if you study every day, you'll improve your grades more quickly.
S: I guess that's true.

02 우리가 이 주제에 대해 토론을 해야 하는 이유는 아주 많아.

T: 우리가 이 주제에 대해 토론을 해야 하는 이유는 아주 많아.
S: But it's so boring.
T: Maybe. But it's going to be on the test next week.
S: Oh! Then let's discuss it.

교사: There are so many reasons why you need to do homework.
학생: 예를 들면요?
교사: 네가 매일 공부를 하면 성적을 더 빨리 올릴 수 있겠지.
학생: 그 말씀이 맞는 것 같네요.

교사: There are so many reasons why we should discuss this topic.
학생: 하지만 이 주제는 너무 지루한걸요.
교사: 그럴지도 모르지. 하지만 다음주 시험에도 나올 건데.
학생: 아! 그렇다면 해야죠.

★ Pattern 165

Do your best...

~에 최선을 다해라.

학생을 격려할 때 선생님이 가장 많이 쓰는 패턴이에요. best 뒤에 to부정사를 연결하면 '~하는 데 최선을 다하다'라는 뜻입니다. 학습 지도하는 것만큼 학생들을 격려하고 동기를 부여해 주는 것도 중요한 일이죠. 또 다른 표현들을 알아보면 You're the best!(네가 최고야!), You are good at this.(이걸 아주 잘하는구나.), You can do it! I know it.(넌 할 수 있어! 난 알아.) 등이 있습니다.

Step 1

01 새로운 단어를 외우려고 최선을 다해라. Do your best **to remember the new vocabulary.**

02 정확히 말하기 위해 최선을 다해야지. Do your best **to speak correctly.**

03 시간을 정확히 지키기 위해 최선을 다해야지. Do your best **to be on time.**

04 실수하지 않도록 최선을 다해야지. Do your best **not to make any mistakes.**

05 깔끔하게 쓰도록 최선을 다해야지. Do your best **to write neatly.**

Step 2

01 실수하지 않도록 최선을 다해야지.

T: 실수하지 않도록 최선을 다해야지.

S: That's easy to say, but difficult to do.

T: We can all try.

S: I guess that's true.

02 글씨를 깔끔하게 쓰도록 최선을 다해야지.

T: Sammy, I can't read your handwriting*.

S: It's difficult to write quickly and clearly.

T: 글씨를 깔끔하게 쓰도록 최선을 다해야지.

S: Okay. I'll try.

교사: Do your best not to make any mistakes.
학생: 말은 쉬운데 그렇게 하기가 너무 어려워요.
교사: 우리 모두 노력해야지.
학생: 선생님 말씀이 맞는 것 같아요.

교사: Sammy, 네 글씨를 알아볼 수가 없어.
학생: 빨리 쓰면서 깔끔하게 쓰는 게 힘들어요.
교사: Do your best to write neatly.
학생: 네, 노력할게요.

Tip!

handwriting은 '손 글씨'를 말합니다. 글씨를 쓸 때 한 글자 한 글자, 또박또박 쓰라고 할 때는 동사 print를 써서 표현하며 '필기체'는 cursive writing이라고 해요.

교실영어핵심패턴233-166.mp3

★ Pattern 166

Why do you always say...? 넌 왜 항상 ~라고 말하니?

야단을 치면 이래서요, 저래서요 하면서 갖가지 변명을 늘어놓는 학생이 어디 가나 꼭 있게 마련입니다. 그런 학생들을 꾸짖을 때 사용할 수 있는 표현입니다. **always**가 들어가는 의문문은 대부분 비난하는 내용인 경우가 많습니다. 이 질문의 경우에도 '넌 항상 왜 그러니?'라고 비난하는 내용이 들어가 있습니다. 한두 번 실수한 학생에게 이 표현을 쓴다면 아이에게 상처를 줄 수도 있으니 신중하게 사용하세요.

Step 1

01 넌 왜 항상 틀린 답을 말하니? Why do you always say **the wrong answer?**

02 넌 왜 항상 이해가 안 된다고 말하니? Why do you always say **you don't understand?**

03 넌 왜 항상 이 문장을 틀리게 말하니? Why do you always say **the sentence incorrectly?**

04 넌 왜 항상 너무 어렵다고 말하니? Why do you always say **it's too difficult for you?**

05 넌 왜 항상 그 단어를 틀리게 말하니? Why do you always say **that word wrong?**

Step 2

01 넌 왜 항상 이 문장을 틀리게 말하니?

T: 넌 왜 항상 이 문장을 틀리게 말하니?

S: I guess I just can't remember it.

T: Try writing it down.

S: Okay. I'll try.

02 넌 왜 항상 너무 어렵다고 말하니?

S: This is so hard!

T: 넌 왜 항상 너무 어렵다고 말하니?

S: Because it is!

T: I think you just need to try harder.

교사: Why do you always say the sentence incorrectly?
학생: 아무래도 안 외워져서요.
교사: 받아 적어 봐.
학생: 알겠습니다. 그럴게요.

학생: 이건 너무 어려워요!
교사: Why do you always say it's too difficult for you?
학생: 그게 사실이니까요!
교사: 내 생각엔 네가 더 열심히 노력해야 할 것 같구나.

★ Pattern 167

I just wanted to...

난 단지 ~하고 싶었어요

상대방에게 특별한 의도가 있었던 것이 아니라고 자신의 생각이나 마음을 해명할 때 쓰는 패턴입니다. 여기서 just는 '그냥'이라는 뜻으로 '별다른 뜻은 없었어'라는 의미가 포함되어 있다고 보면 됩니다. to 다음에는 '~하는지 알고 싶었다', '보고 싶었다' 등의 의미가 연결되는데, 「know/see/ ask/tell + if절」이 나올 수 있습니다.

Step 1

01 난 단지 간단한 질문 하나를 하고 싶었던 것뿐이야. I just wanted to **ask a quick question.**

02 난 단지 너희들이 준비되었는지 알고 싶었던 것뿐이야. I just wanted to **know if you were ready.**

03 전 그냥 몇 시인지 여쭤 보고 싶었어요. I just wanted to **ask you the time.**

04 난 단지 너희들에게 숙제에 대해 말해 주고 싶었던 것뿐이야. I just wanted to **tell you about the homework.**

05 난 단지 네가 이해했는지 알고 싶었던 것뿐이야. I just wanted to **see if you understood.**

Step 2

01 전 그냥 몇 시인지 여쭤 보고 싶었어요.

T: Yes, Billy? Do you have a question?

S: 전 그냥 몇 시인지 여쭤 보고 싶었어요.

T: It's 3 o'clock.

S: It's almost time to go home!

02 난 단지 네가 이해했는지 알고 싶었던 것뿐이야.

T: What's the answer to number 2?

S: It's A. I'm not finished with the exercise yet.

T: That's okay. 난 단지 네가 이해했는지 알고 싶었던 것뿐이야.

S: Oh, I see.

교사: 그래, Billy? 질문 있니?
학생: I just wanted to ask you the time.
교사: 3시야.
학생: 집에 갈 시간이 다 됐네요!

교사: 2번 문제 답이 뭐지?
학생: A요. 근데 아직 연습문제를 다 끝내지 못했어요.
교사: 괜찮아. I just wanted to see if you understood.
학생: 알겠습니다.

교실영어핵심패턴233-168.mp3

★ Pattern 168

The head teacher wants to see you... 주임 선생님께서 널 보고 싶어 하셔

학생 상담 관련해서 자주 언급될 수 있는 직책으로 head teacher(주임 선생님)가 있습니다. 한편, 우리말과 달리 영어에서는 선생님을 부를 때 Teacher!라고 하지 않고 그냥 Mr. Johnson, Mrs. Peterson처럼 이름을 부른답니다.

01 주임 선생님께서 널 교무실에서 보고 싶어 하셔. The head teacher* wants to see you **in his office.**

02 주임 선생님께서 점수 때문에 널 보고 싶어 하셔. The head teacher wants to see you **about your score.**

03 주임 선생님께서 널 10분 후에 만나고 싶어 하셔. The head teacher wants to see you **in 10 minutes.**

04 주임 선생님께서 널 지금 당장 보고 싶어 하셔. The head teacher wants to see you **right away.**

05 주임 선생님께서 널 수업 후에 보고 싶어 하셔. The head teacher wants to see you **after class.**

01 주임 선생님이 점수 때문에 널 보고 싶어 하시거든.

T: Jess, can you stay after school?

S: Sure, why?

T: 주임 선생님이 점수 때문에 널 보고 싶어 하시거든.

S: Uh oh.

02 주임 선생님이 널 지금 당장 보고 싶어 하셔.

T: Clara, please report to the office.

S: Is something wrong?

T: 주임 선생님이 널 지금 당장 보고 싶어 하셔.

S: Okay.

교사: Jess, 수업 끝나고 남을 수 있니?
학생: 네, 왜요?
교사: The head teacher wants to see you about your score.
학생: 아, 이런.

교사: Clara, 교무실로 가보도록 해.
학생: 뭐가 잘못되었나요?
교사: The head teacher wants to see you right away.
학생: 알겠습니다.

Tip!
학교의 교직원들을 부를 때 사용하는 명칭에 대해 알아봅시다. 먼저, '교장 선생님'은 principal, 또는 headmaster라고 하고 '교감 선생님'은 vise principal이라고 합니다. 또 substitute teacher는 '기간제 대체 교사'를 뜻합니다.

★ Pattern 169

It's not enough to just... ~하는 것만으로는 충분하지 않아

지금까지 보여 준 것으로는 충분하지 않으니 좀 더 노력해야 한다거나 무언가를 조금 더 해야 한다고 말할 때 사용할 수 있는 표현입니다. not enough는 '충분하지 않다'는 의미니까 '~하는 게 충분치 않다'는 가주어 it과 to부정사를 사용하여 「It's not enough to + 동사원형」으로 표현하면 되는 거죠. 여기 just가 부정사를 수식해 주면 '~하는 것만으로'라는 의미가 되어 문장이 더 자연스럽게 돼요.

Step 1

01 막판에 공부하는 것만으로는 충분치 않아요. It's not enough to just **study at the last minute.**

02 대충 읽는 것만으로는 충분치 않아요. It's not enough to just **skim the readings.**

03 매주 수업에 참여하는 것만으로는 충분하지 않아요. It's not enough to just **attend class weekly.**

04 이 단락을 외우는 것만으로는 충분하지 않아요. It's not enough to just **memorize this paragraph.**

05 문제를 풀어 보는 것만으로는 충분하지 않아요. It's not enough to just **solve the questions.**

Step 2

01 막판에 공부하는 것만으로는 충분치 않아.

S: I was up until 3:00 this morning studying for the test.

T: That's not a good study plan for English class.

S: I'm starting to realize that.

T: 막판에 공부하는 것만으로는 충분치 않아.

02 매주 수업에 참여하는 것만으로는 충분치 않아.

S: Why did I get such a low score?

T: 매주 수업에 참여하는 것만으로는 충분치 않아.

S: What else do I need to do?

T: You need to participate in discussions and do your homework.

학생: 시험 공부 때문에 오늘 새벽 3시까지 공부했어요.
교사: 영어 시험 준비 계획으로는 그게 아닌 것 같은데.
학생: 이제 깨닫기 시작했습니다.
교사: It's not enough to just study at the last minute.

학생: 제 점수가 왜 이리 낮죠?
교사: It's not enough to just attend class weekly.
학생: 제가 뭘 더 해야 하죠?
교사: 토론에도 참여하고 숙제도 해야지.

교실영어핵심패턴233-170.mp3

★ Pattern 170

If I were you, I'd...

내가 너라면 난 ~했을 거야

조언을 받을 때 '내가 너라면'이라는 조언보다 더 강한 조언도 드물 겁니다. 여러 상황에서 적극적인 조언을 할 때 사용되는 말이죠. If I were you, I'd... 패턴은 현재의 사실과 반대되는 가정을 나타내는 경우로 if절에는 과거형이 사용되고 be동사의 경우에는 were가 오며, 주절에는 would, should, could 등과 같은 과거형 조동사가 사용됩니다.

01 내가 너라면 더 열심히 공부할 거야. If I were you, I'd **study harder.**

02 내가 너라면 숙제부터 하겠다. If I were you, I'd **do the homework first.**

03 내가 너라면 시험 준비를 할 거야. If I were you, I'd **get ready for the test.**

04 내가 너라면 그 단어들을 외울 거야. If I were you, I'd **memorize those words.**

05 내가 너라면 선생님께 여쭤 보겠다. If I were you, I'd **ask the teacher.**

01 내가 너라면, 더 열심히 공부할 거야.

T: You did very poorly on the test.
S: What should I do to improve?
T: 내가 너라면, 더 열심히 공부할 거야.
S: Could you be more specific?

02 내가 너라면, 선생님께 여쭤 보겠다.

S1: Are you ready to do the assignment?
S2: I don't understand the grammar.
S1: 내가 너라면, 선생님께 여쭤 보겠다.
S2: That's a good idea.

교사: 시험을 아주 못 봤구나.
학생: 어떻게 하면 성적을 올릴 수 있을까요?
교사: If I were you, I'd study harder.
학생: 좀 더 구체적으로 알려주시겠어요?

학생1: 숙제할 준비 됐어?
학생2: 난 이 문법이 이해가 안 돼.
학생1: If I were you, I'd ask the teacher.
학생2: 그거 좋은 생각이다.

교실영어핵심패턴233-171.mp3

I don't like the way...

~하는 방식이 마음에 안 드는구나

수업 태도가 불량하거나 잘못된 언행을 하는 학생을 꾸중하거나 언짢은 기분을 표현하고자 할 때 유용하게 쓰이는 패턴입니다. 여기서 the way는 '~하는 방식'의 뜻이며 뒤에는 the way를 선행사로 하는 관계대명사 that절이 따라옵니다.

01 난 네가 이 문장을 쓴 게 맘에 들지 않는구나. I don't like the way **you wrote this sentence.**

02 난 네가 그 단어 발음한 게 맘에 들지 않는구나. I don't like the way **you pronounced that word.**

03 나는 일이 진행되어 가는 상황이 마음에 들지 않는구나. I don't like the way **things are going.**

04 네가 이 일을 처리한 방식이 마음에 들지 않는구나. I don't like the way **you handled this.**

05 네가 다른 사람을 험담하는 게 듣기 좋지 않구나. I don't like the way **you gossip.**

01 네가 이 문장을 쓴 게 마음에 들지 않는구나.

S: What do you think of my essay?

T: 네가 이 문장을 쓴 게 마음에 들지 않는구나.

S: What's wrong with it?

T: I think you should change this word.

02 네가 이 일을 처리한 방식이 마음에 들지 않는구나.

S: We kicked Mark off the team*.

T: What? Why?

S: He was acting like a jerk.

T: 네가 이 일을 처리한 방식이 마음에 들지 않는구나.

학생: 제 에세이 어떻게 생각하세요?
교사: I don't like the way you wrote this sentence.
학생: 어디가 잘못됐는데요?
교사: 이 단어를 바꿔야 할 것 같은데.

학생: Mark를 조에서 뺐어요.
교사: 뭐? 어째서?
학생: 자꾸 바보처럼 굴잖아요.
교사: I don't like the way you handled this.

Tip!
Mark를 팀에서 제외시켰다는 말을 영어로는 We kicked Mark off the team.이라고 하는데 이때 kick ... off 대신 force ... to leave, 또는 make ... quit을 사용할 수도 있습니다.

Pattern 172 Don't underestimate...

~을 과소평가하지 마세요

estimate은 '측정하다, 평가하다', under는 '불충분하게, ~보다 못한' 등을 뜻하는 접두어죠. 그래서 underestimate은 '과소평가하다'라는 뜻이 됩니다. 반대말은 too much의 뜻을 가진 접두어 over가 붙은 overestimate입니다. '~을 과대평가하지 마세요'라는 뜻의 Don't overestimate... 패턴도 알아 두세요.

Step 1

01 공부가 주는 이익을 과소평가하지 마세요. Don't underestimate the benefits of studying.

02 여러분의 능력을 과소평가하지 마세요. Don't underestimate your capabilities.

03 이 과목의 어려움을 과소평가하지 말아라. Don't underestimate the difficulty of this subject.

04 선생님을 과소평가하지 마세요. Don't underestimate your teacher.

05 출석 점수를 과소평가하지 말아라. Don't underestimate class attendance.

Step 2

01 선생님을 과소평가하면 안 되는데.

S: You're my favorite teacher.

T: Why is that?

S: Because your assignments are so easy.

T: 선생님을 과소평가하면 안 되는데.

02 출석 점수를 과소평가하면 안 돼.

S: Will I pass if I get a high score on the next test?

T: 출석 점수를 과소평가하면 안 돼.

S: What do you mean?

T: You need to come to class every day.

학생: 전 선생님이 제일 좋아요.
교사: 왜지?
학생: 왜냐하면 선생님이 내주시는 과제는 쉽거든요.
교사: Don't underestimate your teacher.

학생: 다음번 시험에서 높은 점수를 받으면 합격할까요?
교사: Don't underestimate class attendance.
학생: 그게 무슨 말씀이세요?
교사: 네가 매일 출석해야 한다는 거야.

★ Pattern 173

That's not exactly...

그게 꼭 ~인 건 아니에요

exactly는 '정확히, 틀림없이, 꼭'이라는 뜻의 부사죠. 그래서 That's not exactly... 하면 '꼭 그렇지만은 않아요' 정도의 의미가 됩니다. exactly가 부정어 not가 함께 쓰여서 '꼭 ~인 것은 아니다'라는 뜻의 부분 부정을 나타내게 되는 거죠. exactly는 문장 속에서 수식어 기능을 하기도 하지만 대화에서 '바로 그래요'라는 뜻으로 yes의 대용어로 사용되며, Not exactly!라고 하면 '꼭 그런 건 아니에요'란 의미가 됩니다.

Step 1

01 그게 정답은 아닌데. — That's not exactly correct.

02 꼭 맞는 답이라고는 할 수 없어요. — That's not exactly the right answer.

03 우리가 오늘 다루려는 게 정확히 그것은 아닙니다. — That's not exactly what we are going to cover today.

04 제가 꼭 그렇게 이해한 건 아니에요. — That's not exactly my understanding.

05 제가 하려던 방식하고는 조금 달라요. — That's not exactly the way I'd do it.

Step 2

01 그게 정답은 아닌데.

S: Christopher Columbus discovered America, right?

T: 그게 정답은 아닌데.

S: Who was it, then?

T: Some say it was Amerigo Vespucci.

02 꼭 맞는 답이라고는 할 수 없어.

T: Who can tell me what "patient" means?

S: Does it mean "invalid?"

T: Yes, that's one meaning, but 꼭 맞은 답이라고 할 수 없어.

S: Oh, I know. It also means "uncomplaining."

학생: Christopher Columbus가 미국을 발견했죠, 맞죠?
교사: That's not exactly correct.
학생: 그럼 누구예요?
교사: 어떤 사람들은 Amerigo Vespucci라고 한단다.

교사: patient가 무슨 의미인지 말해 줄 수 있는 사람?
학생: invalid인가요?
교사: 맞아, 그것도 한 가지 의미이긴 하지만, that's not exactly the right answer.
학생: 아, 알겠어요. uncomplaining을 뜻하기도 해요.

교실영어핵심패턴233-174.mp3

★ Pattern 174

Don't give up...

~을 포기하지 마

give up은 원래 타동사로 '~을 포기하다, 끊다'라는 뜻이지만, 자동사로 Don't give up.처럼 사용되기도 해요. 구어에서 give up on이라고 하면 '~에 대해 포기하다'라는 뜻이 됩니다. 쉽게 드러나지 않는 결과에 좌절하는 학생들을 격려할 때 많이 쓰이는 패턴이죠.

Step 1

01 아직 포기하지 마. Don't give up **just yet.**

02 네 자신을 포기하지 마. Don't give up **on yourself.**

03 최선을 다해 보지도 않고 포기하지 마. Don't give up **without trying your best.**

04 포기하지도 말고 굴복하지도 마. Don't give up **and don't give in*.**

05 네 권리를 포기하지 마. Don't give up **your rights.**

Step 2

01 아직 포기하지 마.

S: I'm never going to learn English!

T: 아직 포기하지 마.

S: Is there anything you can do to help me?

T: I have some written exercises for you.

02 네 자신을 포기하지 마.

S: To study is too hard for me.

T: You'll get it eventually.

S: I don't think I'll be a very good scientist.

T: 네 자신을 포기하지 마.

학생: 전 영어 공부 절대 안 할 거예요.
교사: Don't give up just yet.
학생: 절 도와주실 방법이 없으세요?
교사: 널 위해 글로 된 연습문제들을 좀 줄게.

학생: 공부하는 게 저한테는 너무 힘들어요.
교사: 넌 결국 해낼 거야.
학생: 전 훌륭한 과학자는 못 될 것 같아요.
교사: Don't give up on yourself.

Tip!
give in은 '굴복하다', 또는 '양보하다'라는 말로 yield와 같은 뜻이며 '~에게 굴복하다'라고 할 때는 전치사 to를 사용하여 give in to라고 합니다.

★ Pattern 175

Wouldn't you like...?

~하고 싶지 않니?

Would you like...?와 의미상 큰 차이는 없지만 '~하고 싶지 않니?'라고 하며 학생의 마음을 슬쩍 떠볼 때 쓸 수 있는 패턴입니다. Wouldn't you like 다음에는 명사가 오며, 동사를 사용할 경우에는 to부정사 형태로 씁니다.

Step 1

01 성적을 올리고 싶지 않니? Wouldn't you like to raise your grade?

02 내 조언이 필요하지 않니? Wouldn't you like my advice?

03 앞줄에 앉고 싶지 않니? Wouldn't you like a front row seat?

04 좀 더 자세하게 듣고 싶지 않니? Wouldn't you like to listen to more details?

05 기말 점수를 알고 싶지 않니? Wouldn't you like to know your final grades?

Step 2

01 성적을 올리고 싶지 않니?

T: Stay after class, and I'll help you study.
S: Nah, I want to go to the soccer game.
T: 성적을 올리고 싶지 않니?
S: Yes, but this is a game I don't want to miss.

02 내 조언이 필요하지 않니?

S: My essay paper isn't coming together very well.
T: 내 조언이 필요하지 않니?
S: Actually, that would be great.
T: Why don't you make an outline first?

교사: 방과 후에 남아라. 그러면 내가 공부를 좀 도와줄게.
학생: 싫어요. 전 축구 경기에 가고 싶어요.
교사: Wouldn't you like to raise your grade?
학생: 물론 올리고 싶죠. 하지만 이 축구 경기도 놓치고 싶지 않아요.

학생: 제 에세이가 잘 정리되지 않아요.
교사: Wouldn't you like my advice?
학생: 사실, 그래 주시면 감사하죠.
교사: 먼저 개요를 만드는 게 어떠니?

🎧 교실영어핵심패턴233-176.mp3

★ Pattern 176

Good work...

~ 잘했어요

시험 결과나 프로젝트, 과제물 등에 대해 크게 칭찬해 줄 때 쓰는 표현입니다. Good job!도 이와 유사한 표현이죠. 이 외에 Very good!, That's very good!, Well done!, Marvelous!, You did a great job! 등도 함께 알아 두세요. good 대신 excellent를 사용할 수도 있습니다.

Step 1

01 그 과제물 아주 훌륭했어. Good work on the homework.

02 열심히 하면 언제나 그 대가가 있지. Good work is always rewarded.

03 이렇게 잘하는 경우는 드문데. Good work of this kind is rare.

04 모두들 잘했어요! Good work, everyone!

05 너 시험 아주 잘 봤더구나. Good work on your exam.

Step 2

01 모두들 잘했어요!

T: 모두들 잘했어요!

S: Thanks, it was fun performing our play.

T: You should all be very proud. It was good.

S: I think the audience liked it, too.

02 너 시험을 아주 잘 봤더구나.

T: James, I want to tell you something.

S: What is it, Mr. Hamilton?

T: 너 시험을 아주 잘 봤더구나.

S: Does that mean I passed?

교사: Good work, everyone!
학생: 감사합니다, 저희도 연극하는 것 정말 재미있었어요.
교사: 여러분 모두 자랑스러워하세요. 너무 잘했어요.
학생: 관객들도 좋아했던 것 같아요.

교사: James, 말해 주고 싶은 게 있는데.
학생: Hamilton 선생님, 뭔데요?
교사: Good work on your exam.
학생: 그 말씀은 제가 합격했다는 건가요?

★ Pattern 177

I'm disappointed in...

~에 실망했어요

학생들을 자극하여 잠재력을 끌어내고 싶을 때나 바람직하지 못한 행동에 대해 주의를 주고 싶을 때 이 패턴을 활용해 보세요. 학생들이 긴장하여 교사의 말에 집중하게 될 겁니다. 극적인 표현이라서 많이 사용할 일이 없을 거라 생각할 수도 있지만, 적절한 극약 처방은 약이 될 수도 있는 법! 알아 두었다가 꼭 필요할 때 사용해 보세요.

Step 1

01 네 점수에 실망했다. I'm disappointed in **your score.**

02 네 태도에 실망했다. I'm disappointed in **your attitude.**

03 결과에 실망했어요. I'm disappointed in **the results.**

04 네 과제물에 실망했다. I'm disappointed in **your homework.**

05 너희들한테 실망했다. I'm disappointed in **you guys.**

Step 2

01 네 점수에 실망했다.

T: Billy, 네 점수에 실망했다.

S: I tried my best.

T: I don't think so. You're very capable.

S: Can you help me study for the next exam?

02 네 태도에 실망했다.

T: Jill, did you throw Missy's books on the floor?*

S: Yes. She made me so angry.

T: 네 태도에 실망했다.

S: I'm sorry.

교사: Billy, I'm disappointed in your score.
학생: 저는 최선을 다했어요.
교사: 난 그렇게 생각하지 않아. 넌 아주 능력 있어.
학생: 다음 시험 공부하는 것 좀 도와주시겠어요?

교사: Jill, 네가 Missy 책을 바닥에 던졌니?
학생: 네. Missy가 절 너무 화나게 만들어서 그랬어요.
교사: I'm disappointed in your attitude.
학생: 죄송합니다.

Tip!
대화 내용처럼 학교에는 크고 작은 분쟁이 끊이질 않습니다. 이처럼 학생들 사이의 분쟁을 나타내는 표현에는 여러 가지가 있습니다. 먼저, 신체적인 '싸움'은 fight라고 하고, 욕을 하는 것은 foul language, 친구를 못살게 구는 것은 teasing이라고 합니다.

If you don't know this by now... 네가 지금껏 이걸 몰랐다면 ~

진작 배운 것이라 당연히 알고 있어야 할 내용을 아직 모르고 있을 때 쓸 수 있는 패턴입니다. 전치사 by가 시간 표현과 함께 쓰이면 '~할 때까지'라는 뜻이죠. 따라서 by now는 '지금쯤, 지금까지'라는 의미가 됩니다. 유사한 표현으로는 by this time이 있어요. 마찬가지로 by then은 '그때까지, 그때쯤'이라는 뜻입니다.

Step 1

01 네가 지금껏 이걸 몰랐다면 유감이다. If you don't know this by now, I feel sorry for you.

02 네가 지금까지도 이걸 모른다면 넌 공부 좀 해야 돼. If you don't know this by now, you'd better study.

03 네가 지금껏 이걸 몰랐다면 그건 네 잘못이지. If you don't know this by now, it's your own fault.

04 네가 지금껏 이걸 몰랐다면 넌 포기해야 해. If you don't know this by now, you should give up.

05 네가 지금껏 이걸 몰랐다면 네가 집중을 안 한 거겠지. If you don't know this by now, you haven't paid attention.

Step 2

01 네가 지금까지도 이걸 모른다면 넌 공부 좀 해야 돼.

T: What are some common greetings in English?

S: Oh, I always have a hard time remembering this.

T: 네가 지금까지도 이걸 모른다면 넌 공부 좀 해야 돼.

S: I am sorry!

02 네가 이제껏 이걸 몰랐다면, 네가 집중을 안 한 거겠지.

S: I don't understand (point of) the essay.

T: 네가 이제껏 이걸 몰랐다면, 네가 집중을 안 한 거겠지.

S: It's so complicated.

T: True, but let me show you an easy way to understand.

교사: 영어로 일반적인 인사는 뭐가 있지?
학생: 아, 항상 이게 기억이 안 나요.
교사: If you don't know this by now, you'd better study.
학생: 죄송합니다!

학생: 그 에세이를 이해 못하겠어요.
교사: If you don't know this by now, you haven't paid attention.
학생: 너무 어려워요.
교사: 그렇긴 한데, 이해하기 쉬운 방법을 내가 가르쳐 줄게.

Can someone carry...?

누가 ~ 좀 옮겨 줄래?

의문문에 some을 쓰면 긍정의 대답을 기대한다는 뜻이라고 했던 거, 기억나실 거예요. 학급 비품을 날라야 할 때나, 교실 책걸상을 옮기기 위해 자발적으로 나서 줄 지원자가 필요할 때 사용할 수 있는 표현입니다. carry는 어떤 것을 '옮기다, 운반하다'라는 뜻으로 뒤에 목적어가 와야 하는데, 앞서 배운 I need a volunteer to... 패턴을 이용하여 I need a volunteer to carry...라고도 할 수 있습니다.

01 누가 제 책 좀 들어 주실래요? Can someone carry **my books?**

02 누가 이 의자들 좀 옮겨 줄래? Can someone carry **these chairs?**

03 누가 상자들 몇 개만 좀 옮겨 줄래? Can someone carry **some boxes for me?**

04 누가 이것들 좀 날라 줄래요? Can someone carry **this stuff for me?**

05 누가 제 과제물을 좀 날라 주세요. Can someone carry **my assignment?**

01 누가 제 책 좀 옮겨 주세요.

T: How did you break your arm?
S: I fell off my bicycle.
T: Do you need any help?
S: That would be great. 누가 제 책 좀 옮겨 주세요.

02 누가 제 과제물 좀 들어 주세요.

T: You sure bring a lot of food to our study group.
S: I get hungry when I study.
T: Do you need help carrying anything?
S: 누가 제 과제물 좀 들어 주세요.

교사: 너 어쩌다가 팔이 부러졌니?
학생: 자전거 타다가 넘어졌어요.
교사: 도와줄까?
학생: 감사합니다. Can someone carry my books?

교사: 스터디 그룹에 음식을 정말 많이 가져오는구나.
학생: 전 공부할 때면 배가 고파요.
교사: 뭐 좀 들어 줄까?
학생: Can someone carry my assignment?

★ Pattern 180

Congratulations on your...

~한 거 축하한다

학생이 노력해서 얻은 좋은 결과에 대해 칭찬하거나 같이 기뻐할 때 쓸 수 있는 표현으로 your 뒤에 그 학생이 성취한 것을 넣어서 사용하면 됩니다. 여기서 한 가지, congratulation은 항상 -s를 붙여 congratulations로 써야 한다는 점 주의하세요. 참고로, 동사형은 「Congratulate + 사람 + on + 축하할 일」 구문으로 표현해요. '…에게 ~에 대해 축하해 주다'라는 의미입니다.

Step 1

01 상 탄 거 축하한다. Congratulations on your **prize.**

02 장학금 받은 거 축하한다. Congratulations on your **scholarship.**

03 좋은 점수 나온 거 축하한다. Congratulations on your **score.**

04 100점 받은 것 축하해. Congratulations on your **perfect score.**

05 시험에 합격한 것 축하해. Congratulations on **passing the test.**

Step 2

01 상 탄 거 축하한다.

T: I heard you won the poetry contest.
S: Yes, as a matter of fact, I did.
T: 상 탄 거 축하한다.
S: Thank you!

02 좋은 점수 나온 거 축하한다.

T: Sunny, you had the top score on today's test.
S: You're kidding! What was it?
T: 99. 좋은 점수 나온 거 축하한다.
S: I can't believe it!

교사: 너 시 암송 대회에서 우승했다며.
학생: 네, 그랬어요.
교사: Congratulations on your prize.
학생: 감사합니다!

교사: Sunny, 네가 오늘 시험에서 1등을 했다.
학생: 정말이요? 몇 점인데요?
교사: 99점. Congratulations on your score.
학생: 믿기지가 않아요!

교실영어핵심패턴233-181.mp3

★ Pattern 181

Would you just...?

~ 좀 해줄래?

Would you는 정중하게 부탁할 때 쓰는 말입니다. 따라서 Would you just...?라고 하면 일반적으로 명령문을 좀 더 부드럽게 말할 때 쓰는 패턴으로 '~ 좀 해줄래?'라는 뜻이 됩니다. 여기서 just는 '잠깐만, 좀'의 뜻으로 억양에 따라 약간 감정(?) 실린 말투가 될 수도 있으니 감안해서 사용하세요.

01 좀 더 열심히 해야지. Would you just **try harder?**

02 한 번만 더 해볼래? Would you just **try it one more time?**

03 제발 불평 좀 그만 하렴. Would you just **stop complaining so much?**

04 잠시 나한테 시간 좀 내줄래? Would you just **give me a second?**

05 한 번만 더 설명해 주시겠어요? Would you just **explain it one more time?**

01 제발 불평 좀 그만 하렴.

T: Tonight you need to read all of chapter 5.

S: All of it? That's so much!

T: 제발 불평 좀 그만 하렴.

S: Yes, sir. I'm sorry.

02 한 번만 더 설명해 주시겠어요?

T: Does everyone understand the assignment?

S: 한 번만 더 설명해 주시겠어요?

T: No problem. You need to write down 5 words you don't understand.

S: Oh! That's easy.

교사: 오늘 밤 여러분은 5과를 다 읽어야 합니다.
학생: 전부 다요? 너무 많은데!
교사: Would you just stop complaining so much?
학생: 알겠습니다, 선생님. 죄송해요.

교사: 다들 숙제 이해하죠?
학생: Would you just explain it one more time?
교사: 알았어요. 여러분이 이해하지 못하는 단어 5개를 적으세요.
학생: 아! 그거야 쉽죠.

교실영어핵심패턴233-182.mp3

★ Pattern 182

Can I help you...?

내가 ~를 도와줄까?

학생에게 도움이 필요한지 물어볼 때 쓸 수 있는 패턴입니다. 여러 가지 교실 상황에서 학생 스스로 하는 것이 버거워 보일 때 이 패턴을 사용해 도움을 제안할 수 있습니다. 혼자서 고생하는 선생님에게 학생이 도움을 드리고자 할 때에도 사용할 수 있겠죠.

Step 1

01 내가 그 문제 푸는 것 도와줄까? Can I help you* **solve the problem?**

02 내가 그 답 찾는 걸 도와줄까? Can I help you **find the answer?**

03 제가 칠판 지우는 걸 도와드릴까요? Can I help you **clean the board?**

04 내가 그 책 치우는 걸 도와줄까? Can I help you **put the books away?**

05 내가 도와줄까? Can I help you **with it?**

Step 2

01 제가 칠판 지우는 걸 도와드릴까요?

T: That's all for today.
S: 제가 칠판 지우는 걸 도와드릴까요?
T: That's very helpful of you.
S: It's no problem at all.

02 내가 도와줄까?

T: Let's begin the exercise.
S: I don't understand the first question.
T: 내가 도와줄까?
S: Yes, please.

교사: 오늘은 여기까지.
학생: Can I help you clean the board?
교사: 그래 주면 고맙지.
학생: 별말씀을요.

교사: 연습문제를 풀어 보자.
학생: 저는 1번 문제가 이해가 되지 않습니다.
교사: Can I help you with it?
학생: 네, 그렇게 해주세요.

Tip!

타동사 help는 도움이 필요한 부분이 명사로 나올 때는 전치사 with를 써서 「Can I help you with + 명사」의 형태로 표현하고, 도움이 필요한 부분이 동사일 때는 「Can I help you + (to)동사원형」처럼 부정사를 연결합니다.

★ Pattern 183

Is that okay with...?

그게 ~에게 괜찮을까요?

어떤 결정이나 계획이 혹시 다른 사람에게 피해를 주지는 않는지 체크할 때 쓸 수 있는 패턴입니다. 이때 전치사 with 다음에는 누구에 해당하는 사람 명사가 연결됩니다. okay 대신 fine을 써도 좋아요. 질문에 대답할 때는 I'm okay with that.처럼 주어 자리에 사람 명사나 인칭대명사를 넣고, 전치사 with 뒤에 사물 명사를 써서 대답할 수도 있고, 간단하게 Sure.라고 말하기도 합니다.

01 Sally에게 방해가 안 되겠니? Is that okay with **Sally?**

02 선생님이 괜찮다고 하실까요? Is that okay with **the teacher?**

03 교장 선생님께서 허락해 주실까요? Is that okay with **the principal?**

04 어머님이 괜찮다고 하시겠니? Is that okay with **your mother?**

05 그래도 될까요? Is that okay with **you?**

01 Sally에게 방해가 안 되겠니?

T: What's wrong, Johnny?

S1: I don't understand the exercise. Can I work with Sally?

T: Sally에게 방해가 안 되겠니?

S2: It's no problem. I can help.

02 그래도 될까요?

T: Let's begin our writing.

S: I want to use my dictionary. 그래도 될까요?

T: I'm sorry, but dictionaries are not allowed for this exercise.

S: This is going to be difficult.

교사: Johnny, 왜 그래?
학생1: 연습문제가 이해가 되지 않아서요. Sally랑 같이 하면 안 될까요?
교사: Is that okay with Sally?
학생2: 전 괜찮아요. 도와줄 수 있어요.

교사: 작문을 시작하자.
학생: 사전을 보고 싶은데요. Is that okay with you?
교사: 미안하지만 이 연습문제는 사전을 볼 수 없어.
학생: 어렵겠네요.

Part 4

수업 시간 학생들이 정말 자주 말하는 교실영어 패턴

유명한 교육학자인 Long에 의하면 학생이 교사의 수업을 이해하기 위해
질문을 주고받는 과정에서 학생들은 영어를 습득할 수 있다고 합니다. 그
러나 이러한 상호작용의 기본 전제는 바로 학생들의 언어 능력입니다. 즉
교사가 학생들의 수준과 능력에 따른 교실영어를 통해 상호작용을 유도한
다고 할 때 학생들의 언어 능력이 뛰어날수록 상호작용은 원활하게 일어
나게 되고 그 효과도 더욱 커질 것입니다.

Part 4에서는 학생들이 선생님과의 의견 교류에 적극 참여하는데 필요한
여러 가지 표현들을 다루고 있습니다. 교사와 학생, 그리고 학생과 학생
사이의 적극적인 의사소통을 위해 우리 아이들이 알아 두어야 할 교실영
어 패턴들을 지금부터 설명하겠습니다.

★ Pattern 184

I can't wait...

단 ~가 너무 기다려져

엄마는 아버지 월급날을 기다리고, 학생들은 방학을 기다립니다. 이렇듯 무언가 너무 기다려지는 게 있을 때 쓰는 패턴이 바로 I can't wait...입니다. 반대로, can wait은 '기다릴 수 있는, 미룰 수 있는, 급하지 않은'이라는 뜻이죠. I can't wait 다음에는 「전치사 + 명사」, 또는 「to + 동사원형」 형태가 올 수 있습니다. until 다음에 시간을 나타내는 명사나 절을 써서 '~까지 기다릴 수 없다'는 표현을 쓰기도 해요.

Step 1

01 난 기말 점수를 빨리 보고 싶어. I can't wait **to see my final grade.**

02 난 주말이 기대돼. I can't wait **for the weekend.**

03 난 이 연습문제가 빨리 끝났으면 좋겠어. I can't wait **until we're finished with this exercise*.**

04 난 이 여행이 기대돼. I can't wait **to go on the trip.**

05 난 이 시험이 기대돼. I can't wait **to take the test.**

Step 2

01 난 이 연습문제가 빨리 끝났으면 좋겠어.

T: Now let's do number 17.
S1: 난 이 연습문제가 빨리 끝났으면 좋겠어.
S2: I know. It's so boring.
T: You'll never finish by complaining!

02 난 이 시험이 기대가 돼.

T: Tomorrow's the big exam!
S1: 난 이 시험이 기대가 돼.
S2: Are you crazy?
S1: No. I'm just prepared!

교사: 이제 17번 문제를 풀어 보자.
학생1: I can't wait until we're finished with this exercise.
학생2: 나도 그래. 너무 지루하다.
교사: 불평만 해서는 절대 못 끝낼 거야!

교사: 내일은 아주 중요한 시험이다.
학생1: I can't wait to take the test.
학생2: 너 미쳤어?
학생1: 아니. 난 준비 다했거든!

Tip!
exercise, question, 그리고 problem이 서로 헷갈릴 때가 아주 많죠. exercise는 질문에 답을 한다든가 빈칸을 채운다든가, 아니면 문장을 쓰는 일련의 과정을 가리키는 말입니다. question은 answer를 필요로 하는 질문을 말하고요. problem은 흔히 수학적 의미의 exercise를 가리킵니다. 그래서 problem은 해결책이 항상 같이 등장해야 하죠.

교실영어핵심패턴233-185.mp3

★ Pattern 185

Don't you think...?

~라고 생각하지 않니?

상대방의 생각도 나와 같을 것이라 생각하고 혹시나 하고 물을 때 쓰는 패턴입니다. 긍정의 답을 기대하고 동의를 구할 때 주로 사용하죠.

Step 1

01 숙제가 어렵다고 생각지 않니? Don't you think the homework is difficult?

02 가야 할 시간이라고 생각하지 않아? Don't you think it's time to go?

03 네게 튜터가 있어야 한다고 생각지 않니? Don't you think you should get a tutor?

04 공부를 좀 더 해야 한다고 생각지 않니? Don't you think you should study a little more?

05 이 문제를 풀 수 있을 것 같지 않니? Don't you think you'll be able to answer the question?

Step 2

01 숙제가 어려운 것 같지 않니?

T: Don't forget to finish your homework.

S1: No problem.

S2: 숙제가 어려운 것 같지 않니?

S1: No. It's not so bad.

02 공부를 더 해야 할 것 같지 않니?

S: I'm ready to take a break.

T: 공부를 더 해야 할 것 같지 않니?

S: I've been studying for an hour!

T: Well, learning English takes a lot of work.

교사: 너희들 숙제 끝내는 거 잊어버리면 안 된다.
학생1: 알겠습니다.
학생2: Don't you think the homework is difficult?
학생1: 아니, 그렇게 어려운 것 같진 않은데.

학생: 좀 쉬어야지.
교사: Don't you think you should study a little more?
학생: 한 시간이나 했는걸요!
교사: 음, 영어를 배우려면 공부를 많이 해야 한단다.

교실영어핵심패턴233-186.mp3

★ Pattern 186

I'm planning to...

난 ~하려고 해요

'~하려고 계획 중이다'라는 뜻으로 아직 실행에 옮기지는 않았지만 마음에 두고 있는 계획을 이야기할 때 쓰는 패턴입니다. to 다음에 동사원형이 온다는 점에 유의하세요.

Step 1

01 난 오늘 밤새도록 공부하려고 해.	I'm planning to **study all night.**
02 난 내일 여러분에게 숙제를 아주 많이 내주려고 해요.	I'm planning to **give you a big homework assignment tomorrow.**
03 난 도서관에 가려고 계획 중이야.	I'm planning to **go to the library.**
04 전 친구들이랑 축구를 하려고 합니다.	I'm planning to **play soccer with my friends.**
05 전 그 문장들을 받아 적으려고 합니다.	I'm planning to **write down the sentences.**

Step 2

01 난 오늘 밤새도록 공부하려고 해.

T: The test is tomorrow.
S1: Oh no! How are we going to pass?
S2: 난 오늘 밤새도록 공부하려고 해.
S1: I guess I will, too.

02 친구들이랑 축구하려고 하는데요.

T: What are you going to do this evening?
S: 친구들이랑 축구하려고 하는데요.
T: Well, don't forget to do your homework.
S: Oh. Thanks for reminding me.

교사: 내일이 시험이다.
학생1: 아이, 안 되는데! 어떻게 해야 합격할 수 있지?
학생2: I'm planning to study all night.
학생1: 나도 그래야겠다.

교사: 오늘 저녁에 뭐 할 거니?
학생: I'm planning to play soccer with my friends.
교사: 숙제 하는 거 잊지 마라.
학생: 맞다. 알려주셔서 감사합니다.

🎧 교실영어핵심패턴233-187.mp3

I was just going to...

저는 지금 막 ~하려던 참이었어요

be going to...는 '~하려고 하다'라는 뜻이죠. 여기에 '방금, 막'이라는 의미의 just가 덧붙여진 표현입니다. 선생님이 시킨 일이 어떻게 진행되고 있는지 물을 때, 학생들이 가장 많이 하는 대답이 '지금 막 하려던 참이에요'라는 말일 텐데요. 이때 쓸 수 있는 패턴으로, to 다음에는 동사원형이 오며, be about to도 이와 비슷한 표현입니다.

01 제 행동에 대해 사과하려던 참이었어요. I was just going to **apologize for my behavior.**

02 지금 막 질문을 하려던 참이었어요. I was just going to **ask a question.**

03 이 단어를 찾아보려던 참이었어요. I was just going to **look up this word.**

04 지금 막 연필을 꺼내려던 참이었어요. I was just going to **take out my pencil.**

05 지금 막 제출하려던 참이었어요. I was just going to **hand it in.**

01 지금 막 연필을 꺼내려던 참이었어요.

T: Christopher, why are you playing with your backpack?

S: 지금 막 연필을 꺼내려던 참이었어요.

T: Well, hurry up and pay attention.

S: I'm sorry, sir.

02 지금 막 제출하려던 참이었어요.

T: Mary, where's your homework?

S: 지금 막 제출하려던 참이었어요.

T: Okay. Thank you.

S: It sure was hard!

교사: Christopher, 너 왜 네 가방 가지고 장난치고 있니?
학생: I was just going to take out my pencil.
교사: 그렇다면, 빨리 꺼내고 집중해라.
학생: 죄송합니다, 선생님.

교사: Mary, 숙제 어디 있니?
학생: I was just going to hand it in.
교사: 그래, 고맙다.
학생: 숙제가 정말 어려웠어요!

교실영어핵심패턴233-188.mp3

★ Pattern 188

We'd better...

~하는 게 좋을 것 같아요

We'd better는 We had better의 줄임말로, '~하는 게 좋겠어'라는 뜻의 상냥한 제안이라고 보면 됩니다. Had better의 주어가 I나 We가 아닐 경우에는 충고나 명령, 때로는 위협의 의미로 들릴 수도 있으므로 윗사람에게는 사용하지 않는게 좋아요.

Step 1

01 이 단어들을 외우는 게 좋겠다. We'd better* memorize these words.

02 숙제를 하는 게 좋겠어요. We'd better do the homework.

03 다른 아이디어를 생각하는 게 좋겠다. We'd better think of another idea.

04 좋은 점수 받으려면 공부를 열심히 해야겠네요. We'd better study hard if we want to make a good grade.

05 거기에 일찍 도착하는 게 좋을 것 같아. We'd better get there early.

Step 2

01 이 단어들을 외우는 게 좋겠네요.

T: Tomorrow we will have a vocabulary quiz.

S: 이 단어들을 외우는 게 좋겠네요.

T: That's a good idea.

S: There are so many of them!

02 좋은 점수 받으려면 공부를 열심히 해야겠네요.

T: The test will be worth half of your final grade.

S: 좋은 점수 받으려면 공부를 열심히 해야겠네요.

T: That's right.

S: I'm going straight to the library.

교사: 내일 단어 쪽지시험을 볼 겁니다.
학생: We'd better memorize these words.
교사: 좋은 생각이에요.
학생: 단어가 엄청 많아요!

교사: 그 시험이 너희들 기말 성적의 50%를 차지할 거야.
학생: We'd better study hard if we want to make a good grade.
교사: 맞아요.
학생: 전 곧장 도서관으로 갈 거예요.

Tip!

We'd better... 패턴은 구어에서는 had를 생략하기도 합니다. 예를 들면, We better go now. 처럼요. 2인칭에서는 you를 생략하여 쓰기도 합니다. 또 better 대신에 best를 사용하여 had best do라고 하면 '~하는 것이 상책이다'라는 뜻이 돼요.

★ Pattern 189

I had no choice but...

난 ~할 수밖에 없었어요

「have no choice but to + 동사원형」은 '~하지 않을 수 없다'라는 뜻으로, but 이하 외에는 다른 선택권이 없다는 말입니다. 누군가가 '왜 그런 거야?'라고 물었을 때 이런 식으로 변명할 수 있겠죠? 이와 비슷한 표현으로 「I can't help + 동명사」, 「I cannot but + 동사원형」이 있습니다.

Step 1

01 그럴 수밖에 없었어요. — I had no choice but **to do it.**

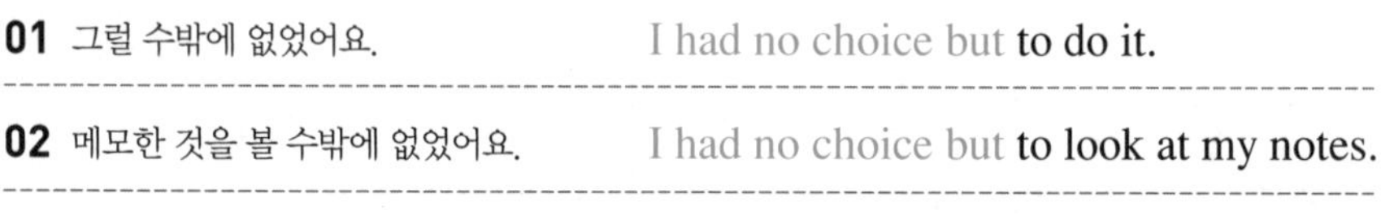

02 메모한 것을 볼 수밖에 없었어요. — I had no choice but **to look at my notes.**

03 그 질문에 대답할 수밖에 없었어요. — I had no choice but **to answer the question.**

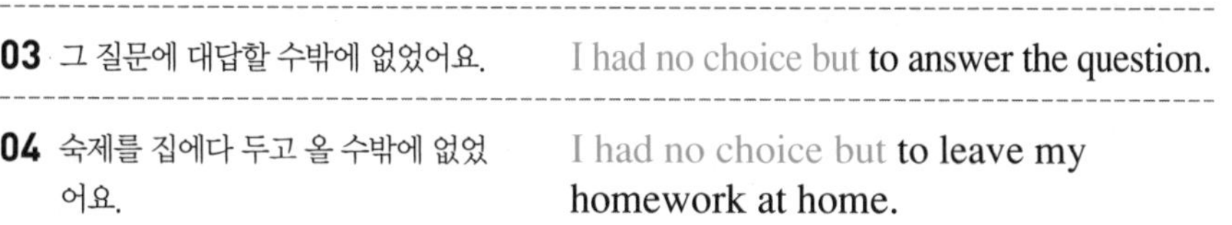

04 숙제를 집에다 두고 올 수밖에 없었어요. — I had no choice but **to leave my homework at home.**

05 전 수업에 늦지 않을 수 없었습니다. — I had no choice but **to come to class late.**

Step 2

01 메모한 것을 볼 수밖에 없었어.

S1: Didn't you memorize your speech?

S2: 메모한 것을 볼 수밖에 없었어.

S1: Why?

S2: I forgot everything that I was going to say.

02 숙제를 집에 두고 올 수밖에 없었어요.

T: Where is your assignment, Jeffery?

S: 숙제를 집에 두고 올 수밖에 없었어요.

T: Why?

S: I was going to miss the bus!

학생1: 너 발표문 다 외우지 않았니?
학생2: I had no choice but to look at my notes.
학생1: 왜?
학생2: 말하려고 했던 것들을 전부 다 까먹었어.

교사: Jeffery, 너 숙제 어디 있니?
학생: I had no choice but to leave my homework at home.
교사: 왜지?
학생: 버스를 놓칠 뻔했거든요!

교실영어핵심패턴233-190.mp3

★ Pattern 190

We all need to...

우리 모두 ~해야 돼

need to는 '~해야 한다', '~하지 않으면 안 된다'는 뜻입니다. 반대로, '~할 필요가 없다'라는 말은 don't need to, 또는 need not to 두 가지 표현이 모두 가능하지만, 일반적으로는 don't need to를 더 많이 사용합니다. 원어민 회화 표현을 듣다 보면 We all..., 또는 you all... 하는 표현들을 듣게 되는데요. 여기서 all은 복수의 뜻을 더욱 강조하는 역할을 합니다.

Step 1

01 우리 모두 공부를 좀 더 열심히 해야겠어. We all need to* study a little harder.

02 우리 모두 시험을 보기 위해 책상을 치워야 돼. We all need to clear off our desks for the test.

03 우리 모두 좀 더 주의해야겠어요. We all need to be more careful.

04 우리 모두 이 연습문제를 위해 짝을 찾아야 돼. We all need to find a partner for this exercise.

05 우리 모두 조용히 하고 들어야 합니다. We all need to be quiet and listen.

Step 2

01 저희들 모두 좀 더 공부를 열심히 해야 할 것 같아요.

T: I wasn't very happy with the scores on the test.
S1: What should we do to improve?
S2: 저희들 모두 좀 더 공부를 열심히 해야 할 것 같아요.
T: That's a good idea.

02 저희들 모두 좀 더 주의해야겠어요.

T: You guys forgot to answer the last question.
S: 저희들 모두 좀 더 주의해야겠어요.
T: That's right. Every question is worth 10 points.
S: That's a lot!

교사: 난 너희들 점수가 맘에 들지 않아.
학생1: 성적을 올리려면 저희가 어떻게 해야 하죠?
학생2: We all need to study a little harder.
교사: 그거 좋은 생각이다.

교사: 너희들 잊어버리고 마지막 문제를 풀지 않았더구나.
학생: We all need to be more careful.
교사: 맞아. 각 질문은 10점짜리다.
학생: 그렇게 많아요!

Tip!
이 패턴을 선생님이 학생에게 사용할 경우엔 명령의 의미를 포함하고, 같은 학생끼리 사용하면 거부하기 어려운 강한 제안의 느낌을 주게 됩니다.

교실영어핵심패턴233-191.mp3

I won't...

~하지 않을게요

won't는 will not의 축약형입니다. will은 보통 '~할 것이다'라는 뜻의 단순미래를 나타내는 조동사로 많이 쓰이나, 여기서는 I와 함께 쓰여 주어의 의지를 나타내며 '~할 작정이다'라는 뜻으로 쓰였어요. 선생님께서 꾸중하실 때 '다시는 그러지 않을게요'라고 말할 때도 쓸 수 있는 패턴이고, 기필코 해내겠다는 강한 의지를 보여 줄 때도 사용할 수 있습니다.

01 다시는 그러지 않을게요. I won't **do it again.**

02 다시는 그런 실수 안 할게요. I won't **make that mistake again.**

03 잊어버리지 않을게요. I won't **forget.**

04 저는 실패하지 않을 겁니다. I won't **fail.**

05 전 포기하지 않을 거예요. I won't **give up.**

01 다시는 그런 실수 안 할게요.

S: What's wrong with my sentence?
T: You forgot to finish with a period.
S: 다시는 그런 실수 안 할게요.
T: I hope not.

02 잊어버리지 않을게.

S1: Don't forget to bring your notebook tomorrow.
S2: Don't worry. 잊어버리지 않을게.
S1: You'd better not. It's very important.
S2: Okay, okay!

학생: 제 문장이 어디가 틀렸어요?
교사: 마침표 찍는 것을 잊어버렸구나.
학생: I won't make that mistake again.
교사: 그래야지.

학생1: 내일 공책 가져 오는 거 잊지 마.
학생2: 걱정 마. I won't forget.
학생1: 당연하지. 얼마나 중요한 일인데.
학생2: 알았어, 알았다고!

교실영어핵심패턴233-192.mp3

Can you check...?

~을 확인해 주시겠어요?

check는 '~의 정오를 파악하다, 조사하다'의 뜻으로, 학생들이 자신이 한 것을 선생님께 확인해 달라고 부탁할 때 사용할 수 있는 패턴입니다. 내가 한 게 맞는지 틀리는지 선생님께 여쭤 보고 싶을 땐 자신 있게 손을 들고 Can you check my work?라고 말할 수 있도록 학생들에게 알려주세요.

01 제가 한 것을 확인해 주시겠어요? Can you check **my work?**

02 제 에세이를 좀 봐 주시겠어요? Can you check **my essay?**

03 이 문장을 확인해 주시겠어요? Can you check **this sentence?**

04 몇 시인지 좀 봐 줄래? Can you check **the time?**

05 사전을 좀 찾아볼래? Can you check **your dictionary?**

01 이 문장을 확인해 주시겠어요?

S: 이 문장을 좀 확인해 주시겠어요?

T: Let me see. There's one mistake.

S: What's wrong?

T: The verb is in the wrong place.

02 사전을 좀 찾아볼래?

S1: What does this word mean?

S2: 사전을 좀 찾아볼래?

S1: Didn't you hear the teacher? No dictionaries are allowed!

S2: Oh. I didn't know.

학생: Can you check this sentence?
교사: 어디 한번 보자. 실수가 하나 있네.
학생: 뭔데요?
교사: 동사 자리가 틀렸어.

학생1: 이 단어는 무슨 뜻이야?
학생2: Can you check your dictionary?
학생1: 너 선생님 말씀 못 들었어? 사전 사용하면 안 된다잖아.
학생2: 아. 난 몰랐어.

★ Pattern 193

What is ... in English?

~가 영어로 뭐예요?

하고 싶은 말이 있는데 그 말을 영어로 어떻게 표현해야 할지 모를 때 이 패턴을 사용하면 됩니다. is와 in 사이에 묻고 싶은 우리말 표현을 넣어 주세요. 예를 들면, '사전이 영어로 뭐예요?'는 What is '사전' in English?가 되는 거죠. 한편, 원어민 선생님과 수업을 할 때는 이 반대의 경우, 즉 영어의 우리말 뜻을 묻게 되는 경우가 생기죠. 이땐 What is ... in Korean?, 또는 What is the meaning of this word?라고 물어보면 됩니다.

Step 1

01 이게 영어로 뭐죠? What is **this** in English?

02 영어에서 가장 어려운 단어가 뭐야? What is **the most difficult word** in English?

03 이걸 영어로 뭐라고 말하지? What is **the way to say this** in English?

04 영어로 네가 가장 좋아하는 단어가 뭐야? What is **your favorite word** in English?

05 저게 영어로 뭐죠? What is **that** in English?

Step 2

01 영어에서 가장 어려운 단어가 뭐야?

S1: 영어에서 가장 어려운 단어가 뭐야?
S2: I think 'get' is very hard.
S1: Why? That's an easy word.
S2: But it means a thousand different things!

02 저게 영어로 뭐야?

S1: 저게 영어로 뭐야?
S2: This? It's an 'eraser.'
S1: No, not the eraser, that other thing.
S2: Oh. This is a 'pencil sharpener.'

학생1: What's the most difficult word in English?
학생2: 내 생각에는 동사 get 같아.
학생1: 어째서? 아주 쉬운 단어인데.
학생2: 근데 뜻이 정말 여러 가지잖아.

학생1: What is that in English?
학생2: 이거? eraser잖아.
학생1: 아니, 지우개 말고 저거 말이야.
학생2: 아, 이건 pencil sharpener라고 해.

★ Pattern 194

I don't understand...

~가 이해가 안 돼요

선생님의 설명을 듣고도 잘 이해가 되지 않을 때 아는 척 시치미를 떼고 있으면 끝까지 모르게 됩니다. 이럴 땐 용기 내서 솔직하게 말할 수 있어야겠죠. I don't understand 다음에는 명사나 의문사절, 또는 「의문사 + to부정사」 등이 올 수 있습니다.

Step 1

01 난 네 질문이 이해가 안 돼. I don't understand your question.

02 난 우리가 왜 이것을 해야 하는지 모르겠어. I don't understand why we have to do this.

03 난 왜 네 숙제가 없는지 모르겠구나. I don't understand why you don't have your homework.

04 전 이 연습문제가 이해가 되지 않습니다. I don't understand this exercise.

05 왜 제가 시험에 떨어졌는지 모르겠어요. I don't understand why I failed the test.

Step 2

01 전 이 연습문제가 이해가 되지 않습니다.

T: Okay, let's get started.
S: 전 이 연습문제가 이해가 되지 않습니다.
T: I'll explain it again.
S: Thank you, ma'am*.

02 왜 제가 시험에 떨어졌는지 모르겠어요.

T: Here is your score.
S: 왜 제가 시험에 떨어졌는지 모르겠어요.
T: Did you study?
S: Well... not really.
T: That's why.

교사: 좋아, 수업 시작하자.
학생: I don't understand this exercise.
교사: 내가 다시 설명해 줄게.
학생: 감사합니다, 선생님.

교사: 네 성적 여기 있다.
학생: I don't understand why I failed the test.
교사: 공부는 했니?
학생: 저… 실은 아니에요.
교사: 그게 바로 이유야.

Tip!
미국 초등학교나 중학교에서 선생님을 부르는 호칭으로 가장 흔하게 쓸 수 있는 말은 Mr. Brown 등이고, 가끔 ma'am, sir 등의 호칭을 쓰기도 합니다. 좀 더 친근하게는 Sally, 또는 Tom이라고 이름을 부르기도 해요.

How often should we...?

얼마나 자주 ~해야 하죠?

'얼마나 자주'라는 의미의 How often...? 패턴의 변형이라고 생각하면 됩니다. 영어 수업이 일주일에 몇 번 있는지, 시험은 한 학기에 몇 번이나 보는지 등 횟수 또는 빈도를 물어보는 다양한 상황에서 활용 가능한 패턴입니다. 여기서 should는 '~해야 한다'의 의무의 개념으로 보면 됩니다.

01 공부한 내용을 얼마나 자주 확인해야 하죠? How often should we **check our work?**

02 일기를 선생님께 얼마나 자주 보여 드려야 하나요? How often should we **show the teacher our journals?**

03 회화 연습을 얼마나 자주 해야 하나요? How often should we **practice speaking?**

04 얼마나 자주 일기를 써야 하죠? How often should we **keep a journal?**

05 얼마나 자주 연습해야 하죠? How often should we **practice?**

01 일기를 선생님께 얼마나 자주 보여 드려야 하는데?

S1: For this class we have to write in a journal.

S2: 일기를 선생님께 얼마나 자주 보여 드려야 하는데?

S1: Once a week.

S2: That doesn't sound too difficult.

02 회화 연습을 얼마나 자주 해야 하는데?

S1: We should work on our English over summer vacation.

S2: 회화 연습을 얼마나 자주 해야 하는데?

S1: Every day!

S2: That's a lot of work!

학생1: 이 수업에서 우리는 일기를 써야 돼.
학생2: How often should we show the teacher our journals?
학생1: 일주일에 한 번.
학생2: 그렇게 어렵진 않을 것 같은데.

학생1: 여름 방학 때 우리 영어 공부해야 돼.
학생2: How often should we practice speaking?
학생1: 매일!
학생2: 할 거 정말 많겠다!

교실영어핵심패턴233-196.mp3

★ Pattern 196

I'm looking for...

~를 찾고 있어요

look for는 '~을 찾다'라는 뜻으로, 잃어버린 책을 찾거나 함께 공부할 스터디 파트너를 찾을 때처럼 특정 물건이나 사람을 찾을 때 쓰는 동사구입니다. 단, '사전에서 단어를 찾다'라고 할 때는 look for가 아니라 look up을 써야 한다는 것에 유의하세요.

Step 1

01 나는 글을 쓸 주제를 찾고 있어. I'm looking for **a topic to write about.**

02 난 교무실을 찾고 있어. I'm looking for **the office***.

03 나는 내 교과서를 찾고 있어. I'm looking for **my textbook.**

04 나는 Janice를 찾고 있어. I'm looking for **Janice.**

05 나는 같이 공부할 친구를 찾고 있어. I'm looking for **a study partner.**

Step 2

01 난 글을 쓸 주제를 찾고 있어.

S1: 난 글을 쓸 주제를 찾고 있어.
S2: Have you tried looking in the newspaper?
S1: That sounds like a good idea.
S2: Current events can give us good topics.

02 교무실을 찾고 있어.

S1: Can I help you?
S2: 교무실을 찾고 있어.
S1: Go to the end of the hall and turn right.
S2: Thank you!

학생1: I'm looking for a topic to write about.
학생2: 신문은 찾아봤어?
학생1: 그거 좋은 생각이다.
학생2: 최근 시사 사건들이 좋은 주제가 될 수 있어.

학생1: 도와줄까?
학생2: I'm looking for the office.
학생1: 복도 끝까지 가서 오른쪽으로 가면 돼.
학생2: 고마워!

Tip!
학교 시설에 관련된 표현 몇 가지 살펴볼까요? '교무실'은 간단하게 office라고 하기도 하고 faculty office, 또는 teacher's office라고 합니다. 그리고 학생들에게 상담을 해주는 '상담실'은 guidance office, '양호실'은 nurse's office라고 해요.

교실영어핵심패턴233-197.mp3

★ Pattern 197

We're out of...

~가 다 떨어졌어요

be out of...는 '~이 바닥나다, ~이 떨어지다'의 뜻으로 be동사 대신 run을 사용할 수도 있습니다. 학용품이 다 쓰고 없을 때, 시험 시간이 끝나갈 때, 또는 머릿 속이 텅 빈 것처럼 아무 아이디어도 떠오르지 않을 때 등 여러 가지 상황에서 광범위하게 사용될 수 있는 패턴입니다. our of가 전치사이므로 of 다음에는 명사가 나와요.

01 풀을 다 썼어요. We're out of **glue.**

02 시간이 다 됐어요. We're out of **time.**

03 우리 인내심은 바닥났어. We're out of **patience.**

04 우린 힘이 없어. We're out of **energy.**

05 이제 아이디어가 바닥났어. We're out of **ideas.**

01 시간이 다 됐네!

S1: Oh, no! 시간이 다 됐네!

S2: Yes, we are. Are you finished?

S1: No, I still have two more questions to answer.

S2: Sorry. You'll have to work faster next time.

02 이제 아이디어가 바닥났어.

S1: What do you want to talk about next?

S2: 이제 아이디어가 바닥났어.

S1: Why don't we talk about phrasal verbs?

S2: That sounds fun!

학생1: 아, 이런! We're out of time!
학생2: 그렇네. 너 다했어?
학생1: 아직, 두 문제 더 풀어야 하는데.
학생2: 저런. 다음엔 좀 빨리 해야겠다.

학생1: 다음엔 뭐에 대해 얘기하고 싶어?
학생2: We're out of ideas.
학생1: 동사구에 대해서 이야기할까?
학생2: 재밌겠다!

교실영어핵심패턴233-198.mp3

★ Pattern 198

How about...?

~는 어때?

상대방의 의향을 물을 때 사용할 수 있는 패턴으로, What about...?, 또는 What do you think about...?도 이와 유사한 표현입니다. 학교에서는 서로의 의견을 물어야 할 일이 많은데 특히 토론 수업을 진행할 때, 또는 pair나 group activity 중 '내'가 아닌 '우리'의 생각을 모으기 위해서는 이 표현을 반드시 알아 둬야 합니다.

01 화요일 어때? How about **Tuesday?**

02 너는 어때? How about **you?**

03 이거 어때? How about **this one?**

04 그걸 받아 적는 게 어떻겠니? How about **writing it down?**

05 한 번 더 해보는 게 어떨까? How about **another try?**

01 너는 어때?

S1: I'm really nervous about tomorrow's test. 너는 어때?

S2: I'm not nervous.

S1: Why not?

S2: Because I'm prepared!

02 한 번 더 해봐.

S1: I can't remember the past tense of 'go.'

S2: It's 'went.'

S1: Oh, that's right. Why can't I ever remember?

S2: 한 번 더 해봐.

학생1: 내일 시험 때문에 걱정이야. How about you?
학생2: 나는 괜찮은데.
학생1: 어째서?
학생2: 시험 준비를 해놨거든!

학생1: go의 과거형이 기억이 안 나.
학생2: went잖아.
학생1: 아, 맞다. 난 어째서 생각이 안 날까?
학생2: How about another try?

★ Pattern 199

Thank you for...

~해 줘서 고마워

Thank you...는 모두들 잘 알듯이 '고맙습니다'라는 뜻으로, I would like to thank you에서 I would like to가 생략된 형태입니다. 선생님이나 친구에게 고마움을 표할 때 사용할 수 있는 패턴이에요. for 다음에는 명사나 동명사가 옵니다.

Step 1

01 도와줘서 고마워. Thank you for **your help.**

02 있어 줘서 고마워. Thank you for **staying.**

03 비밀을 지켜 줘서 고마워. Thank you for **keeping this confidential.**

04 나한테 설명해 줘서 고마워. Thank you for **explaining it to me.**

05 그곳에 있어 줘서 고마워. Thank you for **being there.**

Step 2

01 도와줘서 고맙다.

S1: I don't understand how to do this homework.
S2: Just write 5 sentences in the past tense.
S1: Oh, I see. 도와줘서 고맙다.
S2: No problem.

02 그 자리에 있어 줘서 고마워.

S1: I really appreciated your coming to my speech.
S2: No problem. You gave a great speech.
S1: 그 자리에 있어 줘서 고마워.
S2: I wouldn't have missed it.

학생1: 이 숙제를 어떻게 하는 건지 모르겠어.
학생2: 과거형으로 문장을 5개 적으면 돼.
학생1: 아, 알겠다. Thank you for your help.
학생2: 무슨 소리.

학생1: 내 발표에 와 줘서 정말 고맙다.
학생2: 무슨 소리야. 발표 정말 멋졌어.
학생1: Thank you for being there.
학생2: 절대 놓칠 수 없지.

교실영어핵심패턴233-200.mp3

★ Pattern 200

Let me see if...

~인지 한번 보자

see if는 '~인지 아닌지 확인해 보다'라는 뜻이죠. 그래서 **Let me see if...** 하면 '~인지 내가 확인해 볼게'라는 의미가 됩니다. 누군가에게 부탁을 받거나 질문을 받았을 때 성급하게 대답하지 않고 신중을 기하겠다는 뜻의 표현이에요.

Step 1

01 그게 맞는지 한번 보자. Let me see if **it's correct.**

02 제가 찾을 수 있는지 한번 볼게요. Let me see if **I can find it.**

03 내가 그것을 이해할 수 있는지 한번 보자. Let me see if **I can understand it.**

04 네가 맞게 했는지 한번 보자. Let me see if **you did it right.**

05 내가 도울 수 있는지 한번 보자. Let me see if **I can help.**

Step 2

01 그게 맞는지 한번 볼까?

S1: I wrote a sentence, but I'm not sure about it.

S2: 그게 맞는지 한번 볼까?

S1: What do you think?

S2: I'm not sure. Let's ask the teacher.

02 내가 도울 수 있는지 한번 보자.

S1: I can't understand this word.

S2: 내가 도울 수 있는지 한번 보자.

S1: Thanks!

S2: No problem.

학생1: 내가 이 문장을 쓰긴 했는데 잘 모르겠어.
학생2: Let me see if it's correct.
학생1: 어때?
학생2: 나도 잘 모르겠네. 선생님께 여쭤 보자.

학생1: 난 이 단어가 이해가 안 돼.
학생2: Let me see if I can help.
학생1: 고마워!
학생2: 고맙기는.

교실영어핵심패턴233-201.mp3

★ Pattern 201

I'm not sure what...

~를 잘 모르겠어

I'm not sure...는 I'm sure...의 반대 패턴입니다. not sure는 uncertain의 뜻으로 뭔가를 확신하고 장담할 수 없다는 뜻이에요. 즉 자신이 하는 말을 100% 확신할 수는 없다고 상대방에게 미리 알려주는 표현입니다. Are you sure...?라고 물어보는 질문에 잘 모르겠다고 답할 때도 이 패턴을 사용할 수 있습니다.

Step 1

01 뭘 해야 하는 건지 잘 모르겠어. I'm not sure what* to do.

02 뭘 가져와야 하는지 잘 모르겠어. I'm not sure what to bring.

03 나의 책임이 어떤 것들인지 잘 모르겠어. I'm not sure what my responsibilities are.

04 어떻게 될지 모르겠어. I'm not sure what will happen.

05 그가 원하는 게 뭔지 잘 모르겠어. I'm not sure what he wants.

Step 2

01 뭘 해야 하는지 잘 모르겠어.

S1: Do you understand our assignment?

S2: 뭘 해야 하는지 잘 모르겠어.

S1: I think we need to practice this dialogue.

S2: Oh, that doesn't sound too difficult.

02 어떻게 될지 모르겠어.

S1: I hope we'll be able to make up the test.

S2: 어떻게 될지 모르겠어.

S1: We had a good excuse for being absent.

S2: Yes, but it will be up to the teacher.

학생1: 우리 숙제, 뭘 하라는 건지 넌 알겠어?
학생2: I'm not sure what to do.
학생1: 내 생각엔 이 대화문을 연습해야 하는 것 같은데.
학생2: 아, 그렇게 어렵지는 않겠네.

학생1: 우리가 재시험을 볼 수 있으면 좋겠는데.
학생2: I'm not sure what will happen.
학생1: 우린 결석할 만한 이유가 있었잖아.
학생2: 그래, 그렇지만 그건 선생님이 어떻게 생각하시느냐에 달렸지.

Tip!

what 외에 「의문사 + to 부정사」를 활용해 다양한 표현을 할 수 있습니다. 예를 들면, '이 의자를 어디에 둬야 할지 모르겠어요'라는 말은 I'm not sure where to put this chair.라고 합니다.

교실영어핵심패턴233-202.mp3

★ Pattern 202

Is there anything...?

~가 있나요?

필요한 물건을 구하거나 무언가를 찾을 때 한 명씩 묻는 것보다 일반적으로 Is there anything...? 패턴을 씁니다. 의문문이나 부정문에서는 보통 something을 쓰지 않고 anything을 쓰는데, 긍정의 대답을 기대하거나 상대방에게 무엇을 권할 때는 something을 사용해요.

01 외울 게 있어? Is there anything **to memorize?**

02 도와줄까? Is there anything **I can do?**

03 시간표에 뭐가 있나요? Is there anything **on the schedule?**

04 제가 달리 더 해야 할 일이 있나요? Is there anything **else I need to do?**

05 더 어려운 게 있어? Is there anything **more difficult?**

01 제가 달리 더 해야 할 일이 있나요?

S: Here is my homework.
T: Thank you, Robert.
S: 제가 달리 더 해야 할 일이 있나요?
T: Well, you need to write your name on it!
S: Oops! I forgot!

02 좀 더 어려운 거 없을까?

S1: Let's do the exercise on page 74.
S2: It's seems easy. 좀 더 어려운 거 없을까?
S1: This exercise isn't as easy as it looks.
S2: All right. I'll try it.

학생: 여기 제 숙제요.
교사: 고맙다, Robert.
학생: Is there anything else I need to do?
교사: 음, 숙제에 네 이름을 써야겠는데.
학생: 이런! 깜빡했어요!

학생1: 74쪽 연습문제 풀자.
학생2: 쉬워 보이는데. Is there anything more difficult?
학생1: 이 연습문제 보기보다 쉽지 않을 거야.
학생2: 좋아. 내가 풀어 볼게.

교실영어핵심패턴233-203.mp3

There's no way...

~할 방법이 없어

no way에는 no를 강조한 표현, 또는 never의 뜻이 있어서 There's no way...라고 하면 '~할 방법이 없다', '~은 절대로 불가능하다'가 됩니다. 불가능한 일에 대해 불평할 때, 또는 막막한 심정을 토로하거나 조언을 구할 때에도 사용할 수 있습니다.

01 절대로 기한 내에 못 끝낼 거예요. There's no way I'll finish in time.

02 이걸 절대로 이해 못할 거예요. There's no way I'll ever understand this.

03 그렇게 쉬울 리가 없어. There's no way it's that easy.

04 답을 확인할 방법이 없어. There's no way to check our answers.

05 우리가 맞는지 아닌지 알 방법이 없어. There's no way to know if we're right or not.

01 제시간에 절대 못 끝낼 거예요.

T: You have 30 minutes to write your essay.

S: 제시간에 절대 못 끝낼 거예요.

T: Just try to write quickly.

S: That's easy to say, but not to do!

02 그렇게 간단할 리가 없는데.

S1: Do you remember how to make the past tense in English?

S2: Just add '-ed' to the verb.

S1: 그렇게 간단할 리가 없는데.

S2: Well, there are some irregular verbs, too.

교사: 에세이 쓸 시간이 30분 남았다.
학생: There's no way I'll finish in time.
교사: 빨리 쓰려고 해봐.
학생: 말은 쉬운데 안 돼요!

학생1: 너 영어에서 과거시제를 어떻게 만드는지 기억하니?
학생2: 동사에 -ed를 붙이기만 하면 돼.
학생1: There's no way it's that easy.
학생2: 물론, 불규칙 동사들도 있지.

교실영어핵심패턴233-204.mp3

★ Pattern 204

It's better for me to...

난 ~하는 게 더 좋아

better는 '~보다 더 좋은'이란 의미이고, for me가 들어 있으므로 '나는 ~하는 게 더 좋다'라는 뜻이 되겠죠. 선호하는 물건이나 생각에 대해 자신의 의견을 밝힐 때 쓸 수 있는 패턴입니다.

Step 1

01 난 노트 필기하는 게 더 편해. It's better for me to take notes.

02 난 앞쪽에 앉는 게 더 좋아. It's better for me to sit up front.

03 난 발음에 집중하는 게 더 나아. It's better for me to focus on pronunciation.

04 난 두 번 듣는 게 더 좋아. It's better for me to listen twice.

05 난 내 발표를 외우는 게 더 좋아. It's better for me to memorize my speech.

Step 2

01 난 노트 필기하는 게 더 편해.

S1: You take a lot of notes in class.
S2: I don't want to miss anything important.
S1: Why don't you use a tape recorder?
S2: 난 노트 필기하는 게 더 편해.

02 난 앞쪽에 앉는 게 더 좋은데.

S1: Kevin, sit back here with me.
S2: 난 앞쪽에 앉는 게 더 좋은데.
S1: Why is that?
S2: I can see the blackboard better.

학생1: 넌 수업 시간에 노트 필기를 정말 많이 하는구나.
학생2: 중요할 걸 놓치면 안 되잖아.
학생1: 녹음기를 쓰는 게 어때?
학생2: It's better for me to take notes.

학생1: Kevin, 여기 뒤쪽에 나랑 같이 앉자.
학생2: It's better for me to sit up front.
학생1: 왜?
학생2: 칠판이 더 잘 보이거든.

★ Pattern 205

What was it like...?

~는 어땠어?

첫사랑 이야기, 17:1로 싸운 이야기, 대학 시절 이야기까지 학생들이 선생님에게 물어보는 얘기들이죠. 이런 얘기들을 하다 보면 '그때 기분이 어땠어요?'라고 묻는 학생들 꼭 있죠? 그때 쓸 수 있는 표현이 바로 What was it like...?입니다. 어떤 일에 대한 상대방의 경험이나 느낌, 의견을 묻는 표현이에요.

Step 1

01 원어민하고 영어로 이야기할 때 기분이 어땠어? — What was it like* when you tried to speak to a native speaker?

02 뉴욕에서 공부할 때 어땠어? — What was it like when you studied in New York?

03 해외에 사는 것은 어땠어? — What was it like to live abroad?

04 그렇게 높은 점수를 받으니까 어땠어? — What was it like to make such a high score?

Step 2

01 뉴욕에서 공부할 때 어떠셨어요?

S: 뉴욕에서 공부할 때 어떠셨어요?

T: At first it was very difficult, but soon I understood everything.

S: It sounds scary.

T: It wasn't so bad.

02 그렇게 높은 점수를 받으니까 기분이 어땠어?

S1: I got a perfect score on the TOEFL!

S2: 그렇게 높은 점수를 받으니까 기분이 어땠어?

S1: It felt fantastic!

S2: Well, you studied very hard for it. Good job!

학생: What was it like when you studied in New York?
교사: 처음에는 많이 어려웠는데 곧 다 이해가 되더구나.
학생: 무서울 것 같아요.
교사: 그렇게 나쁘진 않았어.

학생1: 나 토플에서 만점 맞았어!
학생2: What was it like to make such a high score?
학생1: 기분 끝내줬지!
학생2: 다 네가 열심히 공부한 결과지 뭐. 잘했다!

Tip!

What 다음에 인칭대명사를 주어로 사용하면 '누구누구 어때?, 어떤 사람이야?'라는 의미로 활용할 수 있습니다. 예를 들면, What is he like?는 '그는 어떤 사람이에요?'라는 뜻이 돼요.

★ Pattern 206

What if...?

만일 ~라면?

'~하면 어떻게 될까?'라는 뜻으로 What would happen if...?를 줄인 표현입니다. if 다음에는 항상 완전한 문장이 따라나오며 직설법을 쓰는 것이 일반적입니다. 이 표현은 말대꾸 잘하는 아이들이 즐겨 쓰는 표현 중 하나예요.

Step 1

01 만일 우리가 모르겠으면요? What if we don't understand?

02 떨어지면 어떻게 하지? What if we fail?

03 우리가 답을 못 찾으면요? What if we can't find the answer?

04 만약에 내가 그 단어를 모른다면? What if I don't know the word?

05 만일 그 시험이 너무 어렵다면? What if the test is too difficult?

Step 2

01 만일 저희가 모르겠으면요?

T: Now I want you to read the story by yourselves.
S: 만일 저희가 모르겠으면요?
T: You can ask questions if you need to.
S: Good. I think I'll need to.

02 떨어지면 어떡하지?

S1: The test is tomorrow.
S2: 떨어지면 어떡하지?
S1: We still have another chance in a few weeks.
S2: That's good because I'm not prepared.

교사: 이제 너희들 스스로 그 이야기를 읽어 보렴.
학생: What if we don't understand?
교사: 필요하다면 질문을 해도 좋아.
학생: 다행이네요. 전 질문이 필요할 것 같아요.

학생1: 내일이 시험이야.
학생2: What if we fail?
학생1: 몇 주 후에 또 다른 기회가 있을 거야.
학생2: 난 준비가 덜 됐는데 다행이다.

교실영어핵심패턴233-207.mp3

What I want to ask is...

내가 묻고 싶은 건 ~야

강렬한 의문이 생길 때, 궁금한 점은 돌려서 묻지 말고 콕 찍어서 분명하게 물어볼 수 있게 하세요. 바로 이 패턴을 사용해서 말이죠. 장황하게 질문을 한 후, 간단히 질문을 요약할 때 쓸 수 있는 표현입니다. what은 '~하는 것'이라는 뜻으로 선행사를 포함하는 관계대명사이며 명사절을 이끕니다. 여기서 what이 is의 주어라는 점에도 유의하세요.

01 내가 묻고 싶은 건 이 단어를 어떻게 발음하느냐야. What I want to ask is **how to say this word.**

02 내가 묻고 싶은 건 아주 간단해요. What I want to ask is **very simple.**

03 제가 묻고 싶은 것은 이 단어의 의미예요. What I want to ask is **what this word means.**

04 내가 묻고 싶은 것은 어려운 질문이에요. What I want to ask is **a difficult question.**

05 내가 묻고 싶은 것은 아주 바보 같은 질문이에요. What I want to ask is **a very silly question.**

Step 2

01 제가 여쭙고 싶은 건 이 단어를 어떻게 발음하는가입니다.

T: Do you have a question about the grammar?

S: No. 제가 여쭙고 싶은 건 이 단어를 어떻게 발음하는가입니다.

T: Okay. Which word is confusing?

S: 'Film.'

T: Oh, that is a difficult word to pronounce.

02 내가 묻고 싶은 것은 아주 바보 같은 질문이야.

S1: 내가 묻고 싶은 것은 아주 바보 같은 질문이야.

S2: Okay, what is it?

S1: What is the opposite of 'small'?

S2: That is silly. It's 'big' of course.

교사: 이 문법에 대해서 질문 있니?
학생: 아니오. What I want to ask is how to say this word.
교사: 알았다. 어떤 단어가 헷갈리지?
학생: Film요.
교사: 오, 발음하기 어려운 단어구나.

학생1: What I want to ask is a very silly question.
학생2: 알았어. 뭔데 그래?
학생1: small의 반대말은?
학생2: 바보 같이, 당연히 big이지.

★ Pattern 208

Have you got...?

~ 있니?

상대방이 무언가를 가지고 있는지 물을 때 사용하는 패턴으로, Do you have...?와 같은 표현입니다. have got은 have와 그 쓰임과 뜻이 비슷하며 구어체에서는 have를 생략하고 got만 단독으로 쓰기도 합니다. 그러나 have got은 명령문에서는 쓰이지 않으며, have의 과거형인 had 대신 had got을 쓰는 경우가 거의 없다는 점을 기억해 두세요.

01 너 펜 하나 더 있어? Have you got **an extra pen?**

02 잠깐 시간 좀 내주실 수 있으세요? Have you got **a moment?**

03 15분 있어? Have you got **fifteen minutes?**

04 종이 좀 있어? Have you got **some paper?**

05 너 숙제 가지고 있어? Have you got **the assignment?**

01 너 펜 하나 더 있니?

S1: We have to write a few sentences.

S2: 너 펜 하나 더 있니?

S1: Sure. Here you go.

S2: Thanks a lot!

02 잠깐 시간 좀 내주실 수 있으세요?

S: Hi, Mr. Carter.

T: Hi, Jake.

S: 잠깐 시간 좀 내주실 수 있으세요?

T: Sure. What's up*?

학생1: 우리 문장을 몇 개 써야 하는데.
학생2: Have you got an extra pen?
학생1: 물론이지. 자, 여기.
학생2: 너무 고마워!

학생: 안녕하세요, Carter 선생님.
교사: 안녕, Jake.
학생: Have you got a moment?
교사: 그래, 무슨 일이지?

Tip!

대화문에서 What's up?은 '무슨 일이야?'라는 의미로 쓰였습니다. 미국에서는 What's up?이 인사말로 많이 쓰이는데 이런 경우에는 '잘 지냈어?'라는 뜻으로 How are you doing?과 유사한 의미로 쓰입니다.

I didn't mean to...

~하려고 한 건 아니었어요

머리카락을 떼주려고 했는데 변태로 오해를 받는 등 세상엔 내 마음과 같지 않은 일들이 너무 많죠? 상대방이 오해를 하려는 순간에 이 패턴을 사용해서 진심을 전하세요. I didn't mean it.은 '그러려던 건 아니었어요'라는 뜻이고, 반대로 I mean it. 하면 '진심이야'라는 뜻이 됩니다. to 다음에 동사원형이 온다는 것도 잊지 마세요.

01 여러분들을 헷갈리게 하려고 했던 것은 아닙니다. I didn't mean to **confuse you.**

02 문제를 일으키려고 한 건 아니었는데. I didn't mean to **cause a problem.**

03 시간을 다 뺏으려고 했던 건 아니었는데. I didn't mean to **take up all of the time.**

04 방해하려고 했던 건 아니었어요. I didn't mean to **bother you.**

05 이러려고 한 건 아니었어요. I didn't mean to **do this.**

01 문제를 일으킬 생각은 없었어요.

T: Robert, you forgot to put your name on your homework.
S: 문제를 일으킬 생각은 없었어요.
T: It's okay. I just want to give you credit.
S: It won't happen again.

02 방해하려고 했던 건 아니었어.

S1: What are you going to do this weekend?
S2: Hush! I'm trying to concentrate.
S1: I'm sorry. 방해하려고 했던 건 아니었어.
S2: That's okay. This exercise is just a little difficult.

교사: Robert, 숙제에 이름 쓰는 걸 잊어버렸구나.
학생: I didn't mean to cause a problem.
교사: 괜찮아. 그냥 점수를 주려고 그런 거야.
학생: 다시는 이런 일 없도록 할게요.

학생1: 이번 주말에 뭐 할 거야?
학생2: 쉬! 집중하려고 애쓰는 중이거든.
학생1: 미안. I didn't mean to bother you.
학생2: 괜찮아. 이 연습문제가 조금 어려워서 그래.

★ Pattern 210

I don't mind...

~해도 괜찮아요

이 패턴은 '난 ~을 신경 안 써'라는 뜻의 I don't care...와는 뉘앙스가 다릅니다. Would you mind if...?라는 질문에 대답할 때에도 이 패턴을 사용할 수 있습니다. I don't mind 다음의 if절은 조건절로 '만일 ~한다고 해도 나는 괜찮아'의 의미가 됩니다. mind는 동명사를 목적어로 취하므로 mind 다음에 동사가 올 경우 -ing형이 온다는 점에 유의하세요.

Step 1

01 내 사전 써도 돼. I don't mind **if you borrow my dictionary.**

02 전 늦게까지 있어도 괜찮아요. I don't mind **staying later.**

03 자원봉사 좋지. I don't mind **volunteering.**

04 뒤에 앉아도 괜찮아. I don't mind **sitting at the back.**

05 같이 써도 돼. I don't mind **sharing.**

Step 2

01 내 사전 쓰려면 써.

S1: Let's do the assignment together.
S2: Okay. I can't understand the first word.
S1: 내 사전 쓰려면 써.
S2: Oh, thanks. I left mine at home.

02 전 늦게까지 있어도 괜찮아요.

T: Can some of you stay late tonight?
S: 전 늦게까지 있어도 괜찮아요.
T: Great. We need to put away the instruments.
S: I'm happy to help.

학생1: 우리 숙제 같이 하자.
학생2: 그래. 난 첫 번째 단어를 모르겠는데.
학생1: I don't mind if you borrow my dictionary.
학생2: 아, 고마워. 내 걸 집에 두고 왔어.

교사: 너희들 중 오늘 밤 늦게까지 남아 있을 수 있는 사람?
학생: I don't mind staying later.
교사: 좋아. 이 기구들을 따로 치워야 하거든.
학생: 저도 도와드릴 수 있어서 기뻐요..

★ Pattern 211

I'm so glad...

~해서 너무 기뻐요

이 패턴을 이용한 문장 가운데 가장 유명한 문장은 I'm so glad to meet you.(만나서 기뻐요.)입니다. meet you 대신 기쁘다고 생각하는 내용을 문장으로 만들어 넣으면 됩니다. glad 다음에는 that절이나 to부정사가 이어집니다.

01 전 선생님께서 제 선생님이셨던 게 너무 좋아요. I'm so glad you were my teacher.

02 난 네가 높은 성적을 받아서 너무 기뻐. I'm so glad you made a high score.

03 난 내가 통과해서 너무 좋아. I'm so glad I passed.

04 우리가 끝내서 너무 기뻐. I'm so glad we're finished.

05 학교가 끝나서 너무 기뻐요. I'm so glad school is out.

01 전 선생님께서 제 선생님이셨던 게 너무 좋아요.

T: Today is the last day of class.
S: 전 선생님께서 제 선생님이셨던 게 너무 좋아요.
T: That's very nice of you to say.
S: You have been very patient and kind.
T: Thank you very much.

02 난 내가 통과해서 너무 좋아.

S1: That was one tough exam.
S2: I'll say. 난 내가 통과해서 너무 좋아.
S1: Oh, are the grades out already?
S2: Yes, Mrs. Taylor posted* them today.

교사: 오늘이 마지막 수업이다.
학생: I'm so glad you were my teacher.
교사: 그렇게 말해 주니 고맙구나.
학생: 선생님께선 매우 인내심 많고 친절하셨어요.
교사: 정말 고맙다.

학생1: 참 어려운 시험이었어.
학생2: 나도 그렇게 말하려던 참이야. I'm so glad I passed.
학생1: 어, 벌써 성적 나왔어?
학생2: 응, Taylor 선생님이 오늘 벌써 붙여 놨던데.

Tip!
post는 '게시하다', '고지하다'라는 뜻으로, 성적이나 공지 사항 등을 게시판 등을 통해 알린다고 할 때 사용하는 단어입니다. '~에 게시하다'라고 할 때는 전치사 on을 사용해요. 예를 들면, '게시판에 공고하다'는 post a notice on the board라고 합니다.

교실영어핵심패턴233-212.mp3

★ Pattern 212

I can't believe...

~하다니 믿을 수가 없어

도저히 믿기지 않는 일을 전해 들었을 때 '말도 안 돼'라고 충격을 표현할 수 있습니다. 믿을 수 없을 만큼 기쁜 일은 물론 정말 어처구니없는 일에도 활용할 수 있죠. can이 see, hear, feel, smell, taste, understand, believe 등의 지각동사와 같이 쓰이면 can의 뜻이 약해져서 I can't believe가 I don't believe와 의미가 거의 비슷해진다는 점도 알아 두세요.

Step 1

01 이 문법이 이렇게 어렵다니 믿을 수가 없어. I can't believe how difficult this grammar is.

02 네가 숙제를 잊다니 믿을 수가 없다. I can't believe you forgot your homework.

03 시험이 이렇게 어렵다니 믿을 수가 없어. I can't believe what a difficult test this is.

04 내가 그렇게 높은 점수를 받았다니 믿기지가 않아. I can't believe I made such a high score.

05 내가 A를 받다니 믿을 수가 없어. I can't believe I got an A.

Step 2

01 이 문법이 이렇게 어렵다니 믿을 수가 없어.

S: 이 문법이 이렇게 어렵다니 믿을 수가 없어.
T: It will get easier if we practice a lot.
S: I don't think it will ever be easy.
T: Don't be so negative!

02 제가 그렇게 높은 점수를 받았다니 믿기지가 않아요.

T: Here is your test score.
S: 제가 그렇게 높은 점수를 받았다니 믿기지가 않아요.
T: You must have studied very hard.
S: Well, I did my best.

학생: I can't believe how difficult this grammar is.
교사: 우리가 연습을 많이 하면 더 쉬워질 거야.
학생: 전혀 쉬워질 것 같지 않은데요.
교사: 그렇게 부정적으로 생각하지 마라.

교사: 여기 네 시험 점수다.
학생: I can't believe I made such a high score.
교사: 공부 아주 열심히 했나 본데.
학생: 최선을 다했어요.

교실영어핵심패턴233-213.mp3

★ Pattern 213

I don't know if...

~인지 잘 모르겠어요

불확실한 상황 때문에 확신할 수 없거나 잘 알 수 없을 때 이 패턴을 사용할 수 있습니다. if 대신 whether를 사용할 수도 있지만, 오로지 whether만을 사용해야 하는 경우도 있습니다. whether to처럼 부정사가 이어질 때, 그리고 whether or not처럼 or not이 올 때는 if가 아닌 whether를 써야 합니다.

Step 1

01 이게 정답인지 잘 모르겠어요. I don't know if **this is the right answer.**

02 내가 맞게 했는지 잘 모르겠어요. I don't know if **I did it correctly.**

03 그가 올지 잘 모르겠어. I don't know if **he's coming.**

04 이게 될지 잘 모르겠어요. I don't know if **this is working.**

05 제가 할 수 있을지 모르겠어요. I don't know if **I can do it.**

Step 2

01 맞게 했는지 잘 모르겠어.

S1: Did you do the homework?

S2: Yes, I did. Did you?

S1: Yes, but 맞게 했는지 잘 모르겠어.

S2: I guess you'll find out soon!

02 제가 할 수 있을지 모르겠어요.

T: I want you to lead the class today.

S: 제가 할 수 있을지 모르겠어요.

T: Sure you can, I have faith in you.

S: Wow, thanks.

학생1: 너 숙제 다했어?
학생2: 응. 너는?
학생1: 하긴 했는데 I don't know if I did it correctly.
학생2: 곧 알게 되겠지.

교사: 오늘 네가 반장을 했으면 한다.
학생: I don't know if I can do it.
교사: 물론 할 수 있고 말고, 난 널 믿는다.
학생: 와, 감사합니다.

교실영어핵심패턴233-214.mp3

★ Pattern 214

There are so many...

~가 너무 많아

There are는 '~가 있다'라는 의미이고, so는 뒤에 나오는 many의 뜻을 강조하여 '정말, 아주, 몹시'라는 뜻을 나타내요. many 다음에는 many의 수식을 받은 명사가 따라나옵니다. many는 가산명사를 수식하기 때문에 many 다음에 information 같은 불가산 명사를 사용하지 않도록 주의하세요.

Step 1

01 외워야 할 단어가 너무 많아요! There are so many **words to memorize!**

02 배워야 할 문법이 너무 많아! There are so many **grammar rules to learn!**

03 공부해야 할 과가 너무 많아. There are so many **chapters to study.**

04 이 안에는 학생들이 너무 많아. There are so many **students in here.**

05 올해는 경쟁자가 너무 많아. There are so many **contestants this year.**

Step 2

01 배워야 할 문법이 너무 많아서요!

S: English is difficult.

T: Why do you say that?

S: 배워야 할 문법이 너무 많아서요!

T: It's not that difficult. It just takes time.

02 올해는 경쟁자가 너무 많아서요.

T: How are the academic contests going?

S: Very well. A little too well, I think.

T: What do you mean?

S: 올해는 경쟁자가 너무 많아서요.

학생: 영어는 너무 어려워요.
교사: 어째서?
학생: There are so many grammar rules to learn!
교사: 그렇게 어렵진 않은데. 시간이 좀 걸릴 뿐이지.

교사: 경시대회는 어떻게 됐니?
학생: 아주 잘했습니다. 조금 아주 잘한 것 같아요.
교사: 그게 무슨 말이지?
학생: There are so many contestants this year.

교실영어핵심패턴233-215.mp3

★ Pattern 215

I'm absolutely...

당연히 ~

Are you sure?(확실해?)라고 물을 때 Absolutely!라고 대답하면 '당연하지!'라는 뜻입니다. 또한 absolutely는 뒤따르는 형용사를 수식하여 '진짜', '정말' 등 강조의 뜻으로 쓰이기도 해요. 100% 확실하다는 뜻을 포함하고 있으니 너무 남발하면 안 되겠죠?

Step 1

01 당연히 확실하지. I'm absolutely **sure.**

02 난 정말 헷갈려. I'm absolutely **confused.**

03 난 100% 확신해. I'm absolutely **certain.**

04 내가 전적으로 옳아. I'm absolutely **right.**

05 나 정말 기뻐. I'm absolutely **pleased.**

Step 2

01 당연히 확실하지.

S1: What's the comparative form of 'happy'?
S2: It's 'happier.'
S1: Are you sure?
S2: 당연히 확실하지.

02 내 말이 맞아.

S1: You've made a mistake in this sentence.
S2: No, I haven't. 내 말이 맞아.
S1: I'm afraid you're not. See? The verb is wrong.
S2: Oh, I guess you're right. Sorry.

학생1: happy의 비교급이 뭐야?
학생2: happier.
학생1: 확실해?
학생2: I'm absolutely sure.

학생1: 이 문장 틀렸어.
학생2: 아니야. 실수 안 했는데. I'm absolutely right.
학생1: 틀렸다니까. 봐! 동사가 틀렸잖아.
학생2: 아, 그러네. 미안.

교실영어핵심패턴233-216.mp3

★ Pattern 216

Why don't we...?

~하는 게 어때?

상대방에게 '같이 ~하자'라고 제안을 할 때 사용하는 패턴입니다. Let's...와 마찬가지 표현이기도 하죠. Why don't you...?라고 하면 '~하지 그러니?'의 뜻으로 상대방에게 어떤 행동을 하도록 권유하는 의미가 됩니다.

Step 1

01 우리 함께 말해 보는 게 어때? Why don't we **try saying it together?**

02 우리 그거 내일 하는 게 어때? Why don't we **do it tomorrow?**

03 우리 교과서 같이 볼까? Why don't we **share my textbook?**

04 우리 오늘은 이만 할래? Why don't we **quit for the day?**

05 우리 같이 공부할래? Why don't we **study together?**

Step 2

01 우리 함께 말해 볼까?

T: Do you understand this sentence?

S: Yes, but I can't pronounce it correctly.

T: 우리 함께 말해 볼까?

S: That's a good idea.

02 우리 교과서 같이 볼까?

S1: I forgot my books today.

S2: You're going to need your English book.

S1: I know. I'm not sure what to do.

S2: 우리 교과서 같이 볼까?

교사: 이 문장 이해돼?
학생: 이해는 되는데, 발음을 정확하게 할 수가 없어요.
교사: Why don't we try saying it together?
학생: 좋아요.

학생1: 오늘 책을 잊어버리고 안 가져왔어.
학생2: 영어책이 필요할 텐데.
학생1: 알지. 어떻게 해야 할지 모르겠어.
학생2: Why don't we share my textbook?

교실영어핵심패턴233-217.mp3

★ Pattern 217

That's all I...

그게 내가 ~하는 전부야

'너 아는 대로 다 얘기해 봐'처럼 자꾸 상대방이 뭔가를 재촉할 때, That's all I heard.(그게 내가 들은 전부야.) 같은 말로 딱 끊어 줘야 합니다. That's all 다음에는 절이 온다는 거 잊지 마세요.

Step 1

01	그게 내가 가져간 전부인데.	That's all* I took.
02	그게 내가 말한 전부야.	That's all I said.
03	그게 내가 할 수 있는 전부야.	That's all I can do.
04	그게 내가 바라는 전부야.	That's all I want.
05	그게 내가 들은 전부야.	That's all I heard.

Step 2

01 그게 내가 가져간 전부인데.

S1: Did someone take my pencils?
S2: I took one.
S1: But they're all missing.
S2: 그게 내가 가져간 전부인데.

02 그게 내가 말한 전부야.

S1: Why is Ginny so angry?
S2: I told her we were leaving early.
S1: And that's what upset her?
S2: 그게 내가 말한 전부야.

학생1: 누가 내 연필들 가져갔니?
학생2: 내가 하나 가져갔어.
학생1: 근데 다 없어졌어.
학생2: That's all I took.

학생1: Ginny는 왜 그렇게 화가 났어?
학생2: 우리가 일찍 갈 거라고 내가 말했거든.
학생1: 그래서 화가 났다고?
학생2: That's all I said.

Tip!
That's all.과 That's it.은 모두 '~이 전부다'라는 뜻이 있지만, That's it.은 '바로 그거야'의 뜻으로 쓰이는 경우가 많아서 100% 일치하는 표현은 아닙니다.

★ Pattern 218

How come...?

어째서 ~?

How come...?은 How did it come that...?을 줄여서 표현한 말입니다. 문장 속에서 How come...?을 쓸 때는 대부분 '도대체 어떻게?'라는 의미로 쓰이지만, 때로는 Why?의 의미로 쓰이기도 해요. How did it come that...?의 줄임말이므로 How come 다음에는 that이 생략된 절이 따라옵니다.

Step 1

01 이 연습문제는 왜 이렇게 길어? How come **this exercise is so long?**

02 어째서 넌 숙제를 하지 않았어? How come **you didn't do the homework?**

03 왜 너무 늦었는데? How come **it's too late?**

04 어떻게 시험에 떨어질 수가 있니? How come **you failed the test?**

05 어떻게 아무도 우리에게 얘길 안 해줄 수가 있어? How come **nobody told us?**

Step 2

01 어째서 너무 늦었는데?

S1: It's too late for us to get a good grade now.

S2: 어째서 너무 늦었는데?

S1: Our project still needs a lot of work.

S2: Let's get started. We may be able to get it in on time.

02 어떻게 시험에 떨어질 수가 있니?

T: 어떻게 시험에 떨어질 수가 있니?

S: It was too difficult.

T: I think maybe you didn't study hard enough.

S: I guess that's possible, too.

학생1: 지금 우리가 좋은 성적을 받기는 너무 늦었어.
학생2: How come it's too late?
학생1: 우리 프로젝트는 할 것들이 정말 많아.
학생2: 시작하자고. 어쩌면 제시간에 다 해낼지도 모르잖아.

교사: How come you failed the test?
학생: 너무 어려웠어요.
교사: 공부를 충분히 안 한 것 같은데.
학생: 그래서 그런지도 모르겠네요.

교실영어핵심패턴233-219.mp3

I have no idea...

~를 모르겠어

'모른다', 또는 '이해하지 못하겠다'고 할 때 사용할 수 있는 표현입니다. I don't know.나 I don't understand., 또는 It isn't clear to me.도 유사한 상황에서 사용할 수 있는 표현이에요. I have no idea... 다음에 「how + to부정사」나 「how + 절」이 오면 '~하는 방법을 모르겠다'는 뜻이고, 「why + 절」이 오면 '~하는 이유를 모르겠다'는 의미가 됩니다.

01 난 네가 무슨 말을 하는지 모르겠어. I have no idea **what you're talking about.**

02 난 답이 뭔지 모르겠어. I have no idea **what the answer is.**

03 난 어떻게 해야 할지 모르겠어. I have no idea **how to do it.**

04 난 시험에 뭐가 나올지 모르겠어. I have no idea **what's on the test.**

05 난 그 사람이 왜 그렇게 말했는지 모르겠어. I have no idea **why he said that.**

01 전 답이 뭔지 모르겠어요.

T: William, it's your turn.

S: 전 답이 뭔지 모르겠어요.

T: Try looking in your book.

S: Oh, I see the answer now!

02 시험에 뭐가 나올지 모르겠어.

S1: I'm worried.

S2: Why?

S1: 시험에 뭐가 나올지 모르겠어.

S2: It covers chapter 4.

S1: Oh! That's not too difficult.

교사: William, 네 차례다.
학생: I have no idea what the answer is.
교사: 책을 잘 봐.
학생: 아, 이제 답을 알겠어요!

학생1: 걱정이야.
학생2: 왜?
학생1: I have no idea what's on the test.
학생2: 4과에서 나올 거야.
학생1: 아! 그러면 너무 어렵지 않겠다.

교실영어핵심패턴233-220.mp3

I wonder why...

왜 ~한 건지 궁금해요

어떤 상황이든 궁금한 점이 있을 때 이 패턴을 쓸 수 있습니다. wonder 다음에 why, what, whether 등으로 시작하는 의문사절이나 「의문사 + to부정사」 형태가 오면 '~을 알고 싶다'의 뜻이 됩니다. 예를 들면, I wonder what happened.는 '무슨 일이 일어난 건지 알고 싶어요'라는 말이죠.

01 왜 아무도 시험을 통과 못한 건지 궁금해. I wonder why no one passed the test.

02 왜 실험이 계속 실패하는 건지 궁금해. I wonder why our experiment keeps failing.

03 선생님께서 왜 결근하셨는지 궁금해. I wonder why our teacher is absent.

04 왜 Elizabeth가 방과 후에 남아 있어야 하는 건지 궁금해. I wonder why Elizabeth has to stay after school.

05 왜 모두들 밖에 나가 있는 건지 궁금합니다. I wonder why everyone is outside.

01 왜 아무도 시험을 통과 못한 건지 궁금해.

S1: Did you see the final grades?
S2: Yes. 왜 아무도 시험을 통과 못한 건지 궁금해.
S1: It was too difficult for everyone.
S2: Perhaps it was.

02 선생님께서 왜 결근하셨는지 궁금하네.

S1: 선생님께서 왜 결근하셨는지 궁금하네.
S2: Maybe she's sick.
S1: Maybe. Or she could be on vacation.
S2: Yeah, she might be.

학생1: 너 기말 점수 봤니?
학생2: 응. I wonder why no one passed the test.
학생1: 너무 어려워서 그랬겠지.
학생2: 아마 그랬나 봐.

학생1: I wonder why our teacher is absent.
학생2: 몸이 안 좋으신가?
학생1: 그럴지도. 아니면 휴가이실 수도 있겠고.
학생2: 맞아, 그러실 수도 있겠다.

I didn't get...

~을 받지 못했어요 / ~을 이해하지 못했어요

선생님께서 나눠 주는 유인물을 받지 못했을 때, 또는 선생님의 설명을 이해하지 못했을 때 사용할 수 있는 패턴입니다. '~을 받지 못했어요'의 뜻일 때 get은 '받다, 획득하다'의 뜻이고, '~을 이해하지 못했어요'의 뜻일 때의 get은 '이해하다(understand), 알아듣다'의 뜻입니다. 예를 들면, I didn't get your name.이라고 하면, '성함을 듣지 못했습니다'라는 의미가 돼요.

Step 1

01 전 어젯밤에 잠을 충분히 자지 못했습니다. I didn't get **a lot of sleep last night.**

02 전 얘기할 기회가 없었어요. I didn't get **a chance to speak.**

03 전 그것을 맞추지 못했습니다. I didn't get **it right.**

04 성적이 좋지 않아요. I didn't get **a very high score.**

05 네가 말한 것을 못 알아들었어. I didn't get **what you said.**

Step 2

01 어젯밤에 잠을 충분히 자지 못했어요.

T: Why are you making so many mistakes today?

S: 어젯밤에 잠을 충분히 자지 못했어요.

T: You should try to get more rest.

S: I will tonight.

02 성적이 좋지 않아요.

T: How do you feel about your test?

S: 성적이 좋지 않아요.

T: Why not?

S: I guess I didn't study enough.

교사: 너 오늘 왜 그렇게 실수가 많니?
학생: I didn't get a lot of sleep last night.
교사: 좀 더 쉬어야겠다.
학생: 오늘 밤에 그렇게 할게요.

교사: 시험 어땠니?
학생: I didn't get a very high score.
교사: 왜?
학생: 공부를 충분히 하지 않았던 것 같아요.

★ Pattern 222

What's the most efficient way...? ~하는 가장 효율적인 방법은 뭘까요?

efficient는 시간이나 재료 등의 낭비 없이 '빠르고 정확한', 즉 '효율적인'이라는 의미로 해석됩니다. 뒤에 way, route, method 등의 명사와 함께 쓰이며, 「way + to부정사」나 「way of + 동명사」의 형태를 취한다는 것도 알아 두세요.

Step 1

01 여기서 진행하는 가장 효율적인 방법은 뭘까요? What's the most efficient way to proceed from here?

02 영어를 배우는 가장 효율적인 방법은 뭘까요? What's the most efficient way to learn English?

03 영어를 말하는 가장 효율적인 방법은 뭘까요? What's the most efficient way to speak English?

04 이 문제에 접근하는 가장 효율적인 방법은 뭘까요? What's the most efficient way to approach this problem?

Step 2

01 영어를 배우는 가장 효율적인 방법은 뭘까?

S1: 영어를 배우는 가장 효율적인 방법은 뭘까?

S2: Going to an English-speaking country is a fast way.

S1: Why?

S2: You have to speak English all the time.

02 이 문제에 접근하는 가장 효율적인 방법은 뭘까?

S1: We have to agree on a theme for our project.

S2: It will be hard to get this group to agree on anything.

S1: 이 문제에 접근하는 가장 효율적인 방법은 뭘까?

S2: I suggest we take a vote*.

학생1: What's the most efficient way to learn English?
학생2: 영어권 나라에 가는 게 빠른 방법이지.
학생1: 그건 왜?
학생2: 항상 영어만 써야 하니까.

학생1: 우리 프로젝트 주제에 모두의 의견을 모아야 돼.
학생2: 이 모둠을 어떤 것이든 동의하도록 만드는 건 힘들 것 같아.
학생1: What's the most efficient way to approach this problem?
학생2: 우리 투표를 하는 게 어때?

Tip!

take a vote는 '투표하다', '표결하다'라는 뜻이며, '~에 대해 투표하다'라고 할 때는 전치사 on을 사용합니다. 또한 '다수결에 의한 표결'은 majority voting이라고 한다는 것도 함께 알아 두세요.

Is it okay...?

~해도 돼요?

선생님께 허락을 구할 때 사용할 수 있는 표현으로, Can I...?, 또는 May I...?와 유사한 패턴입니다. okay 다음에는 if절이나 to부정사가 따라나옵니다. 예를 들면, 수업 시간에 화장실에 가고 싶을 때 Is it okay if I go to the bathroom?(화장실 다녀와도 되나요?)이라고 말하면 되겠죠?

01 책을 봐도 될까요? Is it okay if I look at my book?

02 창문을 열어도 돼? Is it okay if I open a window?

03 사전을 사용해도 되나요? Is it okay if I use my dictionary?

04 늦게 제출해도 되나요? Is it okay if I turn it in late?

05 내가 먼저 해도 될까? Is it okay if I go first?

01 책을 봐도 돼요?

T: Can you summarize the story?

S: 책을 봐도 돼요?

T: No. I want to see how well you remember it.

S: This is going to be hard!

02 내가 먼저 해도 될까?

S1: It's my turn to give a presentation.

S2: 내가 먼저 해도 될까? I have to leave early today.

S1: Sure! That gives me some more time!

S2: Yes, but you still have to give yours eventually.

교사: 그 이야기를 요약할 수 있겠니?
학생: Is it okay if I look at my book?
교사: 안 돼. 네가 얼마나 잘 기억하고 있는지 보고 싶은데.
학생: 어려울 것 같아요.

학생1: 내가 발표할 차례야.
학생2: Is it okay if I go first? 오늘 일찍 가야 하거든.
학생1: 당연하지! 그럼 나도 좋고!
학생2: 그렇긴 한데, 너도 결국 발표를 해야 하잖아.

★ Pattern 224

All I need is...

저는 ~만 있으면 돼요

어떤 것만 있으면 더 이상 필요한 것이 없다고 말할 때 쓰는 패턴입니다. 뭔가 절박함이 느껴지는 상황이나 필요한 것이 하나밖에 없는 소박한 바람을 표현할 때 쓸 수 있어요. **All I need is** 다음에는 동사 is의 보어가 될 수 있는 명사나 동명사, 부정사 등의 명사구가 올 수 있습니다.

01 저한테 시간을 5분만 더 주세요. All I need is **5 more minutes.**

02 제가 필요한 것은 80점입니다. All I need is **80 points.**

03 제가 필요한 것은 말할 기회입니다. All I need is **a chance to speak.**

04 제가 필요한 것은 제 사전을 보는 거예요. All I need is **a look at my dictionary***.

05 제가 필요한 것은 생각할 시간이에요. All I need is **time to think.**

Step 2

01 저한테 시간을 5분만 더 주세요!

T: All right, close your books.

S: But I'm not finished!

T: I'm sorry. Time is up.

S: 저한테 시간을 5분만 더 주세요!

02 생각할 시간 좀 주세요.

T: Please answer the question.

S: Um...

T: Now, please.

S: 생각할 시간을 좀 주세요.

교사: 자, 다들 책을 덮으세요.
학생: 전 아직 안 끝났는데요!
교사: 미안하구나. 시간이 다 됐어.
학생: All I need is 5 more minutes!

교사: 질문에 대답하세요.
학생: 음…
교사: 어서 대답해 봐.
학생: All I need is time to think.

Tip!
사전에서 '~을 찾다'는 look up a dictionary, 또는 consult a dictionary 라고 표현합니다.

교실영어핵심패턴233-225.mp3

I don't understand why... 왜 ~하는지 이해가 안 돼요

뭔가 이치에 맞지 않거나 불합리하다는 것을 지적하거나 하소연할 때 사용할 수 있는 패턴입니다. '왜 그런지 이해가 안 가요'라고 할 때 그냥 I don't understand.라고도 말할 수 있지만, 이해가 안 가는 상황을 「I don't understand why + 절」 형태를 사용해 구체적으로 표현할 수 있습니다.

01 전 왜 우리가 사전을 사용할 수 없는지 이해가 안 됩니다. I don't understand why **we can't use our dictionaries.**

02 전 이 숙제가 왜 이렇게 어려운지 이해가 안 됩니다. I don't understand why **this homework was so difficult.**

03 전 어째서 우리가 이 연습문제를 풀어야 하는지 이해가 안 됩니다. I don't understand why **we have to do this exercise.**

04 전 왜 제가 그렇게 못하는지 이해가 안 됩니다. I don't understand why **I'm doing so badly.**

01 왜 저희가 사전을 볼 수 없는지 이해가 안 됩니다.

T: It's time to start the exercise.

S: 왜 저희가 사전을 볼 수 없는지 이해가 안 됩니다.

T: Because you rely on them too much.

S: That's because English is difficult!

02 이 숙제가 왜 이렇게 어려운지 이해가 안 돼요.

T: Please hand in your assignments.

S: 이 숙제가 왜 이렇게 어려운지 이해가 안 돼요.

T: It's probably because you didn't pay attention yesterday.

S: I guess you're right.

교사: 이제 연습문제를 풀 시간이다.
학생: I don't understand why we can't use our dictionaries.
교사: 왜냐하면 너희들이 사전에 너무 많이 의지하기 때문이야.
학생: 그건 영어가 너무 어렵기 때문이잖아요!

교사: 다들 숙제를 제출하거라.
학생: I don't understand why this homework was so difficult.
교사: 그건 아마도 너희들이 어제 수업에 집중하지 않았기 때문이겠지.
학생: 선생님 말씀이 맞는 것 같네요.

교실영어핵심패턴233-226.mp3

★ Pattern 226

Let me check...

제가 ~을 확인해 볼게요

check이 타동사로 쓰일 때는 뒤에 바로 목적어를 연결하지만, '~에게 확인하다'라는 식으로 말할 때는 check with someone의 형태로 표현한다는 점에 유의하세요.

01 네가 쓴 답을 확인해 볼게. Let me check **your answers.**

02 제가 제 사전을 확인해 볼게요. Let me check **my dictionary.**

03 제 달력을 확인해 보겠습니다. Let me check **my calendar.**

04 네가 쓴 에세이를 확인해 볼게. Let me check **your essay.**

05 선생님께 확인해 볼게. Let me check **with the teacher.**

01 제 사전을 확인해 볼게요.

T: What does this word mean?

S: 제 사전을 확인해 볼게요.

T: No dictionaries are allowed on this exercise.

S: Okay. I'll try to guess.

02 선생님께 확인해 볼게.

S1: Can we use our dictionaries on this exercise?

S2: 선생님께 확인해 볼게. Mr. Smith?

T: Yes, Joey?

S2: Can we use our dictionaries?

T: I'm sorry, but no.

교사: 이 단어가 무슨 뜻이지?
학생: Let me check my dictionary.
교사: 이 연습문제 푸는 데 사전은 안 된다.
학생: 알겠습니다. 그럼 추측해 볼게요.

학생1: 이 연습문제 푸는 데 사전 써도 되니?
학생2: Let me check with the teacher. Smith 선생님?
교사: 왜 그러니, Joey?
학생2: 사전 써도 되나요?
교사: 미안하지만, 안 돼.

교실영어핵심패턴233-227.mp3

★ Pattern 227

There must be...

~가 분명히 있을 거예요

must는 여기서 강한 긍정의 추측을 나타내는 조동사라서 There must be...라고 하면 '틀림없이 ~가 있을 텐데', 또는 '분명히 ~가 있을 거다' 정도의 뜻을 가집니다. 예를 들어, There must be a misunderstanding.이라고 하면 '분명히 오해가 있었을 거예요.'라는 뜻이 되는거죠. be동사 다음이 주어 자리이므로 뒤에 명사가 오는 건 당연하겠죠?

Step 1

01 이것을 하는 더 쉬운 방법이 분명히 있어. There must be **an easier way to do this.**

02 외워야 할 단어가 족히 1,000개는 될 텐데요. There must be **a thousand words to memorize.**

03 도움을 줄 수 있는 뭔가가 분명히 있을 거야. There must be **something we can do to help.**

04 좀 더 나은 설명이 분명히 있을 거야. There must be **a better explanation.**

05 이 문제를 해결할 방법이 분명히 있을 거야. There must be **some way to solve this problem.**

Step 2

01 외울 단어가 1,000개도 넘을 텐데!

T: Tonight's homework is to memorize this list of words.

S1: 외울 단어가 1,000개도 넘을 텐데!

S2: It's not that bad.

S1: Well, it's a lot.

02 우리가 도울 수 있는 뭔가가 분명 있을 텐데요.

T: Johnny won't be here this week because he's sick.

S: 우리가 도울 수 있는 뭔가가 분명 있을 텐데요.

T: Why don't we write him a get-well card*?

S: That's a great idea!

Tip! get-well card는 건강이 안 좋은 사람에게 빠른 회복을 기원하는 '문병 카드'를 말합니다.

교사: 오늘 밤 숙제는 이 단어들을 외우는 겁니다.
학생1: There must be a thousand words to memorize!
학생2: 그 정도는 아니야.
학생1: 그래도, 많긴 하잖아.

교사: Johnny는 아파서 이번주에 결석할 거야.
학생: There must be something we can do to help.
교사: 빨리 나으라고 카드를 보내면 어떨까?
학생: 좋은 생각이에요.

★ Pattern 228

It sounds like... ~인 것 같은데요

다른 사람의 이야기를 듣고 그 이야기에 대해 자신의 느낌이나 생각을 말할 때 쓰는 표현으로, It sounds like 다음에는 절이 올 수 있습니다. 한편, It sounds like 다음에는 명사도 올 수 있는데, It sounds like a good idea.라고 하면 '좋은 생각인 것 같다.'라는 뜻이 됩니다.

Step 1

01 우리가 공부를 엄청나게 많이 하게 될 것 같은데. It sounds like we'll be studying a lot.

02 숙제가 어려울 것 같은데. It sounds like the homework will be difficult.

03 넌 높은 점수를 받을 것 같구나. It sounds like you're going to get a high score.

04 재미있을 것 같은데. It sounds like fun.

05 좋은 생각인 것 같은데. It sounds like a good idea.

Step 2

01 숙제가 어려울 것 같은데요.

T: Don't forget that the homework will take a lot of time.
S: It's only three questions!
T: Yes. But the questions are long.
S: 숙제가 어려울 것 같은데요.

02 너 점수 잘 받을 것 같은데.

S1: Tomorrow is our final exam*.
S2: I'm ready. I've been studying all day long.
S1: 너 점수 잘 받을 것 같은데.
S2: I'm sure I will.

교사: 숙제하는 데 시간이 많이 걸릴 거라는 거 잊지 마라.
학생: 겨우 세 문제인데요!
교사: 그래. 하지만 질문이 길거든.
학생: It sounds like the homework will be difficult.

학생1: 내일이 기말고사야.
학생2: 난 준비됐어. 하루 종일 공부만 했거든.
학생1: It sounds like you're going to get a high score.
학생2: 당연하지.

Tip!
시험 문제 유형은 크게 객관식과 주관식으로 나눌 수 있죠? '객관식 문제'는 selected response questions라고 하고, '주관식 문제'는 constructed responses questions라고 합니다. 또 주관식 문제 중에서도 논술형으로 기술해야 하는 시험 문제는 extended constructed responses questions라고 해요.

교실영어핵심패턴233-229.mp3

I never thought...

~는 전혀 생각 못했어요

어떤 일에 대해 결코 생각해 본 적이 없다는 말로, 우리말의 '난 ~일 줄 몰랐어요' 정도에 해당하는 표현입니다. 그러니까 예상하지 못했던 어떤 일에 대해 쓰면 좋겠죠. 반대로, 긍정적으로 예상했는데 반대의 결과가 나왔을 경우에 I thought...라고 하면 '(실제로는 아니지만) ~인 줄 알았다'라는 뜻이 됩니다.

01 전 제가 이것을 이해하게 될 줄은 정말 몰랐어요. I never thought **I'd understand this.**

02 전 제가 영어를 말할 수 있다고 결코 생각지 않았어요. I never thought **I'd be able to speak English.**

03 네가 그렇게 높은 점수를 받으리라고 결코 생각하지 않았어. I never thought **you'd get such a high score.**

04 네가 정답을 맞추리라고 난 결코 생각하지 않았어. I never thought **you'd get the right answer.**

05 저는 우리가 이 연습문제를 끝내지 못할 줄 알았어요. I never thought **we'd finish this exercise.**

01 네가 그렇게 높은 점수를 받으리라고는 생각도 못했다.

S: Wow! I got 95 points on the test!

T: 네가 그렇게 높은 점수를 받으리라고는 생각도 못했다.

S: Neither did I!

T: Good job!

02 저는 우리가 이 연습문제를 끝내지 못할 줄 알았어요.

T: This is the last question.

S: 저는 우리가 이 연습문제를 끝내지 못할 줄 알았어요.

T: It wasn't that long.

S: It felt long.

학생: 와! 시험에서 95점 받았어요!
교사: I never thought you'd get such a high score.
학생: 저도요!
교사: 잘했어!

교사: 이게 마지막 질문이야.
학생: I never thought we'd finish this exercise.
교사: 그렇게 길지 않았잖아.
학생: 길게 느껴졌는데요.

교실영어핵심패턴233-230.mp3

★ Pattern 230

Did you know...?

~을 알고 있었어?

Do you know...?는 '~을 알고 있느냐?'는 의미이고, Did you know...?는 '~을 미리 알고 있었느냐?'라고 묻는 표현입니다. 전혀 예상하지 못했던 일이 발생했을 때 혹시 다른 사람은 알고 있었는지 물어볼 때 사용할 수 있는 패턴이에요. 타동사 know 뒤에는 명사나 절이 목적어로 올 수 있는데, 명사절이 올 때는 접속사 that을 써서 Did you know that...?이라고 합니다. 물론 that은 생략할 수 있어요.

Step 1

01 오늘 쪽지시험 본다는 거 알고 있었어? Did you know **the quiz was today?**

02 답을 알고 있었어? Did you know **the answers?**

03 오늘 수업이 있다는 거 알고 있었어? Did you know **we have class today?**

04 수업이 9시에 시작하는 것 알고 있었어? Did you know **the class starts at 9:00?**

05 대체 교사가 온다는 걸 알고 있었어? Did you know **we had a substitute teacher?**

Step 2

01 답을 알고 있었니?

S1: That test was very difficult.
S2: 답을 알고 있었니?
S1: Some, but not all of them.
S2: You probably did better than you think.

02 대체 교사가 온다는 걸 알고 있었어?

S1: Who's that guy?
S2: That's Mr. Wilkinson.
S1: 대체 교사가 온다는 걸 알고 있었어?
S2: Not until I walked through the door!

학생1: 그 시험 장난 아니게 어려웠어.
학생2: Did you know the answers?
학생1: 어떤 건, 근데 전부 다는 아니고.
학생2: 네가 생각하는 것보다 잘했을 거야.

학생1: 저 남자는 누구야?
학생2: Wilkinson 선생님이래.
학생1: Did you know we had a substitute teacher?
학생2: 내가 문 열고 들어올 때까지 몰랐어.

교실영어핵심패턴233-231.mp3

I have heard...

~라고 들었어요

I have heard...는 '~를 들어 본 적이 있다', 또는 '~라는 소리를 들었다' 정도의 의미입니다. 「I have heard + 절」은 남한테 들은 얘기를 바탕으로 말하는 것이므로 의역하면 '~할 거라며', 또는 '~한다면서(했다면서)' 정도에 해당돼요. 물론, I have heard 다음에 명사가 오면 '~를 들어 본 적이 있다'라는 말이 됩니다.

01 전 이 시험이 어려울 거라고 들었어요. I have heard that this test is going to be hard.

02 저 그 단어 전에 들어 봤어요. I have heard that word before.

03 난 여러분의 수업 태도가 아주 좋다고 들었어요. I have heard you have a very good attitude in class.

04 다음 학기에는 더 어려워질 거라고 들었어. I have heard that next semester will be even harder.

05 난 전에도 네가 그렇게 말한 걸 들었는데. I have heard you say that before.

01 다음 학기는 좀 더 힘들 거라고 들었어요.

T: Congratulations! The semester is over!

S: 다음 학기는 좀 더 힘들 거라고 들었어요.

T: Don't worry. You're a good student.

S: I hope I'm good enough!

02 전에도 그렇게 말했지.

T: Are you sure that's the right answer?

S: Absolutely! I'm sure it's right.

T: 전에도 그렇게 말했지.

S: But I mean it this time!

교사: 축하한다! 마침내 학기가 끝났구나!
학생: I have heard that next semester will be even harder.
교사: 걱정 마라. 넌 잘하잖아.
학생: 제가 잘할 수 있었으면 좋겠어요.

교사: 그게 정답이라고 확신하니?
학생: 당연하죠! 정답이라니까요.
교사: I have heard you say that before.
학생: 그렇지만 이번엔 진짜예요!

교실영어핵심패턴233-232.mp3

★ Pattern 232

I'm afraid, but...

겁은 나지만 ~

I'm afraid (that)... 하면 '유감스럽지만 ~하다'라는 뜻인데요. 이와 유사하지만 약간 다른 표현이 바로 I'm afraid, but...입니다. '무섭지만 ~하다', 혹은 '겁은 좀 나지만 ~하다'라는 뜻이에요. 뭔가 중요하고 부담스런 일을 맡았을 때 할 수 있는 말이겠죠.

Step 1

01 좀 겁은 나지만 어쨌든 말을 하겠습니다. I'm afraid, but **I'm going to speak anyway.**

02 좀 겁은 나지만 전 할 수 있을 것 같아요. I'm afraid, but **I think I can do it.**

03 저는 겁이 나는데 그 애는 괜찮네요. I'm afraid, but **he's not.**

04 겁은 좀 나지만 최선을 다하겠습니다. I'm afraid, but **I'll try to do my best.**

05 유감스럽게도, 제가 할 수 있는 일이 하나도 없네요. I'm afraid, but **there's nothing I can do about it.**

Step 2

01 겁은 좀 나지만 할 수 있을 것 같아.

T: Tomorrow you will all give your presentations.

S1: I'm nervous. How about you?

S2: 겁은 좀 나지만 할 수 있을 것 같아.

S1: I hope I can be as brave as you.

02 저는 겁이 나는데 걔는 겁이 안 난데요.

T: Matthew, why is your partner doing all the speaking?

S: 저는 겁이 나는데 걔는 겁이 안 난데요.

T: Why are you afraid?

S: I don't want to make any mistakes.

T: Don't worry. We all make mistakes.

교사: 내일 여러분은 모두 발표를 할 거예요.
학생1: 난 긴장돼. 넌?
학생2: I'm afraid, but I think I can do it.
학생1: 나도 너처럼 용감했으면 좋겠다.

교사: Matthew, 어째서 네 짝만 말을 하지?
학생: I'm afraid, but he's not.
교사: 왜 겁이 나는데?
학생: 실수를 하고 싶지 않아서요.
교사: 걱정 마. 실수는 누구나 하는 거란다.

교실영어핵심패턴233-233.mp3

★ Pattern 233

It's easy to...

~하기가 쉬워

반복에 반복을 거듭해서 연습하고 사용하지 않으면 언어는 잊어버리고 혼동하기 쉽습니다. '그렇게 여러 번 들었는데 나는 왜 자꾸 틀릴까요?'라면서 의기소침해 있는 학생들에게 '영어는 자꾸 쓰지 않으면 잊어버리기 쉽단다.'라고 말해 줄 때 이 표현을 사용할 수 있습니다. 반대로, '~하기는 어렵다'라고 할 때는 easy 대신에 difficult나 hard을 넣어 주면 됩니다.

Step 1

01 이 문법 사용법은 잊어버리기 쉬워요. It's easy to forget how to use this grammar.

02 조금만 연습하면 쉽게 기억할 수 있어. It's easy to remember if you practice a little.

03 이해하기 쉬워요. It's easy to understand.

04 말은 쉽지. It's easy to say.

05 이 단어들은 헷갈리기가 쉬워. It's easy to confuse these words.

Step 2

01 이 문법 사용법은 잊어버리기 쉬워서요.

T: This exercise is easy.
S: Yes, but I need the practice more.
T: Why?
S: 이 문법 사용법은 잊어버리기 쉬워서요.

02 이 단어들은 헷갈리기 쉬워.

S: I don't understand the difference between these words.
T: 이 단어들은 헷갈리기 쉬워.
S: Can you explain them to me?
T: No problem.

교사: 이 연습문제는 쉬워.
학생: 네, 하지만 전 연습을 더 해야 해요.
교사: 왜지?
학생: It's easy to forget how to use this grammar.

학생: 이 단어들의 차이점을 모르겠어요.
교사: It's easy to confuse these words.
학생: 제게 설명해 주실 수 있어요?
교사: 물론이지.